BASTEI LÜBBE TASCHENBUCH

Über die Autorin:

Gabriele Noack absolvierte nach dem Abitur zunächst eine Ausbildung zur Krankenschwester, studierte danach Sozialwesen und begann nach etlichen Jahren Berufserfahrung und der Geburt ihres ersten Sohnes ein Studium zur analytischen Kinder und Jugendtherapeutin. 2012 kam ihr zweiter Sohn Julius zur Welt. Danach war nichts mehr so wie zuvor.

Gabriele Noack

Mein Glück kennt nicht nur helle Tage

Wie mein behindertes Kind
mir beibrachte, die Welt mit
anderen Augen zu sehen

BASTEI LÜBBE
TASCHENBUCH

BASTEI LÜBBE TASCHENBUCH
Band 60889

MIX
Papier aus verantwortungsvollen Quellen
FSC® C083411

Dieser Titel ist auch als E-Book erschienen.

Originalausgabe

Redaktionelle Beratung: Ulrike Renk
Textredaktion: Ulrike Strerath-Bolz
Titelmotiv: © Gabriele Noack
Umschlaggestaltung: Tanja Østlyngen
Satz: hanseatenSatz-bremen, Bremen
Gesetzt aus der Arno Pro
Druck und Verarbeitung: CPI books GmbH – Leck, Germany
Printed in Germany
ISBN 978-3-404-60889-8

1 3 5 4 2

Für Ben und Julius, die mich auf
eine lange Reise schickten.
Und für Herrn B., der mich eine lange Zeit
geduldig auf dem Rücksitz begleitete.

Prolog

Der Klang der drei Holzfiguren. Ein klares Schlagen und Klopfen, wenn sie aneinanderstoßen. Es tönt wie eine beruhigende Hintergrundmusik in meinen Ohren. Diese Laute bedeuten, dass alles in Ordnung ist. Julius spielt. Er liegt nebenan auf der Krabbeldecke im Wohnzimmer unter seinem Spielbogen. Seit zwei Jahren ist er davon fasziniert, dabei ist es ein Spielzeug für Babys. Mit großer Anstrengung versucht er das rote Männchen zu erwischen. Immer das rote. Es baumelt zwischen einem blauen und einem grünen Greifring an einer dünnen Kordel wild vor seinem Gesicht hin und her. Es will ihm nicht gelingen. Wie ein glitschiger Aal gleitet es ihm immer wieder aus seinem linken Händchen.

Ich stehe am Herd und koche. Freudlos, aber immerhin, ich koche. Auch wenn es nur ein paar Nudeln mit einer langweiligen Fertigtomatensoße aus dem Glas sind, die ich zubereite. Michael, mein Mann, sitzt an seinem Laptop am Küchentisch und bearbeitet Mails. Unser großer Sohn Tom rutscht auf seinem Kinderstuhl von einer Pobacke auf die andere. Er versucht gerade konzentriert, einen Legopolizeiwagen zusammenzubauen, den er bei einer Einkaufstour mit seinem Opa erstanden hat. Mein Blick bleibt für einen Moment an ihm hängen. Kaum zu glauben, dass er in wenigen Monaten ein Schulkind sein wird.

Plötzlich ist etwas anders.

Ich merke es sofort.

Ist es dieser siebte Sinn? Mutterinstinkt? Oder höre ich einfach nur gut?

Das Geräusch des Spielbogens ist verstummt.

Ich renne die vier Schritte zu Julius, doch mein Herz schlägt bereits wie nach einem Marathonlauf. Ich blicke auf seine blauen Lippen und sein aschgraues Gesicht. Die Augen unseres Jungen sind verdreht und nach links oben gerichtet. Panik breitet sich in mir aus, als ich seinen steifen Körper packe und an mich drücke. Ich erhasche Michaels Blick und forme die Lippen zu einem stimmlosen »Anfall!«.

Innerlich brülle und schreie ich dieses Unwort des Schreckens, diesen Ausdruck des Unheils aus mir heraus, doch Tom soll nichts mitbekommen.

Nur für einen kurzen Moment kauere ich mit Julius auf dem Boden. Es vergehen Sekunden, in denen ich mich in einem zeitlosen Raum befinde, fern von der Wirklichkeit. Wir warten. Warten auf das Vorüberziehen des Blitzgewitters in seinem Kopf, wie wir seine schweren und nicht behandelbaren epileptischen Anfälle nennen. Er liegt in meinen Armen, die nichts tun können, als ihn hilflos an mich zu drücken.

Trauer löst die Panik in meinem Inneren ab, weil ich schmerzlich erkenne, dass der Anfall auch dieses Mal nicht ohne Notfallmedikament enden wird.

Währenddessen kümmert sich Michael um Tom. »Es ist eh bald Zeit, ins Bett zu gehen. Willst du noch ein bisschen fernsehen?«, fragt er ihn betont gelassen. Eigentlich keine Frage, denn Fernsehen ist eine von den Beschäftigungen, zu denen Tom niemals überredet werden muss. »Ich habe doch letztes Wochenende Pinocchio aufgenommen. Das stell ich dir an«, sagt Michael.

Ohne näher nachzufragen, flitzt Tom an uns vorbei, hüpft auf das Sofa, schlingt sich die Wolldecke gemütlich über die Beine und erwartet, sichtlich zufrieden, die bewegten Bilder.

Ich bin bereits dabei, mit Julius nach oben ins Bad zu eilen.

Dort schnappe ich mir die kleine silberne Aluminiumpackung auf der Wickelkommode, in der das Valiumklistier luftdicht verpackt ist, und reiße sie auf. Dann befreie ich unseren kleinen Sohn von Strumpfhose und Windel.

Als Michael zur Tür hereinkommt, habe ich Julius bereits das Medikament verabreicht.

Der Notfallplan läuft wie üblich ab. Und wie üblich, dauert es fast eine Dreiviertelstunde, ehe es Julius wieder besser geht und er einschläft. Danach trotten wir drei, müde und erschöpft wie nach einer verlorenen Schlacht, nach unten ins Wohnzimmer.

Tom starrt immer noch mit aufgerissenen Augen mucksmäuschenstill in den Flimmerkasten.

Ich richte meinen Blick auf den Fernseher und stiere auf ein furchteinflößendes Bild. Zwei schwarz verkohlte Bündel liegen in einem Haufen aus Trümmern und Asche. Es dauert einen kurzen Augenblick, bis ich begreife, dass es sich um verbrannte Leichen handelt. Just in diesem Augenblick huscht Krister Henriksson alias Kommissar Kurt Wallander über den Bildschirm. Da fällt mir ein, woher ich diese Szene kenne.

»Tom, was schaust du denn da?«, rufe ich in den Raum, während ich mich hektisch und schützend vor den Fernseher stelle.

»Pinocchio!«, brüllt Tom zurück.

Wir waren wohl so lange mit Julius beschäftigt, dass die Festplatte des Fernsehers automatisch die nächste Aufnahme gestartet hat.

Allmählich läuft hier alles aus dem Ruder, geht es mir verzweifelt durch den Kopf. Mein Leben ist mir aus den Händen geglitten, so wie das rote Holzmännchen immer Julius entgleitet.

Dabei schien doch erst einmal alles ganz normal zu sein.

4. April 2008

Sechs Jahre vorher

Ich feiere zum vierunddreißigsten Mal meinen Geburtstag. Aber zum allerersten Mal mit einem Kind in meinem Bauch.

Auf dem Glastisch vor mir stapeln sich, neben zerknüllten Geschenkpapierfetzen, nagelneue DVD-Boxen. »Greys Anatomy« – die komplette zweite Staffel, »Friends – Episode 1–10«, »Emergency room« – Staffel 1. Keine Klamotten, keine Schals, Parfumflacons oder gar Unterwäsche. Die mitgebrachten Präsente meiner zwei Freundinnen sind eher zweckmäßig. Ich muss noch über acht Wochen mit meinem dicken Bauch auf dem Sofa ausharren.

Seit sieben Monaten wächst ein Kind in mir heran. Seit sieben Monaten mache ich mir Sorgen und Gedanken, wie wohl alles werden wird. Gedanken, die ich mir nie machen wollte.

Wird Michael mich mit Kind noch attraktiv finden? Sind wir womöglich doch schon zu alt? Werden wir als Eltern alles richtig machen?

Kann das Kind in mir schlafen, auch wenn ich mal wieder vor lauter Grübeleien in der Nacht kein Auge zumache? Geht es ihm gut, auch wenn ich furchtbar aufgeregt bin? Hat es womöglich rote Haare wie ich? Was hatte ich als kleines Mädchen unter meinem Kupferdach gelitten!

»Guter Hoffnung sein« kann man meinen Zustand nicht unbedingt nennen. Michael hatte recht, ich mache mir viele Gedanken, viel zu viele Gedanken. So viele, dass sie mich beunruhigen. Am allermeisten verunsichern mich diese Wehen, die ich schon seit Wochen habe. Meine Frauenärztin hat mir Schonung verordnet, sieht aber sonst keinen Handlungsbedarf.

»Ich merke, Sie denken zu viel nach! Aber nun bleiben Sie eben zu Hause und ruhen sich aus. Ich schreib Sie jetzt krank, das tut Ihnen vielleicht gut!«, meinte sie vor einigen Wochen, nachdem ich wieder einmal kurzfristig wegen Bauchschmerzen außerhalb der normalen Vorsorgeuntersuchungen bei ihr in der Praxis erschien.

»Diese ganzen zusätzlichen Untersuchungen bekommen wir alle von der Krankenkasse nicht bezahlt!«, erklärte mir die Arzthelferin mit einem Lächeln und einem reizenden Augenaufschlag. »Die sind auch oft unnötig.« Sie hat schon drei Kinder auf die Welt gebracht und weiß Bescheid, das hatte sie mir stolz bereits beim vorletzten Besuch mitgeteilt. Ich war mir sicher, in ihren Augen den Ausdruck »hysterische Erstgebärende« lesen zu können.

Seither verbringe ich fast den ganzen Tag auf dem Sofa. Ich schlage die Zeit mit dem Glotzen von hirnlosen Daily Soaps und Kochsendungen tot. Das Grinsen von Johann Lafer hat sich bereits in meinem Gehirn festgefressen. In meinen naiven Träumen von einer Schwangerschaft habe ich mich in hübschen Umstandskleidchen und mit rosiger Gesichtsfarbe bei der Arbeit gesehen. Jetzt trage ich täglich dieselben schwarzen Leggings und ein weites Schlabber-Shirt. Das Haus verlasse ich kaum noch.

Michael ist erst vor ein paar Monaten bei mir eingezogen. Er renoviert gerade noch einen Bereich im Obergeschoss für sich. Schließlich braucht sein Klavier, besser gesagt: sein Flügel, eine würdige Bleibe. Ich (und wahrscheinlich der Rest meiner Nachbarschaft) werde den Tag nie vergessen, als sich ein riesiger Schwerlastkran in unsere kleine Sackgasse zu meiner Doppelhaushälfte zwängte. Der LKW mit dem wertvollen Piano im Laderaum versperrte bereits die komplette Straße von der entgegengesetzten Seite aus.

Kurz darauf versammelte sich in meinem beschaulichen schwäbischen Dorf, in meinem idyllischen Sträßchen, eine nicht geringe Menschentraube, und fassungslose Gesichter starrten mit offenen Mündern in den Himmel. Man hätte vermuten können, sie beobachteten gerade, wie sich E.T., der Außerirdische mit dem Fahrrad, über die Dächer ihrer Häuser hinweg auf den Weg nach Hause macht.

Hier aber schwebte ein Kawaiflügel, festgehalten von ein paar Zurrgurten, hoch in den Himmel, wurde immer kleiner und kleiner, ehe er in der Balkontür des dritten Obergeschosses meines Hauses verschwand.

Jetzt verstanden auch alle neugierigen Nachbarn, warum einige Tage zuvor ein großes Stück Balkongeländer weggeschweißt worden war. Nur so war es überhaupt möglich, das imposante Musikinstrument direkt ins Haus zu schwingen. Ich liebe Michael. Er soll sich wohlfühlen bei mir. Und wenn es hätte sein müssen, hätte ich auch das Dach abdecken lassen, um seinen Flügel irgendwie in dieses Haus zu bekommen.

Michael und ich hatten lange über die Form unseres Zusammenlebens nachgedacht. Und ich konnte es gut verstehen, dass ihm die Entscheidung zu mir zu ziehen schwerfiel. In mein Haus. In die vier Wände, die ich verputzt und gestrichen hatte. Eingerichtet mit Möbeln, die ich ausgesucht hatte. Mir bedeutete mein Heim viel, ich wollte es nicht aufgeben. Im Winter 2002 hatte ich es meiner mittlerweile verstorbenen Tante abgekauft. Das Haus war alt und renovierungsbedürftig. Einige Monate davor hatte ich, nach meinem Studium in Fulda, eine Anstellung als betriebliche Sozialberaterin in einem großen Stuttgarter Unternehmen gefunden. Damit war klar, dass ich wieder in meine alte Heimat, das Schwabenland, ziehen würde. Das Haus meiner Tante bot sich geradezu an.

Ich hatte damals kein Geld, doch viele Freunde, die mithalfen, Decken einzuziehen, Fenster und Türen einzubauen und wild wuchernde Bäume im Garten zu fällen.

Es ist keineswegs das perfekte schwäbische Haus entstanden, aber ein gemütliches und individuelles Zuhause mit vielen Erinnerungen an früher.

Das zweite Obergeschoss war bisher nicht bewohnt. Ich hatte die Tür nach oben einfach zugeschlossen, bis Michael einzog. Daran denke ich, während ich an meinem Geburtstag auf dem Sofa liege.

»Am Montag musst du unbedingt in die Klinik fahren! Ich verstehe die Frauenärztin nicht. Du brauchst doch Wehenhemmer! In so einem Fall geht man doch auf Nummer sicher!« Meine Freundin Moni, die mit einem Gläschen Sekt neben mir sitzt, ist empört. Sie ist Ärztin und fühlt sich für mich verantwortlich. Moni war schon immer diejenige von uns, die man als Erste um Rat fragte und die auch gerne einen solchen erteilte. Früher ging es hauptsächlich um Liebesthemen: Konnte man sich bei seinem Schwarm schon telefonisch melden, oder sollte man doch lieber warten, bis er anrief? Stellte die Ex von ihm noch eine Gefahr dar? Gab es noch eine Chance, den Herzensbrecher zurückzugewinnen? Moni wusste immer, was zu tun war, und schien stets fest von dem überzeugt, was sie sagte.

»Ich würde mich einfach nicht mehr vom Sofa wegbewegen! Ist doch toll, du kannst lesen, fernsehen und dich versorgen lassen! Was gibt es Schöneres? Ich kapiere nicht, dass du trotzdem noch so viel herumläufst!« Claudi sitzt mit ihrem Milchkaffee in der Hand in meinem »Sorgensitz«, einem roten Schaukelsessel, und wippt neben uns gemütlich hin und her. Der Sessel ist mein Lieblingsplatz hier im Haus. Auf ihm kann man sich so herrlich Sorgen machen, während man in meinen kleinen, bunt bepflanzten Garten blickt. Es ist nichts Neues, dass Claudi mich nicht versteht. Das Leben zu meistern gleicht bei ihr der Lösung mathematischer Aufgaben: Hat man Bauchschmerzen, legt man sich hin. Vom Joggen kriegt man Muskelkater, also lässt man es besser sein. Will man später genügend Geld zur Verfügung haben, muss man eben einen gut bezahlten Beruf erlernen oder einen reichen Mann heiraten. Oder beides. Für sie folgt das Leben einer Art Rechenaufgabe. Zählt man die Zahlen richtig zusammen, kommt am Ende auch das korrekte Ergebnis heraus.

Ich habe Mathematik allerdings schon immer gehasst. Bei mir ging die Rechnung zum Schluss nie auf. Ohne Claudis Nachhilfe hätte ich im Mathe-Abitur gnadenlos versagt. Dabei ist es keineswegs so, dass ich nicht kalkulieren oder planen könnte. Oder überhaupt nicht daran interessiert wäre, exakte Lösungen herauszufinden. Ganz im Gegenteil! Ich habe sehr wohl den Anspruch an mein Leben, es solle bitteschön eine Erfolgsgeschichte sein. Keine mit großem Brimborium oder Trara, aber eine mit großen Gefühlen. Und mit Happyend.

Doch vielleicht wähle ich in meinem Leben öfter die komplexen Aufgaben aus. Die mit den vielen Unbekannten. Davon würde meine Freundin Claudi von vornherein die Finger lassen.

Wie hübsch meine beiden Freundinnen aussehen, denke ich. Die eine blond, die andere dunkelbraun. Ich sitze mit meinem Kupferhaar dazwischen. Schwarz, Rot, Gold. Das sind wir. Wir drei Frauen, die wir fast unser ganzes Leben zusammen verbracht haben. Mit Moni habe ich schon im Kindergarten gemeinsam Laternen gebastelt, Claudi habe ich auf dem Gymnasium kennengelernt.

So verschieden unsere Haarfarben sind, so unterschiedlich sind auch unsere Lebensgeschichten. Claudi hat nach dem Abitur Betriebswirtschaft studiert und arbeitet nun schon seit Jahren im Controlling eines weltbekannten Bekleidungsunternehmens. Wir alle profitieren davon und tragen seither Klamotten, die wir uns sonst nicht leisten könnten. Jacken, Hosen, Röcke – häufig günstige Mitarbeitereinkäufe, die Claudi gerne an uns verteilt. Mode ist wahrscheinlich eines der Themen, die uns drei gleichermaßen interessieren. Wobei dieses Thema in letzter

Zeit in den Hintergrund rückt, weil wir uns hauptsächlich mit der menschlichen Fortpflanzung beschäftigten. Claudis kleine Tochter Lilly ist mittlerweile fast drei Jahre alt und mein sogenanntes Patenkind. Sie ist zwar nicht getauft, aber falls Claudi und ihrem Mann etwas passiert, ist klar, dass ich für Lilly sorgen werde. So haben wir es vereinbart.

Claudis Schwangerschaft lief nicht ganz nach Plan, obwohl die fruchtbaren Tage und der Moment des Eisprungs vorher genau berechnet wurden. Sie wurde von einer so heftigen und nicht vorhersehbaren Übelkeit begleitet, dass sie zehn Kilo abnahm, statt Pfunde zuzulegen. Ihre Umstandskleider bestellte sie sich gegen Ende der qualvollen Zeit in Größe 34. Diese Kleider werde ich mir wohl niemals ausleihen können, nicht einmal unschwanger. Die ersten Monate mit Lilly im Bauch lag Claudi stumm und leichenblass neben ihrer Spuckschüssel im Bett. Ich liege auf dem Sofa und esse.

Monis Plan ist noch gar nicht aufgegangen. Sie wartet bereits seit Jahren darauf, endlich schwanger zu werden. Mit ihr verbindet mich seit einiger Zeit die Gemeinsamkeit, mit einem älteren Mann zusammen zu sein. Fünfzehn Jahre liegen zwischen Michael und mir. Ein älterer Mann, einer mit Vorgeschichte und »Erstfamilie«. Das ist so eine von den Aufgaben, die Claudi nie auswählen würde. Und jetzt erwarte ich auch noch ein Kind von Michael.

»Hast du dir das gut überlegt? Was ist, wenn er bald stirbt? Oder krank wird? Dann sitzt du mit dem Kind allein da!«, hat sie mich gewarnt. »Oder kannst dich womöglich auch noch um ihn kümmern! Das wäre mein Albtraum! Aber gut, ich weiß schon, du siehst das anders!«

Ich kann ihre Reaktion auf meine Familienplanung wie Alarmglocken in meinen Ohren läuten hören. Und ich würde lügen, wenn ich die Schwierigkeiten, die Michaels Vorleben mit in unsere Beziehung brachte, als harmlos beschreiben würde.

Denn als wir uns kennenlernten, war Michael noch verheiratet und hatte bereits zwei Kinder. Aber wir waren uns so sicher. Ganz sicher: Wir hatten beide die große Liebe gefunden – auch wenn das jetzt schnulzig klingt.

Michael trennte sich, ließ sich scheiden, und wir wussten, wir würden das mit der Patchworkfamilie irgendwie hinbekommen. Drei Jahre ist das jetzt her. Drei Jahre haben wir an unserem »Flickenteppich genäht«. Und er hält. Man kann mittlerweile getrost daran reißen und ziehen.

Alexander, sein Sohn, ist neunzehn Jahre alt und lebte nach der Trennung von Michael und seiner ersten Frau noch eine Zeitlang bei Michael. Eine Art Männer-WG, die Michael einige Nerven gekostet hat. Nicht angemeldete Hauspartys mit anschließendem Renovierungsbedarf, überfüllte Aschenbecher in jeder Ecke und merkwürdige Übernachtungsgäste auf dem Sofa, die selbst Alexander am nächsten Morgen nicht mehr kannte, waren keine Seltenheit. Mittlerweile ist Alexander nach Berlin gezogen und macht dort eine Ausbildung.

Charlotte, die Kleine, ist inzwischen fünfzehn und schminkt sich die Augen so schwarz, als wollte sie jederzeit bereit sein, Robert Smith von The Cure bei einem seiner Konzerte zu vertreten. Auch wenn sie hauptsächlich bei ihrer Mutter wohnt, hatte sie bisher immer ein Zimmer – erst bei Michael und nun bei uns in meinem Haus.

Ich habe seine beiden Kinder ins Herz geschlossen. Aber ich habe sie nicht *unter* meinem Herzen getragen. Und das war ein Problem. Für mich. Und somit auch für uns.

Ich kann mich an so viele Diskussionen erinnern. Und alle endeten gleichermaßen. »Ich habe doch schon Kinder«, sagte Michael, als ich vor vielen Monaten an einem Abend bei einem Glas Wein wieder einmal das Thema »Baby« aufgriff. »Das weißt du doch.« Er lächelte. Gequält.

»Aber nicht mit mir.« Ich schaute ihn an. Wir saßen auf der Terrasse meines Hauses. Man hörte Kinderlachen und Vogelgezwitscher in der Nachbarschaft.

»Kinder zu bekommen ist kein Zuckerschlecken.«

»Ach, Michael, Millionen Paare haben Kinder bekommen und es überlebt. Du hast Kinder. Und jetzt? Sieh dich doch an! Sie sind das Wichtigste für dich! Ich kann aber nicht noch zehn Jahre darüber nachdenken.«

»Das weiß ich. Vielleicht bin ich dann der falsche Partner für dich.« Er sah mich an, und unsere Blicke tauchten ineinander.

Ich liebte diesen Mann, und er, das wusste und spürte ich, liebte mich. Aber aus irgendwelchen mir damals nicht nachvollziehbaren tiefen Gründen wollte er kein Kind mit mir. Obwohl seine zwei Exemplare doch so wundervoll waren.

»Ich verspüre diesen Kinderwunsch einfach nicht mehr!«

Das konnte ich nicht begreifen. Wenn man sich liebte, hatte man doch ein Verlangen danach, aus dieser Liebe etwas Großartiges entstehen zu lassen. Ein Kind. Das war meine romantische Überzeugung.

Was, wenn er sich nicht darauf einließ? Wenn er tatsächlich kein Kind mit mir bekommen wollte? Niemals? War er dann wirklich der richtige Mann für mich? Der Mann, mit dem ich auch kinderlos alt werden wollte?

»Ich denke darüber nach«, sagte er. Mehrfach. Oft. Wir diskutierten. Redeten. Stritten. Wir versöhnten uns, diskutierten wieder.

»Außerdem traue ich es dir nicht zu«, gestand mir Michael irgendwann. »Du wirst das nicht schaffen. Mit Kind kannst du nicht einfach mal für eine Woche in die Berge abhauen und deine Freiheit genießen! Stattdessen gibt es durchwachte Nächte und Gebrüll, Tränen, Stress. Kinder bekommen ist nicht wie in der Werbung. Es ist anstrengend und niemals perfekt. Bei dir muss doch immer alles perfekt laufen! Nachher steh ich mit dem Baby da, weil du zwar ein Kind wolltest, aber das Muttersein nicht erträgst. Und dazu bin ich echt zu alt.«

Aber ich war doch so anders, als er dachte. Ich fühlte mich zwar stark und frei, war aber auch unendlich pflichtbewusst und überhaupt, wie viele Frauen haben schon Kinder bekommen, ohne sich großartig Gedanken darüber zu machen?

Natürlich war ich finanziell unabhängig von ihm, wollte und konnte es bleiben. Schließlich hatte ich einen gut bezahlten und unbefristeten Job. Es gab die Elternzeit und sogar noch Elterngeld!

Zwei Jahre redeten, diskutierten, stritten wir, diskutierten wieder.

»Du willst es wirklich?«, resignierte Michael schließlich. »Ganz sicher?«

»Klar!« Ich war überzeugt von meinem Wunsch. Ich würde es schaffen, zur Not auch ohne ihn.

»Zumindest beginnt dann jetzt eine tolle Zeit! Die Zeugungszeit ist das Allerbeste daran!« Wir lachten.

Claudi wirft mir einen Blick zu und holt mich in die Gegenwart zurück. »Na ja, immerhin musst du dir in dieser Situation keine Sorgen ums Geld machen. Du kannst dich echt entspannen und die Schwangerschaft vollends auf dem Sofa genießen! Auch wenn das Kind da ist, verdient Michael erst mal genug für euch alle.« Ein Punkt, der Claudi, wie ich weiß, sehr beruhigt. Sie wirft einen kurzen Blick zu Moni, die ihr ausweicht und so tut, als ob sie diese Äußerung gar nicht wahrgenommen hätte. Wobei mir klar ist, was Claudi denkt, aber nicht ausspricht. Michael ist Arzt. Sein Job ist sicher, gut bezahlt, anerkannt. Hier hat er die volle Punktzahl.

Monis Freund ist Künstler. Fotograf. Freischaffend. Ganz schlecht. Für Moni ist es der erste Mann, mit dem sie es längere Zeit aushält. Alle anderen vielversprechenden Verehrer hatten nicht mal den Ansatz einer Chance auf eine dauerhafte Beziehung mit ihr. Und es gab einige.

Obwohl Moni das wohl aufwendigste Studium von uns allen absolviert hat und gegenwärtig noch in ihrer Ausbildung zur Neurologin steckt, stehen für sie ihre Freundinnen immer im Vordergrund. Sie hätte ebenso gut eine Mitwirkende dieser ganzen Ärzteserien sein können, die ich momentan sehe. Bei all unseren Treffen, habe ich immer wieder die Fantasie, Moni würde diesen Arztkittel nur als eine Art Verkleidung tragen. Vielleicht, um ihrer erotischen Ausstrahlung den letzten Kick zu geben. Was er zweifellos tut. Und ihren Arzttitel, um ihren geschätzten Beratungsgesprächen noch eine wissenschaftliche Grundlage zu verleihen. Was ebenso der Fall ist. Schon oft habe ich mir vorgenommen, sie bei ihrer Arbeit zu besuchen, um mich endgültig einmal vergewissern zu können, dass sie als wahrhaftige Ärztin im Krankenhaus ernsthaft ihrer Tätigkeit nachgeht.

Obwohl sich Monis medizinischer Ehrgeiz in Grenzen hält (sie ist wahrscheinlich die Einzige ihrer Art, die kurz vor Abschluss ihrer Promotion alles hinschmeißt, weil die ganze Arbeit mit diesem Computer ihr doch zu viel wird), überspringt sie alle Hürden eines Medizinerlebens mit charmanter Leichtigkeit. So richtig verwundert hatte es mich deshalb auch nicht, dass sie vor einiger Zeit, kurz nach ihrer Festanstellung als Assistenzärztin, bei ihrem Arbeitgeber einen Teilzeitvertrag beantragte. Und das unverheiratet und ohne Kinder. In einer Zeit, in der wir Studienabsolventen uns, strebsam wie wir waren, nach gut angesehenen Jobs mit Aufstiegsmöglichkeiten sehnten.

»Claudi, du weißt doch, wie schwer es mir schon fällt, mal einen Sonntag lesend auf dem Sofa zu verbringen«, jammere ich nun. »Es gibt so viel zu tun. Wenn ich in den Garten schaue, dann sehe ich, dass man dringend den Rasen düngen müsste. Die Äste gehören auch geschnitten!«

»Das kann doch jetzt Michael machen! Für was ist er denn bei dir eingezogen?«, erwidert Claudi kühl, sieht meinen verletzten Blick und lacht dann versöhnlich.

»Du musst jetzt lernen, Dinge stehen zu lassen! Auch wenn sie in deinen Augen nicht perfekt sind! Was glaubst du, wie das erst sein wird, wenn das Kind da ist? Da wirst du vieles nicht mehr erledigen können!«, schließt sich Moni an. Wenigstens in diesem Punkt scheinen sich meine Freundinnen einig zu sein.

»Ich muss jetzt los, sonst wird es für mich zu spät. Ich habe morgen Frühdienst!« Zum Studiumsbeginn ist Moni leider nach Heidelberg gezogen, und dort sitzt sie seither fest. So hat sie jedes Mal eine gute Stunde Fahrzeit vor sich, wenn sie uns besuchen kommt oder wieder nach Hause fährt. Schon seit Jahren halten wir unsere regelmäßigen Lebensberatungsstunden deshalb eher telefonisch ab.

»Ich bleibe noch«, sagt Claudi. Schließlich wohnt sie nur drei Straßen weiter.

»Du versprichst mir, dass du morgen früh in die Klinik fährst, ja?« Moni schlüpft in ihren grasgrünen Tweedmantel und steckt ihre enge Jeans in die halbhohen Boots. »Und jetzt bleibst du sitzen! Ich finde allein raus!«

»Ja, versprochen«, erwidere ich artig.

»Tschüs, Michael!«, brüllt Moni im Hausflur nach oben. Dorthin hat er sich nach Ankunft der Weiberschar zur Sicherheit verzogen. Dann hören wir die Tür hinter ihr ins Schloss fallen.

»So, jetzt würde ich auch ein Sektchen nehmen.« Claudi macht sich auf den Weg zum Kühlschrank. »Und dir schenk ich noch mal vom leckeren Orangensaft nach.« Dabei grinst sie mich spöttisch an.

Drei Wochen später

»Bist du sicher, dass ich fliegen kann?« Michael steht in Anzug und Krawatte neben meinem Bett und schaut besorgt auf mich herab. Es ist kurz vor sechs Uhr, und ich bin hundemüde, weil ich wieder einmal kaum geschlafen habe. Mir wird bewusst, dass Michael heute zu irgendeinem Kongress nach Berlin reisen muss. Er soll dort einen Vortrag zum Thema »Impfschutz bei Auslandsreisen« halten.

»Ja, klar! Du kommst doch morgen schon wieder! Ich kann mir nicht vorstellen, dass es ausgerechnet jetzt losgeht«, lüge ich.

Eigentlich habe ich ununterbrochen das Gefühl, das Kind würde aus mir herausrutschen, sobald ich mich in die Senkrechte begebe. Diese Gedanken sind jedoch wohl unbegründet.

Nach meinem Geburtstag hatte ich mich, so wie ich es Moni versprochen hatte, ins Krankenhaus begeben. Die Ärzte haben mich zur Sicherheit knappe zwei Wochen dortbehalten. Bei der Entlassung haben sie mir mitgeteilt, dass es nicht so aussehe, als ob es in den nächsten Tagen so weit sei. Und wenn doch, sei das auch in Ordnung. Die Lunge des Babys sei jetzt ausgereift. Um das zu erreichen, haben sie mir, über drei Tage verteilt, schmerzhafte und in Medizinerkreisen durchaus umstrittene Kortisonspritzen verabreicht. Diese sogenannten Lungenreifungsspritzen könnten allerdings unter anderem verantwortlich sein für spätere Aufmerksamkeitsstörungen oder Hyperaktivitätsprobleme bei Kindern, erklärten sie. Na, super, dachte ich. Als ob dieses kleine Wesen nicht schon genügend Stresshormone über die Nabelschnur verabreicht bekommen hätte. Wenn da mal nicht ein völliger Adrenalinjunkie auf die Welt kommt!

»Das Handy lasse ich ständig an«, sagt Michael und schaut mich besorgt an. Er weiß, wie nervös ich bin. »Außer im Flieger natürlich, da muss ich es ja ausschalten. Du meldest dich, wenn was ist.«

»Na logisch!«

Michael drückt mir einen Kuss auf den Mund und geht.

Ich kuschele mich wieder in die Daunendecke, lege mich bequem auf die Seite und bette mein oberes Bein auf das große Stillkissen. Keine Stunde später beginnen die Bauchkrämpfe.

Gestern Abend habe ich vorschriftsmäßig die letzte Tablette der Wehenhemmer eingenommen. »Ab Woche 34 können Sie damit aufhören«, meinten die Doktoren. Woche 34 beginnt ganz genau heute. Kann das Absetzen bereits ein paar Stunden später Wehen verursachen?

Mein Bauch wird regelmäßig hart. Ich werde immer nervöser. Vielleicht sollte ich mir einen Tee machen, überlege ich. Zuvor muss ich noch auf die Toilette, und dort trifft mich der Schlag. Beim Herunterziehen der Unterhose starre ich auf glibbriges Blut. Das ist bestimmt der Schleimpfropf. Davon hatte die Hebamme im Geburtsvorbereitungskurs erzählt.

»Mist! Mist! Mist!«, schimpfe ich laut und starre auf die Uhr. Vielleicht ist Michael noch nicht im Flieger. Ich mache mich schnell »trocken«, ziehe mich an und schnappe das Telefon. Mit zittrigen Fingern tippe ich seine Nummer.

Der gewählte Gesprächspartner ist vorübergehend nicht erreichbar.

»Mist! Mist! Mist!«

Also gut, dann muss Claudi dran glauben. Ich wähle ihre Nummer. Es klingelt ewig. »Jaaaaa?«, höre ich die vertraute Stimme völlig verschlafen.

Ich bin gerettet! »Claudi, du musst sofort kommen! Es geht los!«

»Wie bitte?«, fragt sie plötzlich hellwach. »Wo ist denn Michael?«

»In Berlin!«

»Ach du meine Güte! Was macht der denn jetzt in Berlin? Warte, ich muss erst Lilly wecken! Ich bring sie zu meinen Eltern, dann komme ich sofort. Hältst du es so lange noch aus?«

»Klar!« Eigentlich haben die Bauchschmerzen schon wieder aufgehört.

»Aber ich kann dich nur hinfahren. Was machen wir, wenn das Kind jetzt kommt? Also, ich kann da nicht mit rein. Oh nein, das schaff ich nicht. Ich warte draußen, da musst du alleine durch. Nein, das pack ich nicht.« Dann höre ich ein leises Klicken. Aufgelegt.

Das war mir klar. Claudi hat schließlich Lilly mittels geplantem Kaiserschnitt zur Welt gebracht. All das Blut und das Geschrei, das ist nichts für sie. Ich lege mich auf das Sofa und versuche ruhig zu atmen. Dann klingelt mein Handy.

»Hallo Schatz! Ich bin gerade gelandet! Hast du angerufen?«, vernehme ich die gut gelaunte Stimme von Michael in meinem Ohr.

»Du kannst sofort wieder zurückfliegen!« Ich fasele etwas von Schleimpfropf, Blut, Geburt, Claudi und lege auf.

Eine Stunde später liege ich in der Entbindungsklinik auf dem Untersuchungsstuhl. Der diensthabende Arzt meint nur trocken: »Ihr Mann sollte mal auf die Tube drücken!«

Ha, wie denn? Doch alles geht gut. Das Baby wartet brav, bis der Papa eintrifft.

Am nächsten Morgen um halb zehn liegt unser Junge nach einer Bilderbuchgeburt für wenige Minuten in meinen Armen.

»Wir bringen ihn jetzt auf die Säuglingsstation«, meint die Kinderkrankenschwester.

Wie? Was? Warum denn?

»Er ist sechs Wochen zu früh und noch zu klein. Wir müssen ihn zur Sicherheit überwachen«, werde ich informiert.

Das war mir so nicht klar gewesen. Mir wird bewusst, dass ich mir darüber gar keine Gedanken gemacht hatte. Alle hatten mir versichert, dass eine Geburt ab der vierunddreißigsten Woche überhaupt kein Problem sei. Ich bin davon ausgegangen, dass unser Kind auf keinerlei medizinische Hilfe angewiesen sein wird. Es wird schreien, Hunger haben, an der Brust trinken, schlafen. So hatte ich es erwartet. Doch wie es aussieht, verläuft das Kinderkriegen grundsätzlich anders, als ich es mir vorgestellt hatte. Michael und ich bleiben alleine im Kreißsaal zurück.

»Wie nennen wir ihn denn jetzt?« Michael schaut mich mit strahlenden Augen an.

»Ich bin nach wie vor für Tom!« Schon seit Langem habe ich beschlossen, dass mir dieser Name am besten gefällt. Charlotte, Michaels Tochter, ist für »Felix«.

»Wir nennen ihn einfach Tom Felix. Das ist doch schön! Tom Felix. Das heißt dann der glückliche Tom!« Michael wirkt zutiefst zufrieden.

»Ja, klingt wunderschön.« Ich strahle zurück.

Ich darf duschen, und danach werden wir beide endlich zu Tom, unserem Baby, gebracht. Die Tür zur Kinderintensivstation öffnet sich automatisch, und wir treten in einen abgedunkelten Raum.

Verstohlen versuche ich links und rechts einen Blick auf die anderen Babys zu werfen, sehe aber nur übergroße Glaskästen, die teilweise mit dunklen Tüchern abgedeckt sind.

Wir bleiben vor unserem »Kasten« stehen. Wie ein Museumswächter zeigt mir die freundliche Dame den gut gesicherten »Schatz«. Ich fühle mich wie eine staunende Kunstbetrachterin, die in diesem Augenblick ein unfassbares Wunder zu sehen bekommt.

Und dann überkommt es mich. Eine Tränenflut löst sich in

meinem Inneren und scheint alles mitzureißen – meinen Magen, meine Lunge und mein Herz.

Es ist der Augenblick, in dem mir schmerzhaft bewusst wird, dass ab jetzt alles anders ist. Ich bin verwundbar. Ich habe jetzt eine ungeschützte Stelle. Bei Siegfried aus der Nibelungensage befand sie sich auf seinem Rücken. Meine liegt hier direkt vor mir.

Sonntag, 19. August 2012

Vier Jahre später

Bäume, Häuser, Felder und Wiesen ziehen in rasender Geschwindigkeit an uns vorbei. Zum Glück haben wir den zähen Stau vor Ulm hinter uns. Jetzt läuft der Verkehr endlich wieder. Es ist, wie so oft, einiges los auf der A7 in Richtung Süden. Aber wir haben damit gerechnet, dass an diesem herrlichen Sommertag nicht nur wir einen Ausflug an den Bodensee machen werden.

Mein dicker Bauch fängt an, ein wenig zu ziehen. Ich lockere mit einer Hand den unteren Teil meines Sicherheitsgurtes. Mit der anderen umgreife ich weiterhin fest das Lenkrad. Außerdem meldet sich meine Blase mal wieder. Dabei habe ich in weiser Voraussicht zu Hause kaum etwas getrunken. Ich werfe einen Blick in den Rückspiegel.

Tom trägt seine überdimensional großen weißen Kopfhörer und ist schon seit der Abfahrt völlig in seine Hörspiel-CD versunken. Wahrscheinlich läuft die gleiche Geschichte bereits zum dritten Mal. Aber egal. So können Michael und ich die Zeit im Auto zum Unterhalten nutzen. Wenn wir ansonsten zu dritt beieinander sind, ist eine einigermaßen störungsfreie Erwachsenenkommunikation nur ab einer Körpertemperatur von 39,5 Grad unseres Vierjährigen möglich. Im gesunden Zustand weiß Tom immer etwas zu erzählen.

»Ist das nicht toll, dass wir immer noch Ausflüge machen können?«, meint Michael auf dem Beifahrersitz. »Ich freu mich für dich, dass du dieses Mal so eine schöne Schwangerschaft erleben kannst!«

Ich wende nur kurz meinen Kopf, grinse ihn an und blicke sofort wieder auf die Straße vor mir.

»Du hast bis jetzt noch überhaupt keine Nacht schlecht geschlafen! Dieses Mal läuft es wirklich ganz, ganz anders als in der Schwangerschaft mit Tom! Das hätte ich nicht gedacht!«

Ätsch!, denke ich im Stillen für mich. Du hast eben keine Ahnung, was alles so in mir steckt. Okay, dass ich irgendwann so gut in meine Mutterrolle finde, war im ersten Jahr nach Toms Geburt nicht abzusehen.

Wieso schlief ein Säugling nicht, wenn man ihn ins Bett legte? Dabei hatte ich doch alle Regeln eingehalten. Ich achtete auf strikte Einschlafzeiten, hielt immer gleich ablaufende Einschlafrituale ab und wechselte fast nie den Schlafplatz. Trotzdem schlief Tom nur schwer ein, schlief nie durch und war meist gegen fünf Uhr morgens oder noch früher wieder hellwach. In meiner Verzweiflung ließ ich sogar den Staubsauger, den Föhn und irgendwann stundenlang eine im Internet erstandene Schlafbrummis-CD neben seinem Bettchen laufen. Auf ihr waren sämtliche angeblich beruhigenden Klänge zu hören: Waschmaschinengetöse, Autofahrgeräusche und Blinkergeknatter.

Damit könne man angeblich die Geräusche im Mutterleib nachahmen, und das solle auf Babys sehr beruhigend wirken. So stand es auf der CD-Hülle.

Auf Tom wirkte es wohl eher nicht. Nicht beruhigend zumindest.

Seine Erinnerungen an die Zeit im Uterus schienen ihn eher anzuregen. Es war nicht anders zu erwarten nach dieser angespannten Schwangerschaft. Seine anfänglichen Schlafschwierigkeiten hatten sicherlich vorgeburtliche Ursachen. Aus ihm würde nie ein in sich ruhendes Kind werden, da waren Michael und ich einer Meinung.

Beim zweiten Kind wird mir das nicht passieren. Eine zweite Schwangerschaft werde ich ruhiger erleben. Das nahm ich mir fest vor. Und mein Plan schien aufzugehen. Ich hatte allerdings auch einiges dafür getan.

»Nach fast dreihundert Psychoanalysestunden fühle ich mich bestens vorbereitet und ziemlich entspannt«, erkläre ich Michael überzeugt.

»Das merkt man. Die Ausbildung scheint dir wirklich gutzutun. Auch das hätte ich nie gedacht! Aber trotzdem, mir wäre das alles viel zu viel. Ich bewundere dich, wie du das hinbekommst. Zweimal in der Woche abends die Seminare in eurem Institut, die ganzen Diagnostikstunden, Supervisionssitzungen, und dann fährst du auch noch dreimal die Woche zu deinem Analytiker, um dich dort auf die Couch zu legen. Und nebenher arbeitest du immer noch in deinem Job! Der ziemlich stressig ist. Chapeau!«

Es stimmt. Das Studium zur psychoanalytischen Kinder- und Jugendlichentherapeutin ist sehr zeitaufwendig. Aber gleichzeitig ist es für mich eine riesengroße Bereicherung. Als Tom ein gutes Jahr alt war, wollte ich mich beruflich und persönlich weiterentwickeln. Außerdem drängte mein Inneres danach, die Erfahrungen meiner Mutterschaft zu verarbeiten. Und zwar richtig. Ich wollte in die Tiefe gehen. Genau an die Stellen, an denen es noch ganz dunkel war. Da wollte ich das Licht anknipsen. Auch wenn ich wusste, dass das ziemlich schmerzhaft werden konnte. Auf irgendwelche oberflächlichen, seichten Psychoweiterbildungen hatte ich keine Lust mehr. Davon hatte ich mittlerweile genügend absolviert.

Also entschied ich mich nach einer ausreichenden Bedenkzeit für eine Bewerbung zur Ausbildung am Stuttgarter Institut für Psychoanalyse.

Obwohl mein Tagesplan seither ziemlich durchorganisiert ist, habe ich diese Entscheidung niemals bereut. Ganz im Gegenteil, ich bin mittlerweile überzeugt von der Freudschen Methode. Voll und ganz. Auch wenn die Therapieprozesse intensiv und langwierig sind. Aber wie können Menschen glauben, dass sich prägende Kindheitserfahrungen und über Jahre festgefahrene psychische Muster in nur wenigen Therapiesitzungen auflösen ließen? Das wäre meiner Meinung nach viel zu einfach und würde der Komplexität des menschlichen Gefühlslebens nicht gerecht.

Außerdem zähle ich auch noch zu den menschlichen Exemplaren mit besonders verworrenen emotionalen Vorgängen, deshalb war die Analyse genau das Richtige für mich. Seit über zwei Jahren bin ich nun dabei, die menschliche Psyche, allen voran meine eigene, zu ergründen.

Kann es etwas Spannenderes geben?

»Musst du es dir immer so schwer machen?«, meinte Claudi, als ich ihr damals von meinen beruflichen Plänen erzählte. »Dann hör wenigstens auf zu arbeiten!«

»Du weißt doch, ich muss mein eigenes Geld verdienen. Ich will nicht von Michael abhängig sein«, antwortete ich ihr.

Und es funktionierte. Während meiner Arbeitstage wurde Tom in einer Kindertagesstätte betreut. An meinen Seminarabenden kümmerte sich Michael um ihn, ebenso an den Wochenenden, wenn ich über den Büchern hing und mich darin übte, Therapieanträge zu schreiben und Patientenkontakte zu dokumentieren. Einen Tag in der Woche hatte ich komplett frei, und den genoss ich mit Tom.

Es lief so gut, dass ich ein zweites Kind wollte.

»Bist du wahnsinnig?«, rief Michael, als ich ihm meinen Wunsch mitteilte. »Was willst du denn noch alles?« Er schlug lachend beide Hände vors Gesicht.

»Aber schau doch mal. Es läuft alles so gut! Wie schön wäre es, wenn Tom ein großer Bruder werden würde. Er könnte sich mit seinem Geschwisterchen nachts heimlich unter der Bettdecke Gruselgeschichten erzählen. Sie könnten sich gemeinsam Streiche überlegen und würden sich beim Essen um den ersten Pfannkuchen streiten. Es wäre Trubel im Haus. Du weißt doch, dass mir so was gefällt!«

»Und was ist, wenn dir was passiert? Oder du wochenlang wegen Wehen ins Krankenhaus musst? Ich krieg Herzrasen, wenn ich nur daran denke!«, konterte Michael.

»Tom könnte seinem Bruder oder seiner Schwester das Fahrradfahren beibringen. Und das Laufen! Und das Lesen! Ach, er wäre sicherlich ein stolzer großer Bruder!«, schwärmte ich.

»Und deine Ausbildung? Mit zwei Kindern kriegst du das alles nicht mehr unter einen Hut!«

»Nach meiner Vorprüfung kann ich locker ein Jahr Pause machen. Danach fängt dann die richtige Therapeutenzeit an. Das ist doch optimal. Ich kann meine Sitzungstermine so legen, wie es mir passt. Außerdem verdiene ich dann damit bereits Geld und kann meinen Job kündigen. Tom wird bald bei uns im Ort auf die Schule gehen. Nebendran ist der Kindergarten. Und wenn ich erst mal eine Praxis eröffne, können beide sogar mittags immer zum Essen heimkommen. Das ist doch super! Komm, du weißt: Eins ist keins!«

»Na ja, auf Tom trifft das aber nicht zu. Du weißt, wie anstrengend es mit ihm oft ist. Für einen Tom ziehe ich dir locker drei harmlose Mädels auf!«

»Aber es ist wunderschön, das kannst du nicht leugnen!«

»Nein, das will ich auch nicht. Und ich muss dir auch sagen: Du bist eine tolle Mutter! Ich habe dich echt unterschätzt«, lobte Michael.

»Oh, das hast du mir noch nie so gesagt.« Ich weiß noch genau, wie gerührt ich von diesen Worten war.

Danach ging alles ganz schnell. Ein Schuss, ein Treffer, frotzelten wir beide noch. Unser zweites Kind war auf dem Weg.

Daran denke ich auf der Fahrt an den Bodensee, während Michael seine Hand auf meinen Oberschenkel legt. In der anderen hält er einen Apfel, in den er immer wieder genüsslich hineinbeißt.

Keine einzige schlaflose Nacht habe ich in dieser Schwangerschaft erlebt, das hat er richtig beobachtet, überlege ich mir. »Na, dieses Mal ist es doch eine super Schwangerschaft, oder?«, meinte sogar meine Frauenärztin beim letzten Vorsorgetermin.

Natürlich habe ich schon seit Längerem häufiger einen harten Bauch und oft ein schmerzhaftes Ziehen. Aber das macht mir keine große Angst mehr.

Alles ist in Ordnung. Alle Ärzte und alle Untersuchungen bestätigen es uns.

Wir haben es sogar schwarz auf weiß. Ganz unten auf dem Befundbrief der Genetik stand es: »Wir gratulieren Ihnen zu diesem Ergebnis.« Natürlich haben wir wieder eine Fruchtwasseruntersuchung durchführen lassen. Ein behindertes Kind würden wir nicht schaffen, da waren wir uns einig.

Aber wir können die letzten Wochen entspannt genießen: Auch unser zweites Kind wird gesund sein.

Wir haben an alles gedacht, alles beachtet.

Schon in der Zeugungsphase habe ich brav jeden Tag meine Folsäuretabletten geschluckt, und jetzt während der Schwangerschaft nehme ich zuverlässig die Vitaminpräparate ein. Die teuersten. An der Gesundheit sparen wir nicht.

Ich wasche seit Langem meine Unterwäsche mit einem zusätzlichen Desinfektionsmittel, um Keime, die bei 40 Grad nicht abgetötet werden, zu eliminieren. Ich möchte jede Infektion vermeiden. Infektionen sind schließlich die häufigste Ursache für Frühgeburten. Selbstverständlich verzichte ich auf Salami, Rohmilchkäse, Blauschimmelkäse, Harzer Roller, Mettwurst, Kaffee und Süßigkeiten. An unseren Grillnachmittagen beiße ich in durchgegarte Rinderschuhsohlen, während Michael saftige rosafarbene Steaks verspeist.

Gartenarbeiten erledige ich nur noch mit Handschuhen, um mich vor einer Ansteckung mit dem Toxoplasmose-Virus zu schützen. Vorsorglich ziehe ich zum Kartoffelnwaschen ebenfalls welche an. Da hängt doch schließlich auch Dreck dran. Den Kühlschrank reinige ich vorschriftsmäßig einmal im Monat mit einem antibakteriellen Spülmittel. Ab und an kommen mir meine Hygienemaßnahmen etwas übertrieben vor. Aber neun Monate kann man das wohl mal durchziehen.

Michael, der außerdem noch eine Zusatzqualifikation für Umweltmedizin hat, kümmerte sich um sichere Rahmenbedingungen bei uns zu Hause. Ihm ist aufgefallen, dass er in der Schwangerschaft mit Tom ein paar Dinge nicht überprüft hat, die sich gefährlich auf die Entwicklung des Babys auswirken könnten.

Er ließ die Schwermetallbelastung unseres Wassers in einem speziellen Institut testen. Ich trinke ja ausschließlich Leitungswasser.

Über Wochen befestigte er an der Decke im Wohnzimmer und im Keller kleine Messgeräte, die die Radonbelastung aufzeichnen sollten. Wir wohnen in einem älteren Haus in Süddeutschland, somit bestünde theoretisch die Gefahr einer hohen Radonkonzentration im Boden und in unseren Räumen, erklärte er mir. Radon sei ein radioaktives Element, was eine große Gefahr für die Gesundheit unseres Babys darstellen könne, meinte er. Aber die Messungen waren zum Glück unauffällig.

Wir hatten alle Risiken ausgeschaltet. Was soll also passieren?, denke ich während der Ausflugsfahrt.

Ein heftiger Windstoß wirbelt plötzlich meine Haare durcheinander. Michael hat das Seitenfenster geöffnet, um das abgenagte Apfelgehäuse nach draußen zu befördern. »Vielleicht kriegen wir noch mal so einen Süßen, wie Tom einer ist«, meint er laut, um den Lärm zu übertönen. Dann wird es schlagartig im Inneren unseres Autos wieder beruhigend leise. Michael hat das Fenster wieder geschlossen.

»Bestimmt! Schau dir doch mal die Ultraschallbilder an! Der kleine Zwerg sieht aus wie Tom! Vielleicht wird er ein bisschen ruhiger«, antworte ich ihm. »Aber jetzt muss ich wirklich auf die Toilette.«

»Wir sind gleich da. Hältst du es noch eine Viertelstunde aus? Wenn wir jetzt noch eine Pause machen, verspäten wir uns. Markus und Annika sind bestimmt schon da.«

Ich will auch nicht, dass die vier lange auf uns warten müssen. Markus ist ein langjähriger und gleichaltriger Freund von Michael. Er und seine Frau sind in einer ähnlichen Situation wie wir, denn Annika ist so alt wie ich. Da sie in der Nähe des Bodensees wohnen, treffen wir uns regelmäßig für einen Bade- oder Ausflugstag am See.

Sie haben vor Kurzem ihr zweites Kind bekommen, ein Mädchen. Max, der große Bruder, ist so alt wie Tom, und die beiden verstehen sich blendend. Wenn ich ganz ehrlich bin, muss ich zugeben, dass ich mir auch ein Mädchen gewünscht hätte. Aber eigentlich finde ich, dass ich die bessere Jungs-Mama bin. Und letztendlich bin ich froh, keine rosa glitzernden Barbiepuppen kaufen zu müssen. Ich spiele auch viel lieber mit einer Autorennbahn.

In der Zwischenzeit haben wir die Autobahn verlassen und fahren langsam die Landstraße entlang in Richtung Strandbad Wasserburg. Dort gibt es tolle Spielmöglichkeiten für die beiden Jungs.

Ich rutsche mit einem immer heftiger werdenden Blasendruck auf dem Autositz nervös hin und her und bin erleichtert, als ich am Straßenrand das bekannte Einfahrtsschild mit dem Badesymbol erblicke.

»Ich muss am Eingang halten und aufs Klo rennen«, teile ich Michael hektisch mit, bringe das Auto zum Stehen und bin auch schon weg.

Als ich nach einigen Minuten völlig entspannt wieder zum Auto komme, sehe ich schon von Weitem, wie Michael unsere Freunde zur Begrüßung freudig umarmt und die Kinder aufgeregt herumrennen.

Kurze Zeit später schleppen wir uns vollbepackt mit Strandtaschen, Spielzeug und Gummiboot auf die Liegewiese. Wir

Frauen machen uns sofort an die Arbeit, breiten die Handtücher gemütlich aus, räumen die Taschen aus und cremen die Kinder sorgsam mit Sonnenschutzmittel ein.

Auf einmal ruft Annika: »Was bringt denn Michael da an?« Ich blicke hinter mich und sehe Michael mit einem sperrigen Teil unter dem Arm auf uns zukommen.

»Schau mal, was ich für dich habe.« Er strahlt mich an. »Einen Liegestuhl! Den habe ich an der Kasse ausgeliehen! Der Boden ist doch viel zu hart für dich!« Er drückt mir einen Kuss auf die Lippen und versucht das etwas klapprige Holzgestell in eine stabile Position zu bringen.

Annika starrt Michael mit großen Augen und offenem Mund an.

»Das hätte ich mir von Markus auch mal gewünscht«, stöhnt sie sehnsüchtig.

Tja, wir sind eben ein tolles Paar, denke ich stolz.

Annika muss die kleine Isabell wickeln. Ich schaue von meiner Chefposition im Liegestuhl aus zu.

Bald werde ich auch wieder so ein kleines Würmchen mit ganz kleinen Windeln versorgen. Ich kann es noch gar nicht richtig glauben. Tom hilft interessiert mit. »Mama, schau, die hat da gar keinen Penis«, ruft er. Er streckt Annika die Feuchttücher entgegen. Er wird sicher ein toller großer Bruder.

Das Wasser des Bodensees ist kalt. Eiskalt. Ich versuche vorsichtig, über die glitschigen, moosbewachsenen Steine hineinzugelangen. Hoffentlich friert der kleine Bub in meinem Bauch nicht, denke ich. Sorgsam habe ich mich vorher – wie vor jedem Badevergnügen in diesem Sommer – mit einem Olivenöltampon versorgt. Das soll vor Infektionen durch verunreinigtes Wasser schützen, habe ich gelesen. Was man nicht alles so liest.

Na ja, das Bodenseewasser ist sicherlich keimarm und gesund. Es wird doch als Trinkwasser benutzt, oder nicht? Aber man kann nie wissen. Sicher ist sicher.

Wir genießen heute einen wunderschönen Sommertag. Vor

unserer Abfahrt stopft Annika unser Auto noch mit alten Babyutensilien von Isabell voll. Ein Winteroverall in Größe 50, verschiedene Winterschlafsäcke und Mini-Jeanshosen liegen auf dem Rücksitz neben Tom. Es wird nicht mehr lange dauern, und in all den Sachen wird unser Baby stecken, geht mir durch den Kopf.

Zum Abschied umarmen mich die beiden. Dann quetsche ich mich auf den Beifahrersitz. Die Heimfahrt übernimmt Michael.

»Bei unserem nächsten Treffen sind wir zu acht!«, ruft Markus noch ins Wageninnere.

Wir ahnen nicht, dass wir uns später, nach Julius Geburt, nur noch einmal mit unseren »Bodenseefreunden« treffen werden. Und dann eine lange, lange Zeit nicht mehr. Zu schmerzhaft wird diese erste Zusammenkunft sein. Der Vergleich unserer zwei Kleinen ist zu hart. Es wird zu sehr wehtun.

Montag, 8. Oktober 2012

Bald ist es so weit

Ich quäle mich mit meinem kleinen, alten Peugeot 206 durch die wie immer verstopften Straßen der Innenstadt von Stuttgart. Obwohl der Herbst bereits begonnen hat, ist es sommerlich warm.

Ich muss Michael Bescheid geben!, denke ich und spüre ein leichtes nervöses Grummeln im Bauch, als ich mit der rechten Hand in meiner Tasche auf dem Beifahrersitz nach meinem Handy stöbere. »Und wo ist denn bloß wieder das Headset?«, murmele ich leise vor mich hin.

Ich habe Michael versprochen, nur noch mit den Stöpseln im Ohr zu telefonieren. Ich sei viel zu unkonzentriert am Lenkrad, meckert er seit einiger Zeit. Entweder würde ich unerträglich laut Musik hören oder quatschen. Und außerdem immer zu dicht auffahren. Da könne man darauf warten, bis ich einen Unfall bauen würde, prophezeite er mir. »Du hast ja keine Ahnung«, verteidigte ich mich. »Seit zwanzig Jahren fahre ich unfallfrei Auto. Ich bin absolut aufmerksam am Steuer«, blaffte ich genervt zurück. Kritik an meinem Fahrverhalten war etwas, was ich nur schwer ertrug. Ich fahre nämlich leidenschaftlich gern Auto. Und das auch ziemlich gut, bilde ich mir ein. Als Kind träumte ich von einer Karriere als Paris-Dakar-Rallyepilotin, hatte allerdings keine Ahnung, wie man solch eine berufliche Laufbahn einschlagen konnte. Vorsorglich trainierte ich bei jedem unserer Dorffeste mit den für kurze Zeit dort aufgebauten kleinen Boxautos. Mein komplettes Taschengeld landete in der kleinen Kasse vorne am Lenkrad. Jahre später benötigte ich für den Führerschein meines Erachtens lächerlich wenige Fahrstunden. Pünktlich zu meinem achtzehnten Geburtstag besaß ich sowohl die Fahrerlaubnis als auch ein eigenes Auto. Dafür hatte ich wochenlange und manchmal fast unerträgliche Fabrikjobs hinter mich gebracht. Mit diesem Auto lag mir die Welt zu Füßen, davon war ich überzeugt. Und immerhin schaffte es das alte Teil bei meiner ersten Welteroberungsfahrt bis kurz hinter die französische Grenze bei Straßburg, ehe es mit dem Abschleppwagen in die Werkstatt transportiert wurde.

Weil mir das Suchen zu lange dauert, nehme ich mein Handy kurzerhand ans Ohr. Nach wenigen Klingeltönen höre ich die mir so vertraute Stimme.

»Michael, ich bin auf dem Weg ins Krankenhaus.« Ich strenge mich an, cool zu klingen.

»Was? Wieso das denn?«, ruft er weniger cool zurück.

»Ich war doch gerade bei meiner Frauenärztin. Das CTG hat dort nicht richtig funktioniert. Das liegt wahrscheinlich an dem Gerät. Das hätte oft Macken, meinte die Arzthelferin. Ich muss die Werte aber kontrollieren lassen. Und das geht heute nur noch in der Klinik«, erkläre ich ihm.

»Kommst du klar? Oder soll ich dich begleiten?«

»Quatsch! Was soll schon sein? Hey, ich bin in der vierunddreißigsten Woche! Da kann nichts Schlimmes mehr passieren«, beruhige ich ihn.

Kurze Zeit später hänge ich auf der Entbindungsstation einer großen Stuttgarter Klinik, neben zwei anderen laut stöhnenden Hochschwangeren, am Wehenschreiber. Ich muss mich entspannen, denke ich. Ruhig atmen und an was Schönes denken. Ich will nicht, dass dieses Gerät etwas Besorgniserregendes aufzeichnet.

Im Anschluss werde ich, nach einer ewig langen Wartezeit, endlich ins Behandlungszimmer gerufen. Dort empfängt mich eine freundliche ältere Dame mit dunklen halblangen Haaren.

Sie stellt sich als Oberärztin hier auf der Station vor, und ich bin beruhigt, nicht von einer dieser jugendlichen Assistenzärztinnen untersucht zu werden, bei denen ich jedes Mal die Volljährigkeit bezweifle.

Sorgsam und gekonnt lässt sie den Ultraschallkopf über meinen gelverschmierten Bauch gleiten.

»Hat sich Ihr Kind erst vor Kurzem gedreht?«

»Ja, ich glaube, das ist eine gute Woche her.«

»Das erklärt die noch etwas seltsame ovale Kopfform. Das sieht man manchmal, kurz nachdem sich die Kinder in die Geburtslage gebracht haben.«

Sie wischt mit kratzigem Papier meinen Bauch sauber und bittet mich, nach dem Anziehen vorne an ihrem Schreibtisch Platz zu nehmen.

»Ihr Kind ist ziemlich klein, sowohl der Kopf als auch der Rumpf. Die Werte sind an der unteren Grenze. Das muss man auf jeden Fall im Auge behalten. Ich habe Sorge, dass Ihr Sohn nicht mehr ausreichend über die Plazenta versorgt wird. Man spricht in diesem Fall von einer Plazentainsuffizienz. Wir kontrollieren von jetzt an wöchentlich das Wachstum. Und wenn Ihr Baby nicht weiterwächst, dann wäre es sinnvoll, wir würden die Geburt einleiten. Als reine Vorsichtsmaßnahme!«

Wie bitte?, rast es mir durch den Kopf, habe ich mich verhört? Weiß die Frau, wie glücklich ich um jeden Tag bin, den Julius in meinem Bauch verbringen darf? Und nun will diese Ärztin die Geburt künstlich einleiten? Weiß sie denn nicht, dass ihre Kollegen bei Tom alles versucht haben, die Geburt aufzuhalten? Ich bin die Patientin, bei der man alles tun muss, damit das Kind ja nicht zu früh kommt. So ist es, nicht andersherum! Mein Herz fängt wild an zu pochen, und ich spüre, wie eine gehörige Portion Adrenalin in meinen Bauchraum schießt.

»Bis jetzt war immer alles in Ordnung«, stammele ich.

»Ja, es ist wahrscheinlich auch alles okay. Das sind wirklich reine Vorsichtsmaßnahmen!«

Sie notiert fleißig alle Untersuchungsergebnisse in meinem Mutterpass, den ich daraufhin an mich nehme und schnell in meiner Handtasche verstaue. Ich möchte nichts mit kritischen Befunden zu tun haben.

Zu Hause greife ich erst mal zum Telefonhörer und rufe Moni an. Zum Glück ist sie seit zwei Jahren Vollzeitmutter und täglich erreichbar. Auch wenn man seither nicht mehr ungestört mit ihr telefonieren kann, bin ich trotzdem froh, zumindest ihre Stimme und einen kurzen Rat von ihr zu hören.

»Ja?«, fragt sie gestresst.

»Moni, ich bin es. Du, das Baby ist zu klein.« Ich versorge sie kurz und knapp mit den nötigsten Informationen.

»Du hast eben ein kleines, zartes Kind. Sei doch froh! Das ist viel besser als ein dickes! Die leiden später häufig an Herz-Kreislauf-Erkrankungen! Und denk an die Geburt! Es ist doch viel angenehmer, ein kleines Kind auf die Welt zu bringen, als so einen Riesenbrocken«, weiß Moni sicher. »Gabi, hier ist mal wieder das totale Chaos! Ich muss mich wieder um die Jungs kümmern. Julian haut gerade dem Kleinen das Bilderbuch auf den Kopf!«

Grelles Kindergekreische dringt an mein Ohr, sodass ich reflexartig den Hörer wegziehe. Ich höre Monis Stimme am anderen Ende brüllen. Seit sie kurz hintereinander zwei Söhne auf die Welt gebracht hat, lerne ich ganz neue Seiten an ihr kennen. Meine immer die Ruhe bewahrende Freundin, die stets den Überblick über ihr eigenes und auch über das Leben ihrer Freunde behielt, scheint in der Mutterrolle an ihre Grenzen zu kommen.

»Mach dir keine Sorgen! Am Ende geht immer alles gut aus! Schau mich an! Also, bis bald«, keucht sie atemlos und legt auf.

Wie recht sie hat. Sie weiß, wovon sie redet, denke ich. Beide Schwangerschaften verliefen bei ihr aufgrund einer sogenannten Schwangerschaftsvergiftung lebensbedrohlich. Und ihre Kinder strotzen jetzt vor Kraft und Gesundheit. Trotzdem sind durch diese Erfahrungen an ihrem Selbstverständnis vom Kinderkriegen ziemlich große Stücke abgebrochen. Und ich weiß genau, dass dieses fiese Gefühl mütterlicher Unzulänglichkeit wie ein kleines gefräßiges Tierchen nun auch an ihrem Selbstvertrauen nagt. Auch wenn sie es so niemals zugeben würde.

Nach diesem Telefonat mache ich etwas, was man nie tun sollte, wenn man in Sorge ist: Ich googele.

Ich beginne im Internet nach Größentabellen von Babys zu suchen. Dazu krame ich meinen Mutterpass heraus und vergleiche die Zahlen. Meine Augen starren in dem Heftchen auf drei von der Oberärztin rot notierte Buchstaben, die mich für einen kurzen Moment in Panik versetzen.

S G A – Small for gestational age – ist die Bedeutung, so kann ich in einem entsprechenden Forum nachlesen.

Obwohl ja Rechnen nicht zu meinen Stärken gehört, verbringe ich den Nachmittag damit, aufs Gramm genau zu kalkulieren, wie viel Julius während der verbleibenden Schwangerschaft noch zulegen könnte.

Kann er es schaffen, ins Mittelfeld zu gelangen? Wie viel kann ein Baby im Bauch täglich zunehmen? Gibt es Maßnahmen, die die Gewichtszunahme eines Ungeborenen steigern können? Vielleicht muss ich mich mehr schonen?

In Julius Bereich wird bereits das Wort »Retardierung« verwendet. Wir furchtbar das klingt. Ich will die Zeit zurückdrehen. Nur einen Tag. Gestern. Da war doch alles noch in Ordnung.

Wie werden Kinder, die als Babys klein, also wirklich zu klein sind? Was hat ein geringes Geburtsgewicht später für Auswirkungen? Wie sind die Prognosen? Ich verliere mich im Internet. Alles, was dabei wächst, ist meine Angst – nicht Julius.

Plötzlich fällt mir Tom ein. O nein, ich muss ihn vom Kindergarten abholen! Wie spät ist es? Schon nach 16 Uhr! Eigentlich hatte ich mit ihm vereinbart, dass ich ihn um kurz nach 15 Uhr abhole. Hoffentlich wartet er nicht schon ungeduldig auf mich. Mein schlechtes Gewissen versucht mir einzureden, ich sei keine verlässliche Mutter.

Tom besucht erst seit drei Wochen einen neuen Kindergarten, der sich gleich bei uns um die Ecke befindet, und hat es im Moment dort ziemlich schwer. Die Erzieher seiner alten, sehr fortschrittlichen Kindertagesstätte, in der er sich seit seinem ersten Lebensjahr austoben durfte, fehlen ihm. Mit den männlichen Betreuern dort hatte er auf Bäume klettern, Feuer machen und sich kämpferisch im Matsch wälzen können. Jetzt bastelt er mit ausschließlich weiblichen Tanten Bügelperlenfiguren und Schnipselbilder. Daran muss er sich erst mal gewöhnen. Die alte Kindertagesstätte war ein betriebliches Angebot meines Arbeitgebers in Stuttgart. Aber jetzt, da ich bald in Elternzeit bin, kann ich Tom nicht mehr täglich mit dem Auto dorthin bringen. Michael und ich haben uns entschlossen, Tom besser wohnortnah unterzubringen. Auch wenn dieser Wechsel hart für ihn war. Ich springe auf und laufe los, um ihn abzuholen.

Fünf Tage später habe ich die Sorgen um die Größe unseres Babys verdrängt. Ich bin wieder fest davon überzeugt, dass alles gut ist. Zumal es heute einen wichtigen Grund zum Freuen und zum Feiern gibt: Gestern habe ich die Vorprüfung in meiner Ausbildung zur Therapeutin bestanden. Sehr gut, wie ich und die Prüfungskommission fanden. Deshalb wird heute Abend Laura, die pubertierende Tochter unserer Nachbarin, auf Tom aufpassen, und ich werde Michael fein zum Essen einladen. Wir werden es uns bei unserem Lieblingsthailänder gut gehen lassen.

»Ich bin so stolz auf dich«, meint Michael später in dem gemütlichen Restaurant, in dem wir schon auf einige erfreuliche Dinge angestoßen haben. Er schaut mich liebevoll an und genießt seine Ente in grüner Kokossoße.

Ich muss mir vor lauter Schärfe schon wieder die Nase putzen. Mein einziges Taschentuch ist völlig durchweicht. »Ich bin auch glücklich, dass ich das alles geschafft habe. Das waren zwei anstrengende Jahre«, antworte ich schniefend und schiebe mir tapfer die nächste Portion meines Chilihuhns in den Mund, obwohl mir bereits die Zunge brennt, als hätte sie sich gefährlich entzündet.

Die freundliche Oberärztin mit ihrem Ultraschallgerät ist so weit weg, dass ich gar nicht mehr sicher bin, ob es diese Begegnung überhaupt jemals gegeben hat.

Nachdem Michael beide Schnäpse des Hauses hinuntergekippt hat, machen wir uns auf den Nachhauseweg. Dann beginnen die Bauchschmerzen. Sie werden so schlimm, dass es mir nicht mehr möglich ist, einen einzigen Schritt zu gehen. Gekrümmt stehe ich am Straßenrand und halte meinen dicken Bauch.

»Oh Michael, alles zieht sich zusammen. Ich schaff es nicht bis zum Auto. Das tut so weh!«

»Wir warten einfach kurz. Es sind doch nur ein paar Meter. Das kriegen wir hin.« Michael nimmt mich tröstend in die Arme.

Ich beiße die Zähne zusammen und schleppe mich Schritt für Schritt in Richtung Parkplatz.

Das kann nicht gut sein für das Baby, hämmert es in meinem Kopf. Solche Bauchschmerzen müssen ihm in irgendeiner Form schaden. Ich muss mich hinlegen! Mein Bauch muss sich sofort entspannen. Aber es sind doch nur noch wenige Schritte. Zu Hause kann ich mich ausruhen. Hoffentlich quetscht es dem Baby den Kopf nicht ein. Wären wir nur zu Hause geblieben. In meinem Kopf rattert es wie Maschinengewehrfeuer.

Im Auto geht es mir allmählich besser. Die Schmerzen lassen nach, und ich kann meinen Oberkörper wieder aufrichten.

Am nächsten Morgen wache ich völlig entspannt und erleichtert auf. Es ist noch mal alles gut gegangen.

Gleich am Montagvormittag nach unserem Feierwochenende ist die nächste Ultraschallkontrolle in der Klinik. Die erfahrene Ärztin untersucht gewissenhaft die Blutversorgung der Nabelschnur.

»Das sieht alles gut aus«, meint sie.

Na also. Ich atme erleichtert aus.

»Allerdings ist der Kleine nicht gewachsen. Er fällt nun fast aus dem Perzentilenbereich heraus. Wir sollten nicht mehr lange warten. Ich wäre dafür, die Geburt bald einzuleiten. Wie gesagt, eine reine Vorsichtsmaßnahme!«

»Aber Sie sagen doch, dass alles in Ordnung ist und die Blutversorgung gut!«

»Trotzdem! Er ist zu klein. Und er wächst kaum. Das bedeutet, dass vielleicht etwas nicht stimmt. Es ist besser, wir leiten ein. Das ist in dieser Schwangerschaftswoche völlig unkritisch.«

Sie drückt mir einen kurzen Arztbrief für meine Frauenärztin in die Hand, in dem sie eine zweitägige Kontrolle vorschlägt. Erleichtert lese ich ihren letzten Satz: Es handelt sich wahrscheinlich um ein kleines, aber gesundes Kind.

Michael und ich sind jetzt nicht mehr entspannt. Und wenn wir beide Angst bekommen, kriegen wir uns meistens in die Haare. Ich erwarte von ihm, dass er mich beruhigt und mein Fels in der Brandung ist. Er wünscht sich eine Frau, die zu Hause alles im Griff hat. Und so können wir uns in den letzten Tagen dieser Schwangerschaft nicht das geben, was wir voneinander brauchen würden.

Am Donnerstagabend eskaliert die Situation. Wir geraten in einen heftigen Streit. Um was es bei dieser Auseinandersetzung ging, habe ich schon längst vergessen. Aber ich werde mich immer daran erinnern, dass wir uns vor lauter Wut aufeinander in dieser Nacht zum Schlafen in getrennte Betten legten. Wir wussten nicht, dass dies unser letzter Abend zu dritt war und wir bald eine ganz andere Dimension von Sorgen zu bewältigen haben würden.

19. Oktober 2012

Ein Freitag

Schwangerenbeleidigt liege ich in meinem Bett. Die Tränen fließen in mein Kopfkissen. Ich fühle mich nicht geliebt und bin einsam. Die Kirchturmuhr schlägt – es ist Mitternacht. Trotzig rede ich mit Julius in mir, dass wir es auch alleine schaffen, wenn der Papa so blöde ist. Der soll mich kennenlernen. Vermeintlich mutig und selbstbewusst streichle ich meinen dicken Bauch. Dann merke ich, dass dieser zunehmend hart wird und sich zusammenzieht. Ich hole mir einen Wecker und zähle die Minuten.

»Ich werde auf keinen Fall Michael wecken«, brummele ich. »Sonst hält er mich wieder für eine hysterische Kuh. Ich werde ihm und der Welt schon zeigen, wie souverän ich bin. Außerdem wird sowieso nichts sein.«

Sechs bis acht Minuten liegen zwischen den Bauch-wird-hart-und-wieder-weich-Aktionen. Das Wort »Wehen« will ich gar nicht denken. Ab wann muss man noch mal ins Krankenhaus? Doch erst, wenn alle drei Minuten Gebärmutterkontraktionen zu spüren sind, oder? Also, noch viel zu früh.

An Schlaf ist in dieser Nacht nicht zu denken. Ich bin froh, als die ersten Sonnenstrahlen durch die zugezogenen Vorhänge dringen.

Wie am Vorabend vereinbart, kümmert sich Michael heute Morgen um Tom und begleitet ihn in den Kindergarten. Ich werde mich mucksmäuschenstill im Bett verkriechen, bis die beiden aus dem Haus sind, beschließe ich. Niemanden will ich sehen. Immerhin ist meine Gebärmutter nun wieder friedlich, und mein Bauch ist ganz weich. Als nach einer kurzen morgendlichen Hektik im Flur, die ich gedämpft durch meine geschlossene Schlafzimmertür wahrnehme, abrupt Ruhe in unserer Wohnung eingekehrt ist, wage ich mich auf die Toilette.

Beim Herunterziehen meiner Unterhose erschrecke ich, weil ganz klar ist, jetzt geht es los. Ich versuche ganz ruhig zu bleiben, ziehe mich an und beschließe, in die Klinik zu fahren. Dort bin ich ja mittlerweile bekannt.

Michael rufe ich vom Auto aus an und informiere ihn kaltschnäuzig über meinen Zustand. Wir vereinbaren, dass ich ihn auf dem Laufenden halte. Das Krankenhaus ist ohnehin nur ein paar Minuten von seiner Arbeitsstelle entfernt.

Die Geburt

Kurz darauf hänge ich wieder mal am Wehenschreiber. Mein Bauch scheint sich entspannt zu haben. Es folgen Ultraschalluntersuchungen, Messungen und viele Absprachen unter den Ärzten.

»Wir wollen die Geburt einleiten. Und zwar jetzt«, teilt mir die Oberärztin sehr entschieden mit.

»Wie? Sofort? Es geht doch sowieso bald los. Ist es so dringend?«, frage ich völlig verunsichert. »Also, das geht mir zu schnell. Das muss ich doch erst mit meinem Mann besprechen!«

Ich bekomme eine »Galgenfrist« und darf noch einmal zum Beratschlagen und Packen nach Hause fahren.

»Aber heute Abend werden wir Sie stationär aufnehmen. Auch wenn wir nicht einleiten, möchten wir das Kind regelmäßig überwachen.« Die Oberärztin lässt sich auf keine Diskussion mehr ein.

»Ist doch klar, dass wir sofort wieder ins Krankenhaus fahren! Wenn die Ärzte denken, eine Einleitung der Geburt ist sinnvoll, dann machen wir das auch so! Nur weil du deine vierzig Wochen schaffen willst, riskieren wir doch nichts! Wir treffen uns zu Hause, ich fahre sofort los«, ruft Michael hektisch ins Telefon. Er bekommt es mit der Angst zu tun, das merke ich.

Ich habe gerade noch Zeit, ein paar Sachen in die schon vor längerer Zeit bereitgestellte Krankenhaustasche zu werfen, ehe

Michael mich in sein Auto verfrachtet und wir uns gemeinsam auf den Weg in die Klinik machen. Seinen Eltern hat er bereits Bescheid gegeben, sie werden Tom aus dem Kindergarten abholen. Er wird die wenigen Tage, die ich im Krankenhaus bleiben muss, bei ihnen verbringen.

Draußen ist ein wunderschöner Herbsttag. Es ist, als wollte das Wetter uns mit seiner sommerlich leichten Laune ein klein wenig gelassener stimmen. Ich trage eine kurzärmlige weiße Bluse und sogar noch offene Schuhe. Dazu eine beigefarbene Leinensommerhose. Das war ganz klar meine Lieblingshose während der Schwangerschaft, denke ich.

Die zuständige Krankenschwester führt uns in mein Zimmer. Es ist topmodern und für ein Krankenhauszimmer mehr als passabel. »Da werde ich es mir in den ersten Tagen mit Julius richtig gut gehen lassen«, meine ich zu Michael. »Hast du gehört: Hier gibt es sogar ein Frühstücksbüfett. Ha, das ist ja fast wie im Urlaub!«

Es wird mir wohlig warm ums Herz, als ich auf das Bett im Zimmer blicke. Ein kleines Babybettchen ist daran befestigt. Darin liegt eine quietschgelbe Kinderbettdecke, bedruckt mit braunen Bärchen und roten Luftballons. In Gedanken sehe ich unser Kind darin eingekuschelt.

Doch es legt sich bereits ein grauer Überzug des Zweifels auf meinen bunten Bettwäschetraum. Kurz darauf hänge ich wieder am Wehenschreiber. Dem Kind scheint es gut zu gehen. Ich bekomme eine Tablette, die die Wehen anregen soll. Falls sich daraufhin nichts tut, darf ich am nächsten Morgen eine weitere Tablette schlucken, und alle zwei Stunden wird nach den Herztönen von Julius geschaut. So hat es mir die Hebamme, die sich im Kreißsaal um mich kümmern wird, erklärt.

Da ich den ganzen Tag noch kaum etwas gegessen habe, spüre ich langsam einen Riesenhunger. Michael und ich suchen, zurück auf Station, alles Essbare zusammen, und ich lasse mir mehrere Wurst- und Käsebrote schmecken. Mittlerweile habe ich mich damit abgefunden, es wieder nicht bis zum Schluss geschafft zu haben. Ich bin trotzdem unheimlich froh, wie weit wir diesmal gekommen sind. Meine Angst hält sich in Grenzen. Toms Entbindung war schmerzhaft, aber machbar.

»Die Geburt war noch das Schönste an der ganzen Schwangerschaft!« Wie oft habe ich danach diesen Satz gesagt! Wie glücklich ich bin, das alles noch einmal erleben zu dürfen. Vor was also sollte ich mich fürchten?

Kurz nach dem Essen fangen die Bauchkrämpfe an. Sie kommen schnell aufeinander und sehr heftig. Dabei ist erst eine halbe Stunde nach der Tabletteneinnahme vergangen. Die Schmerzen werden so stark, dass wir uns sofort zur Entbindungsstation aufmachen. Ich kann immer nur ein paar Schritte gehen, dann muss ich mich auf den Boden setzen und warten, bis die Krämpfe vorüber sind. Im Wartebereich vor dem Kreißsaal sitzen ein paar Besucher auf weißen Plastikstühlen. Aus den Augenwinkeln nehme ich wahr, wie sie mich vermeintlich wissend angrinsen. Ich dagegen habe nur noch das Gefühl, innerlich zu zerreißen. Diese Schmerzen können nicht normal sein. Ich fange schrecklich an zu bluten, und unsere Hebamme schickt uns unverzüglich in das Gebärzimmer. Es bleibt mir kaum Zeit, mich von einer Wehe zu erholen, da kommt schon die nächste, Schlag auf Schlag. Ich habe vor, es zunächst ohne Anästhesie zu versuchen. Es ist sicherer für das Kind, denke ich. Bei Tom hat es auch ohne Rückenmarksanästhesie geklappt, und beim zweiten ist es doch sowieso nicht mehr so schlimm, heißt es. Also bin ich tapfer und halte alles aus. Das entspricht ganz meinem Gemüt, ich bin schließlich sehr leidensfähig. Was folgt, habe ich allerdings als unbeschreibliche Qual in Erinnerung. Auf einmal bin ich davon überzeugt, dass ich diese Geburt nicht überleben werde. Diese Schmerzen werden all meine inneren Organe zerfetzen, das weiß ich. Die Tabletten scheinen bei mir eine falsche Wirkung zu entfachen. Vielleicht vertrage ich sie nicht? Oder handelt es sich womöglich um ein kontraindiziertes Medikament, das sie mir irrtümlich in die Hände gedrückt haben? Eine folgenschwere Verwechslung? Ich will eine Vollnarkose, brüllt mein Inneres nach einiger Zeit. Aus meinem Mund kommt jedoch nur noch jämmerliches Stöhnen.

»Für eine PDA ist die Geburt schon zu weit vorangeschritten. Wir schaffen das aber auch so«, höre ich die Hebamme sagen. Sie scheint meine Gedanken aufgrund meines erbärmlichen Zustandes erahnen zu können. Ich beiße mit der Kraft eines ausgehungerten Tigers in das Stillkissen, das unter mir liegt. Michael steckt mir, wahrscheinlich ein klein wenig beschämt über mein archaisches Verhalten, stattdessen einen Waschlappen zwischen die Zähne. Mittlerweile zittere ich wie ein Parkinsonpatient.

»Nie wieder! Nie wieder will ich so etwas noch einmal erleben! Nie wieder!« Mit einer unbändigen Kraft schleudere ich meine Schmerzensschreie in den Raum.

Ich soll pressen, höre ich eine energische Stimme aus der Ferne rufen. Ich drücke, was das Zeug hält. »Nicht drücken, pressen!«, ruft sie noch energischer. Wie pressen? Mache ich doch, oder nicht? Wie geht das? Was ist denn der Unterschied zwischen drücken und pressen? Es war ein tödlicher Fehler keinen Geburtsvorbereitungskurs besucht zu haben, schießt es mir durch den Kopf. Ich kann nicht mehr. Ich will, dass diese Schmerzen aufhören. Ich falle in Ohnmacht, es ist nicht auszuhalten.

»Kein Wunder, es ist ein Sternengucker«, höre ich die resolute Stimme sagen. Was heißt das denn? Aha, der Kopf hängt im Becken fest, höre ich. O nein, das auch noch! Ich versuche zu pressen oder zu drücken, ich weiß es nicht mehr. Aber schlagartig wird es leichter. Ich bin gerettet! Die Schmerzen lassen nach. Der Kopf ist draußen. Das ist die Hauptsache. Ich schaue nach unten und sehe einen blutverschmierten, aber prächtig dunklen Haarschopf. Wahnsinn, denke ich. Tatsächlich ein Mensch! Für mich ist es in diesem Moment erneut ein unfassbares Wunder.

Sie packen Julius erst mal in ein kuscheliges weißes Handtuch und bringen ihn zur Babywaage. »Ist auch alles dran?«, rufe ich der Hebamme hinterher. Wieso frage ich das? Ich habe doch auf allen vorherigen Ultraschallbildern ein komplettes Baby gesehen. Und trotzdem scheint diese Frage obligatorisch zu sein. Sie kommt ganz automatisch aus meinem Mund heraus. »Ja, es ist alles dran«, ertönt es gelassen hinter mir.

Aber das entspricht nicht ganz der Wahrheit.

»Er wiegt 2360 Gramm. Ab 2500 Gramm hätten Sie ihn mit aufs Zimmer nehmen dürfen, aber so behalten wir ihn zur Überwachung auf unserer Babyeinheit.« Das gibt es nicht! Jetzt trennen mich 140 Gramm von meiner sentimentalen Betträumerei. Wieder werde ich mein Baby die ersten Tage auf der Intensivstation versorgen müssen. Wieder kein Kuscheln im Krankenhausbett. Wieder wird es genaue Anleitungen von den Schwestern geben, die mir sagen, wie ich mein Baby zu versorgen habe. »Sie müssen erst die Hände desinfizieren! Dann mit einem sterilen Tupfer die Nabelpflege durchführen! Vor jedem Wickeln Fieber messen! Haben Sie ihn schon gewogen?« Und so weiter und so fort. Ich bin enttäuscht. Aber egal, Hauptsache, es ist alles gut gegangen, sage ich mir.

Da legen sie mir auch schon meinen zweiten Sohn auf die Brust, und alles ist vergessen.

»Er wird Julius heißen«, teile ich mit Tränen in den Augen, aber voller Stolz, allen Anwesenden mit.

»Hallo, Julius«, hauche ich meinem Baby ins Ohr.

Aber was hat er für einen lila Kopf? Und eine knallrote Stirn? Bleibt das? Er gefällt mir nicht so richtig, merke ich. Ich muss an meine Schulfreundin Silke denken, die mittlerweile drei Kinder hat. »Nach jeder Geburt dachte ich, dass ich baldmöglichst in die USA zu den bekanntesten Gesichtschirurgen fliegen muss. So wie die aussahen, als sie aus dem Bauch kamen«, höre ich sie sagen. Zum Glück kann man heutzutage alles machen. Nasen verkleinern, Feuermale weglasern, Ohren anlegen. Ist doch alles kein Problem mehr. Trotzdem bleibt ein klitzekleines ungutes Gefühl in mir zurück, nachdem sie mir Julius wieder weggenommen haben, um ihn auf »sein« Zimmer zu bringen. Ich zittere noch immer wie unter schwersten Entzugserscheinungen, während sie mich unten herum wieder zusammenflicken. Das sei die Erschöpfung, erklärt mir die Ärztin. Ja, das glaube ich sofort.

Michael strahlt bis über beide Ohren. Und ich bin mir seiner Liebe sicher. Mit keinem anderen Mann möchte ich so ein Geburtserlebnis teilen. Ich fühle mich so selig wie die Hauptdarstellerin einer Hollywoodkitschverfilmung am schwülstigen Ende. Es gibt nur noch uns und unsere Kleinen. Wir haben zwei gemeinsame Söhne. Wir sind jetzt eine richtige Familie mit zwei Kindern. Sie werden sich lieb haben, sich streiten, miteinander kämpfen, sich helfen, eifersüchtig sein. Ich bin das Glück in Person.

Sobald sich mein Kreislauf stabilisiert hat, machen Michael und ich uns auf den Weg zur Neugeborenen-Intensiveinheit.

Und da liegt er. Unser Baby im Brutkasten, ein gewohnter Anblick. Sie haben ihm ein kleines selbst gestricktes Puppenmützchen über sein Köpfchen gezogen. Von den rot-lila Flecken auf der Schädeldecke ist dadurch zumindest nichts mehr zu sehen. Er ist bereits verkabelt, der Monitor zeigt seinen Herzschlag, seine Atemfrequenz und seine Sauerstoffsättigung an. Es ist alles in Ordnung, sagt man uns erneut. Auf einmal höre ich ein Klicken hinter mir. Die Schwester macht das erste Foto mit einer Polaroidkamera.

»Ein Geschenk der Klinik! Herzlichen Glückwunsch«, meint sie lachend und drückt uns das Bild in die Hand. »Und jetzt ruhen Sie sich erst mal aus und legen sich ins Bett.«

Es geht schon los mit den Anweisungen. Ich will nicht ins Bett! Ich will mein Baby im Arm halten, denke ich.

»Ihr Sohn muss sich erholen! Es ist am besten, Sie lassen ihn schlafen. Später können Sie ihn jederzeit besuchen.«

Ich beuge mich und trotte auf mein Zimmer. Die Nacht ist angebrochen; wir beschließen, dass Michael nach Hause fährt. Ich werde versuchen, ein wenig zu schlafen.

Aber ich kriege kein Auge zu. Ich bin so aufgeputscht, als ob ich zwanzig Dosen eines Energy-Drinks zu mir genommen hätte. Ich will zu Julius. Sie haben gesagt, ich kann jederzeit zu ihm. Ich schaue auf die rote Leuchtanzeige der Uhr an der Wand. 3 Uhr 34. Jederzeit heißt jederzeit. Also ziehe ich mir Socken an und mache mich auf den Weg zu meinem Baby.

Samstag, 20. Oktober 2012

Der erste Schock

Ich schlendere den etwas unheimlichen dunklen Stationsflur entlang und läute an der verschlossenen Tür zur Kinderintensiveinheit. Eine verdutzt dreinschauende Krankenschwester öffnet mir die Tür.

»Ich möchte zu meinem Sohn Julius.«

Im Raum ist das Licht gedimmt. Es ist so still, denke ich. Zu still? Auf den Bildschirmen an den Wänden leuchten mir grüne Zahlen und Kurven entgegen. Zu hören sind nur die Piepstöne der technischen Geräte, die jedes Lebenszeichen der insgesamt sechs kleinen Patienten überwachen. Der süßlich-scharfe Geruch von Desinfektionsmitteln steigt mir in die Nase und weckt sofort die Erinnerung an Toms Geburt und die ersten Wochen im Krankenhaus mit ihm. Die Krankenschwester zeigt stumm auf einen Liegestuhl neben Julius' Brutkasten.

Fast geräuschlos beginnt sie, die unzähligen Kabel, mit denen unser Sohn verbunden ist, zu entwirren. Und dann legt sie ihn mir auf die Brust.

Was für ein Gefühl. Ausgehungert vor Sehnsucht nach ihm, fühle ich mich im Liebesrausch. Wie einzigartig es ist, sein Baby im Arm zu halten! In jeder einzelnen Zelle meines Körpers scheint sich die Liebe auszubreiten. Kein Mensch auf der Welt kann so glücklich sein wie ich. Ich schwöre Julius, dass ich ihn für immer beschützen und solange ich lebe für ihn da sein werde. Ich entspanne mich und schlafe sogar ein wenig ein. Um kurz nach sechs kommt die Frühschicht. Es wird hell auf der Station. Die ersten Medikamente werden verabreicht, die Babys versorgt. Ich beginne Julius genau zu betrachten. Streichle sanft seine Händchen. Die Handrücken, die Innenseite, die winzigen Fingerchen.

Und dann sehe ich es.

Es trifft mich mit der Wucht eines Elfmeterballes mitten in die Magengrube. Was ist das?

Sofort gehen mir alle heutzutage möglichen chirurgischen Eingriffe durch den Kopf. Aber in Sekundenschnelle habe ich erkannt, dass man da selbst mit der modernsten Medizin nichts machen kann. Gar nichts. Ich schaue mir den Finger genau an. Dabei scheine ich mich im Raum zu drehen, es gibt kein Oben und kein Unten mehr. Vor allem keinen festen Boden. Es fehlt. Tom wird es später sofort bemerken. »Mama, das wächst noch, gell?«, wird er mich fragen. Nein, da wächst nichts mehr. Denn das letzte Glied von Julius rechtem Mittelfinger ist nicht da. Es ist nicht umgeklappt, nicht eingewachsen, nicht krumm gewachsen. Es ist schlichtweg nicht da. O nein! Das darf nicht wahr sein! Julius wird nie Klavier spielen können, schießt es mir durch den Kopf. Wie traurig wird Michael sein! Ist das Klavier doch seine große Leidenschaft. Panisch rufe ich nach einer Krankenschwester.

»Haben Sie das schon gesehen? Ihm fehlt ein Stück Finger!« Verzweifelt schaue ich sie an.

Sie betrachtet das Händchen und versucht mich sofort zu beruhigen: »Nein, das haben wir noch nicht bemerkt. Aber es ist doch nur das letzte Stück!«

Für mich ist es aber eine Katastrophe. Ich kenne nur Menschen, an denen alles dran ist. Außer Daniel, einem Freund von mir. Der ist Schreiner und hat sich im Laufe seines Berufslebens schon vier Finger abgesägt.

Es ist nicht gut, wenn meinem Baby ein Stück Finger fehlt. Gar nicht gut, denke ich. Irgendetwas stimmt mit ihm nicht. Ich kann es fühlen. Verzweifelt starre ich auf die immer noch lila leuchtende Schädeldecke meines Babys, schaue auf den großen roten Fleck auf seiner Stirn und untersuche seine winzige Hand. Sie ist perfekt – bis auf das fehlende Fingerglied.

Ist es nicht so, dass jede Mutter ihr eigenes Baby als das schönste der Welt ansehen muss?

Ich bekomme Angst, weil sich dieses Empfinden bei mir nicht einstellt. Jetzt tasten meine Finger seine Ohren ab, die ziemlich zerquetscht aussehen. Ich versuche sie glatt zu streichen. Es wirkt wie der hilflose Versuch, Julius doch noch nach meinen Vorstellungen zu formen.

Die Ohren bleiben so zerknittert, wie sie sind. Ich kann nichts verändern. Nichts. Julius ist nicht perfekt. Nicht für mich. Er entspricht nicht meinen Erwartungen.

Die Ärzte versichern mir jedoch, alles sei völlig normal.

»Das Fingerglied wurde durch eine zu enge Eihaut abgeschnürt. Das hat mir gestern mein Mann erklärt, der ist Handchirurg. Ich habe ihm gleich von Julius erzählt. Das ist gar nicht mal selten, meinte er«, versucht mich am darauffolgenden Tag die Oberärztin zu besänftigen. »Vor ein paar Monaten haben wir hier ein Baby entbunden, das hatte keine Hände und keine Füße! Da waren wir alle erschrocken! Aber bei ihrem Kind fehlt nur ein kleines Stückchen Finger! Das ist doch nicht so schlimm«, meint sie. »Und der Fleck auf der Stirn, das ist eine Art Storchenbiss. Gut, der ist groß, aber wenn Julius in die Schule kommt, sehen Sie den nicht mehr!«

Ich ertappe mich, wie ich in dem engen Raum unserer kleinen Intensiveinheit ständig in die Glaskästen der anderen Eltern stiere. Neidisch. Ich gelte schnell als die weinerliche und zerbrechliche Wöchnerin.

»Also, wenn Sie ihn nicht wollen, dann nehme ich ihn«, meint an meinem dritten Heultag die Oberärztin etwas schnippisch.

»Das sind nur die Hormone«, antworte ich und versuche damit mein Verhalten zu entschuldigen. Der Gedanke an diesen Finger lässt mich aber nicht los. Wie besessen starre ich den Menschen, die mir auf Station, in der Cafeteria, im Fernseher begegnen, auf die Hände. Ich sehe lange, kurze, dicke und dünne Finger, aber immer sind alle Glieder dran. Nachts wache ich auf, habe ein Bild von Julius im Alter von sechzehn Jahren im Kopf. Er sitzt mit seinen Kumpels in einer Bar und hält eine Flasche Bier in seiner rechten Hand, der kurze Mittelfinger ist deutlich zu erkennen. Wie wirkt das? Wie erleben das seine Freunde? Wird das uncool sein? Wird man ihn hänseln? Wird er mit so einem Finger eine Frau finden?

»Du übertreibst total!«, weist mich Claudi durch das Handy zurecht. »Das fällt bestimmt kaum auf! Lilly hat auch einen ganz krummen Zeh.«

»Das Kind von einer Freundin ist mit einem riesigen Leberfleck im Gesicht auf die Welt gekommen. Ein Mädchen! Das ist übel! Auf die Hand schaut man doch kaum! Außerdem ist eine kleine Fehlbildung bei einem Jungen sowieso nicht schlimm«, sagt Moni, als ich verzweifelt mit ihr telefoniere.

So gerne würde ich ihnen Glauben schenken. Aber ich weiß es besser. Ich weiß es sogar ganz genau. Sie wollten doch auch perfekte Kinder. Jede Mutter will das. Und selbst Michael ist mit dem Finger beschäftigt. Als er eines Morgens zu uns ins Krankenhaus kommt, erzählt er mir, dass er nachts noch einen Mafiathriller im Fernsehen angeschaut habe. Allerdings musste er mittendrin ausschalten: Die Mafiosi hatten einem Opfer, das das Schutzgeld nicht bezahlen konnte, einen Finger abgehackt. Daraufhin überlegen Michael und ich mit einer gewissen Art von Galgenhumor, dass wir ja später bei neugierigen Fragen nach dem kurzen Finger antworten könnten: »Das war eine Strafe. Er hatte sein Zimmer nicht aufgeräumt.«

So richtig können wir nicht darüber lachen. Und wir können auch nicht wirklich über die kleinen Makel hinwegsehen. Alle Versuche, sich bedingungslos über Julius zu freuen, scheitern. Irgendwo scheint ein Damoklesschwert über uns zu schweben. Wir ahnen es nur, zu sehen ist davon noch nichts.

Nach vier Tagen werde ich alleine aus dem Krankenhaus entlassen, Julius muss bleiben.

»Vielleicht noch eine, höchstens zwei Wochen. Länger nicht«, versichert mir die Ärztin.

An meinem ersten Abend zu Hause recherchiere ich sofort im Internet. Ich lese auf einer Seite, dass 50 Prozent aller Handfehlbildungen mit einer weiteren Behinderung einhergehen. Sofort klicke ich diese Seite weg, als könnte ich damit das Schlimmste verhindern.

Ein etwas anderes Gehirn

Julius ist nun sieben Tage auf der Welt, und vor drei Tagen hat ihn zum ersten Mal Tom besucht. Allerdings war dieses Zusammentreffen für uns Eltern und wahrscheinlich auch für Tom mehr als anstrengend. Was soll ein Vierjähriger mit einem kleinen Bruder anfangen, in dessen Nase ein Schlauch steckt, an dessen Zeh ein rot blinkendes Kabel hängt und dessen Brust mit lauter EKG-Pflastern beklebt ist? Außerdem ist eine kleine, enge Intensivstation kein geeigneter Aufenthaltsraum für einen neugierigen, aufgeweckten Jungen, das war uns schnell klar. Auch deshalb werden wir dieses Erlebnis so bald nicht wiederholen.

Michael hat zum Glück seit ein paar Tagen Urlaub und kann sich nachmittags mit Tom beschäftigen. Ich verbringe die meiste Zeit des Tages bei Julius im Krankenhaus. Jeden Morgen packe ich mir etwas zu essen ein und mache mich mit dem Auto auf den Weg in die Klinik, damit ich pünktlich um acht Uhr bei unserem Sohn sein kann.

Als ich heute Morgen den Raum betrete, steht eine Ärztin an Julius' Bett, die ich nicht kenne. Sie scheint etwas in einer dünnen Aktenmappe zu lesen, die sie aufgeschlagen in den Händen hält.

»Guten Morgen«, begrüße ich sie freundlich.

»Guten Morgen! Ich werde die nächsten Tage als zuständige Ärztin Ihren Sohn betreuen. Die Oberärztin ist seit heute im Urlaub.« Sie blickt auf kleine schwarz-weiße Bildausdrucke, die sich in der Mappe befinden. »Ich habe mir gerade noch einmal die Ultraschallbilder vom Kopf Ihres Sohnes angeschaut. Er hat ja noch diese etwas erweiterten Seitenventrikel.«

»Wie? Warum? Was heißt das?« Wie ein Ferrari beschleunigt mein Puls rasant von 60 auf 180 Schläge.

»Ich habe diesen Befund noch mit der Oberärztin besprochen. Sie geht ja nicht davon aus, dass Sie sich deswegen Sorgen machen müssten.« Das sind die Worte, die sie benutzt. Aber ich durchschaue sie, noch bevor sie den Satz zu Ende gesprochen hat. Ich bin geübt darin, die Gefühle oder Gedanken meines Gegenübers blitzschnell zu entschlüsseln. Sie denkt etwas anderes als die Oberärztin. Sie ist sehr wohl der Meinung, dass ich mir Sorgen machen sollte.

»Wir werden heute Nachmittag eine Kontrolluntersuchung durchführen. Dieses Mal werde ich schallen.«

Mit ihrer Ultraschalldiagnostik wird sie den Stein ins Rollen bringen. Diesen einen Stein, der eine unvorstellbare Katastrophe auslöst, die unser bisheriges Leben zertrümmern wird.

Ich habe mich in der Zwischenzeit auf meinen Liegestuhl neben Julius' Bett gesetzt und nicke nur kurz. Ich will, dass diese Frau verschwindet, sofort. Warum muss die Oberärztin ausgerechnet jetzt in den Urlaub gehen?

Um 15 Uhr kommt Michael zu uns ins Krankenhaus. Ich darf heute Mittag etwas mit Tom unternehmen und freue mich, die Klinik endlich einmal tagsüber verlassen zu dürfen.

Am Abend habe ich gerade Tom zu Bett gebracht, als das Telefon klingelt. Ich schaue auf die Uhr. Es ist bereits halb neun. Das wird Michael sein, sage ich mir. Mittlerweile wird er wahrscheinlich mit der Ärztin gesprochen haben und kann mir endlich das Ergebnis der Ultraschalluntersuchung mitteilen. Ich drücke den Knopf mit dem grünen Abhebezeichen auf unserem Mobiltelefon. Zunächst höre ich nur ein Rauschen. Oder ist es ein schweres Atmen?

»Gabi? Gabi! Er hatte eine Hirnblutung! Julius hatte eine Hirnblutung! Meine Güte, stell dir das vor!« Michael ist ganz außer sich. Ich bin mir nicht sicher, aber ich glaube, er weint.

»Nein! Wieso denn das? Wie ist das passiert?«, frage ich fassungslos.

»Das weiß man nicht. Wahrscheinlich unter der Geburt! Aber er hatte eine Hirnblutung! Die Ärztin ist sich ziemlich sicher! Sie konnte es im Ultraschall erkennen. Ich bin im Auto, ich komme jetzt heim.« Klacks. Aufgelegt.

Hirnblutung, Hirnblutung, Hirnblutung, hämmert es in meinem Kopf. Alles aus. Das ist das Ende. Julius wird schwer behindert sein. Aufgedreht wie ein Spielzeugauto laufe ich in unserem Wohnzimmer hin und her. Wo soll ich hin? Was soll ich machen? Hinsetzen? Schreien? Wohin soll ich gehen? Ich muss doch irgendetwas machen! Aber was? Ich muss raus hier. Ich kann aber nicht. Tom schläft oben.

Ich bekomme Panik. Ich muss etwas machen.

Schreien.

Das kann ich. »NEEEEEIIIIIN, NEEEEEEIIIIIN, NEEEEEIIIIIIIN!«, schreie ich. Es reicht nicht.

Schlagen.

Ich werfe mich auf den Boden, trommle mit den Fäusten auf das Holzparkett.

Zu wenig.

Ich muss mir wehtun, muss den grauenhaften, unkontrollierbaren Schmerz in meinem Herzen mit körperlicher Qual überdecken. Anstelle meiner Fäuste schlage ich meinen Kopf auf den harten Untergrund.

Dann reiße ich an meinen Haaren. Fester. Ja, das sticht und brennt. Ich kann es spüren, das ist gut. Endlich kommen die Tränen. Eine Wasserflut bricht aus mir heraus. »Bitte nicht, bitte, lass das alles nicht wahr sein. Bitte, bitte, bitte«, flehe ich ziellos die einsame Dunkelheit an. »Bitte nicht mein Baby. Mein Julius.«

Irgendwann höre ich den Schlüssel in unserem Haustürschloss. Michael findet mich völlig erschöpft und verzweifelt auf dem Wohnzimmersofa vor.

»Wie ist das passiert, Michael?«, wimmere ich.

»Ich weiß es nicht.«

»Hast du während der Geburt irgendwas mitbekommen?«, frage ich ihn verzweifelt. »Gab es vielleicht doch kritische Momente?«

»Nein, die Herztöne von Julius waren immer in Ordnung. Sie haben sie doch die ganze Zeit überwacht! Da war nichts.«

»Aber ich hatte solche Schmerzen! Viel stärker als bei Tom. Sie waren zu stark. Das war zu viel. Wir hätten die Geburt nicht einleiten dürfen! Diese Tabletten waren wie Gift!«

»Wir müssen abwarten. Sie sagen, dass Säuglinge eine Hirnblutung durchaus ohne Folgeschäden wegstecken können. Es heißt erst mal gar nichts. Wir müssen einfach abwarten. Vielleicht kommen wir auch mit einem blauen Auge davon.«

Am nächsten Morgen bin ich wie immer pünktlich um acht Uhr bei Julius. Aber alles ist anders. Die Schwestern begrüßen mich verhalten, schauen mich betreten an, weichen meinem Blick aus. Ich betrachte Julius. Er schläft so friedlich. Aber er macht mir Angst.

»Wir machen ganz normal weiter. Sie können ihn gleich waschen und versorgen«, teilt mir die Kinderkrankenschwester mit. »Wir müssen nichts Bestimmtes beachten. Nur regelmäßig den Kopfumfang messen.«

Meine Hände verrichten automatisch die notwendige Babypflege. Auf einmal steht die Ärztin von gestern vor mir, und ihre Augen verraten mir etwas. Obwohl es fast nicht zu erkennen ist, kann ich etwas in ihrem Blick spüren. Stolz. Sie hat etwas entdeckt, was der Oberärztin entgangen ist. Ich zucke getroffen zusammen.

»Nachher kommt der Chefarzt, er wird den Kopf von Julius noch einmal persönlich schallen«, meint sie.

Als der smarte ältere Herr mit der modernen Hornbrille eintrifft, verschwinden die beiden Ärzte recht zügig mit meinem Julius in dem kleinen angrenzenden Untersuchungsraum. Ich bleibe allein auf meinem Klappstuhl zurück und starre eine Stunde lang apathisch auf den leeren Brutkasten mit den zerwühlten Stoffwindeln. Die anderen Mütter um mich herum gehen umtriebig der täglichen Routine nach. Hände desinfizieren, Fieber messen, Nabelpflege, Windel wechseln, abgepumpte Milch verstauen. Sie vermeiden es, mich anzuschauen oder gar anzusprechen. Sie sind wahrscheinlich unendlich froh, dass es nicht sie erwischt hat, denke ich. Ich fühle mich in dieser Runde wie ein kleines Kind, das beim Kartenspiel den schwarzen Peter gezogen hat. Jeder kann meine pechschwarze Nase sehen.

Nach einer gefühlten Ewigkeit werde ich von der Assistenzärztin in den Raum gerufen. Der Chef sitzt auf einem blauen Polstersessel, die Beine lässig nach vorne ausgestreckt. Er ist ein Mann großer Worte, stellt sich heraus. Während er mir verdeutlicht, dass sich die Hirnblutung bestätigt hätte, nickt die junge Ärztin ununterbrochen und rutscht auf ihrem Hocker aufgeregt hin und her. Was für ein Erfolg für die junge Akademikerin!

Für beide ist es nur ein Job, denke ich. Alle drei befinden wir uns in ein und derselben Situation, unsere Gefühlswelten könnten allerdings unterschiedlicher nicht sein. Während meine Welt zusammenbricht, erlebt die Assistenzärztin eine Bestätigung ihres beruflichen Könnens.

Für mich ist es das Jüngste Gericht, vor dem ich stehe. Mutterseelenallein.

»Wir werden die Uniklinik einschalten. Dort sitzen die Spezialisten für frühkindliche Hirnschäden. Wir finden keine Erklärung für die Hirnblutung Ihres Sohnes. Solche Ereignisse finden wir sonst nur bei extremen Frühchen. Ich gehe davon aus, dass die Blutung bereits pränatal stattgefunden hat«, klärt mich der Chefarzt auf.

»Aber die Geburt …«, stammle ich.

»Nein, die lief komplikationslos.« Da ist er sich sicher.

Ich kenne das Krankenhausleben nur zu gut. Nach meinem Abitur habe ich eine dreijährige Ausbildung zur Krankenschwester gemacht. Geliebt habe ich diesen Beruf und die Klinikatmosphäre noch nie, durch Nachtdienste und Teilzeitjobs in einer ambulanten Pflegeeinrichtung konnte ich aber immerhin mein Studium damit finanzieren. Bis heute saß ich somit immer auf der anderen Seite. Ich war noch nie wirklich Patient, und ich will auch keiner sein. Vor allem aber will ich nicht, dass mein Baby ein Patient ist. Mir hat die Zeit, in der Tom auf der Frühgeborenenstation lag, vollkommen gereicht. Aber Tom kam nur zu früh auf die Welt, er war nicht krank. Und Julius? In mir erwacht eine unbändige Wut auf die beiden Ärzte und ihre Aussagen. Sie täuschen sich, haben keine Ahnung, sie verwechseln hier irgendetwas. Wie kommen die zwei dazu, mein Baby auszuwählen? Ich bin Krankenschwester, angehende Therapeutin, mein Mann ist Arzt – uns kann so etwas doch nicht passieren! Ich bin doch eine von ihnen.

»Momentan können Sie gar nichts machen. Sie müssen abwarten. Sind sie gläubig?« Ohne die Antwort abzuwarten, erläutert der Unheilsverkünder weiter: »Dann können Sie beten! Das können Sie tun.«

Ich bin es nicht. Also bin ich quasi verloren.

Ich trage Julius aus dem Untersuchungszimmer und lege mich mit ihm auf der Brust in meinen Liegestuhl neben seinem Brutkasten. Es fühlt sich so schön an, seinen weichen, entspannten Körper auf mir zu spüren. Plötzlich fühle ich mich nicht mehr allein. Julius ist schließlich bei mir. Es ist, als könnte dieses kleine, schwache und völlig hilflose Wesen mich beschützen.

Es ist die Liebe, die ich in diesem Augenblick spüre. Diese kraftstrotzende Liebe zu meinem Kind. Sie scheint viel mächtiger zu sein als alle medizinischen Untersuchungsergebnisse und erschreckenden Diagnosen. Sie scheint unverwüstlich.

Wie bei einem Squashspiel ballere ich das Wort »Hirnblutung, Hirnblutung, Hirnblutung« von einer Ecke meiner Schädeldecke zur anderen. Es muss ein Versehen ein. Ein Irrtum, falscher Alarm. Das kann nicht wahr sein. Ich versuche, die Situation zu erfassen.

Pränatal. Er hat gesagt, pränatal ist es passiert, überlege ich mir. Auf einmal durchfährt mich ein furchterregender Gedanke. Ich erstarre wie nach einem gewaltigen Stromschlag. Pränatal bedeutet, dass es in mir geschehen ist. In meinem Bauch. In der Zeit, in der Julius eigentlich wohlbehütet in mir hätte wachsen sollen. Ich habe nicht gut genug auf ihn aufgepasst. Meine Schuld. Ich habe irgendetwas getan, was meinem Baby geschadet hat. Klar, die Bauchschmerzen! Die Bauchschmerzen nach unserer kleinen Feier beim Thailänder. Sie waren es. Woher sollte er sonst eine Hirnblutung haben? Es ist eindeutig. Die Bauchkrämpfe haben seinen Kopf so stark komprimiert, dass die winzigen Gefäße geplatzt sind. Genau so muss es gewesen sein. Das ist logisch. Niemals hätte ich zu dieser Zeit noch ausgehen dürfen. Ich habe gewusst, dass ich zu Bauchkrämpfen neige. Ich hätte die Abende entspannt auf unserem Sofa verbringen sollen. Wie bei Tom. Tom hat es schließlich gesund überstanden.

Ich habe die Erklärung gefunden. Denn nur mit einer sinnvollen, mir schlüssigen Erklärung, kann ich diese Diagnose begreifen. Und diese Ursache scheint mir absolut überzeugend. Der Gedanke an die verhängnisvollen, aber vermeidbaren Bauchschmerzen lässt mich nicht mehr los. Er festigt sich in meinem Kopf und entwickelt sich zu einer Art selbstzerstörerischer Wahnvorstellung.

Die Schuldgefühle drohen mich in Sekundenschnelle zu vernichten. Ich muss fliehen, muss ihnen entkommen, Luft schnappen. Aber nur mein Blick kann Reißaus nehmen, mein Körper muss mit Julius auf dem Liegestuhl im Intensivzimmer bleiben. Vor dem Klinikfenster steht ein riesengroßer gelber Baukran. Ich klettere in Gedanken die winzige Treppe empor, die bis in den Himmel zu reichen scheint. Ich bin oben. Dort wartet die Möglichkeit zur Freiheit.

Dann springe ich.

Und alles ist vorbei.

Ich bin wieder frei.

Zumindest in meinen Gedanken.

Während der Heimfahrt am Abend rufe ich Moni vom Auto aus an und berichte ihr von unserer Tragödie. Sie ist schockiert.

»Nein! Das gibt es nicht. O nein!« Schnell fängt sie sich und beginnt mich zu beruhigen: »Aber Gabi, das heißt doch erst mal gar nichts. Ich weiß, es ist schlimm, wenn irgendetwas mit dem Gehirn nicht in Ordnung ist. Das klingt immer gruselig. Aber das Gehirn hält unheimlich viel aus. Und es entwickelt sich ständig. Selbst wenn er wirklich eine Hirnblutung hatte, kann er noch alles lernen. Es gibt Kinder, denen fehlt eine ganze Hirnhälfte, und man merkt ihnen nichts an. Die andere Seite kann alle Aufgaben der fehlenden übernehmen! Isst er denn? Ich meine, trinkt er?«

»Ja, das tut er. Manchmal zieht er achtzig Milliliter Muttermilch an einem Stück hinunter! Das Saugen an der Brust klappt noch nicht so richtig. Ich pumpe Milch ab, und er trinkt sie super aus dem Fläschchen.«

»Also, siehst du! Was sagen die Ärzte sonst noch? Erkennen sie etwas Auffälliges an ihm? Bewegt er seine Beine und seine Arme?«

»Ja! Er bewegt alles. Er hat keine Lähmungen oder Spastiken. Die Ärzte können sonst nichts Krankhaftes diagnostizieren. Nur das Ultraschallbild vom Kopf ist eben nicht okay.«

»Und das bedeutet nichts! Die klinischen Zeichen sind entscheidend. Und die scheinen alle in Ordnung zu sein. Von daher versuch bitte, dich nicht allzu sehr da hineinzusteigern. Du musst abwarten. Solange man nichts Auffälliges an ihm erkennen kann, ist er ein ganz normales und gesundes Baby!«

Für die restliche Heimfahrt gewinnt die Hoffnung in meinem Gedankenchaos die Oberhand. Es klingt einleuchtend, was Moni als Neurologin zu alldem meint.

Abtransport in die Kinderklinik

Zwei Wochen liegt Julius nun schon auf der Intensivstation der Geburtsklinik. Alle zwei Tage wird der Kopfumfang gemessen. »Es besteht die Gefahr, dass die sich womöglich immer weiter vergrößernden Seitenventrikel Hirnmasse verdrängen und sie dadurch zerstören. Normalerweise fließt das Hirnwasser durch einen Kanal ins Rückenmark ab. Bei Ihrem Sohn ist dieser Durchgang ziemlich schmal. Wahrscheinlich zu schmal. Wenn nun zu wenig Wasser abfließen kann, staut es sich zurück und sein Kopf wird immer größer«, erklären mir die Ärzte.

Außerdem schallen sie fast täglich Julius' Gehirn. Ich habe allerdings nicht den Eindruck, dass sie die Entwicklung der Blutung beobachten wollen. Es kommt mir eher so vor, als ob die Ärzte ein solches Gehirn noch nie gesehen haben und es deshalb immer wieder auf dem Ultraschallbildschirm betrachten müssen. Zudem sind jedes Mal andere Mediziner dabei, die ich zuvor noch nie auf der Station gesehen habe.

»Die Ärztin möchte gleich noch kurz mit Ihnen reden«, teilt mir die Krankenschwester mit. Es ist ein Samstagvormittag.

Einige Minuten später steht auch schon die mir mittlerweile verhasste Unglücksbotin vor mir. Und sie hält die nächste Schreckensbotschaft bereit: »Wir werden Julius nachher in die Kinderklinik verlegen. Inzwischen haben wir mit der Uniklinik telefoniert. Sie schlagen vor, zum errechneten Geburtstermin eine Magnetresonanztomografie des Kopfes durchzuführen, um zu klären, warum Ihr Sohn diese Hirnblutung hatte. Das wäre dann am 14. November. Bis dahin sind es noch fast zwei Wochen, so lange können wir ihn hier nicht versorgen. Wir brauchen die wenigen Plätze für die Neugeborenen. Den Transport habe ich schon organisiert, und der Baby-Notarztwagen wird sicher bald eintreffen. Ich werde im Krankenwagen mitfahren, Sie können uns mit dem eigenen Auto folgen.« Sie blickt mich entschieden an, lächelt kurz und wendet sich dann von mir ab.

Sofort muss ich bitterlich weinen. Ich will hier nicht weg. Hier kennen wir uns aus, es ist klein und überschaubar, und ich kann im Moment keine weitere Veränderung ertragen. Nein, das darf nicht wahr sein. Ich will hierbleiben, jammere ich still in mich hinein.

Eine Stunde später betreten vier junge Sanitäter mit schweren Stiefeln und dicken Rucksäcken die kleine Intensiveinheit, die Julius' erstes Zuhause war. Sie schieben einen großen mobilen Baby-Brutkasten neben sich her. Die Ärztin tritt an sie heran, spricht kurz mit ihnen und zeigt dann in unsere Richtung.

O nein, denke ich verzweifelt. Sie sind tatsächlich wegen uns da.

Als sie Julius umbetten und für den Transport vorbereiten, scheint sich mein Verstand zu verabschieden. Wie eine leblose Attrappe steht mein Körper völlig regungslos im Raum. Die anderen Mütter schauen unsicher und beschämt zur Seite, die Schwestern werfen mir mitleidige Blicke zu.

Die Männer schieben den Glaskasten vorsichtig die Flure entlang zum Krankenwagen. Meine Körperhülle läuft wie ferngesteuert hinterher. Es ist eine Beerdigungszeremonie, denke ich. Ich befinde mich im Trauermarsch zur Grabstelle.

Die Musik fehlt. Wo sind die herzzerreißenden Trompeten- und Posaunenklänge? Irgendetwas ist mit meinen Ohren, mit meinem Schädel. Es dröhnt so, ich spüre einen Druck, als würde ich mich im freien Fall nach einem Sturz aus einem Flugzeug befinden.

Für mich ist es ein Abtransport. Wir gehören jetzt zu den

schlimmen Fällen. Wir dürfen nicht mehr in der heilen Welt der Entbindungsklinik mit all den gesunden Babys und den glücklichen Eltern bleiben. Mit meinem kleinen Peugeot folge ich dem blau blinkenden Krankenwagen, kann vor lauter Tränen nur grobe Umrisse der Straße erkennen.

Ich fahre in die Hölle.

Eine Vollnarkose und hoffnungslose Diagnosen

Genau zum ursprünglich berechneten Entbindungstermin erhält Julius in der Kinderklinik seine erste Magnetresonanztomografie des Schädels.

»Dafür brauchen wir eine Vollnarkose. Julius muss absolut ruhig liegen. Er wird ungefähr drei Stunden schlafen und während dieser Zeit auch beatmet. Da wir keine Beatmungsmaschine mit in den Kernspintomografen nehmen können, werden wir während der Untersuchungszeit seine Atmung mit dem Ambubeutel regulieren. Das ist aber kein Problem, wir machen das hier ständig«, klärt uns der Kinderarzt auf.

Für Julius ist es doch eines. Er wacht nämlich nicht mehr auf. Auch sieben, acht, neun, zehn Stunden nach der Narkose holt Julius nicht von alleine Luft.

»Das können wir uns jetzt auch nicht so richtig erklären. Vielleicht hängt das mit seinem nicht ganz normalen Hirnaufbau zusammen?«, spekulieren die Ärzte.

Michael und ich sitzen ununterbrochen an seinem Bett. Ich schaue stundenlang mit starrem Blick auf Julius' Brustkorb, der sich monoton mit dem Pumpen der Beatmungsmaschine hebt und senkt. Sein großer Storchenbiss ist vor lauter Schläuchen nicht mehr zu sehen. Mein Mann und ich reden kein Wort miteinander. Wir sind sprachlos über das, was uns da passiert.

Am späten Abend treffen die ersten Befunde der Untersuchung ein. Wir werden in ein kleines Arztzimmer gerufen und sitzen kurz darauf mit der Oberärztin und einer Assistenzärztin vor dem Bildschirm eines Computers. Akten und Bücher stapeln sich auf dem Schreibtisch. Es ist bereits dunkel draußen, der Raum wird nur durch das Licht einer kleinen Lampe und durch das Flackern des Monitors erhellt. Auf dem Monitor ist das schwarz-weiße Relief eines Gehirns zu sehen. Julius' Gehirn. Die Oberärztin hat den Blick gesenkt, liest uns fast beschämt aus dem Kurzbefund der Radiologen vor. Ich kann nur einzelne Wörter aufnehmen. Und die verursachen schwere Schäden in mir: perinatale Hirnblutung, retardierte Hirnentwicklung, Hirndruck. Meine Innereien krampfen sich zusammen. Ich werde zerquetscht wie eine leere Plastikflasche, die man beim Getränkehändler in den Leergutautomaten steckt.

»Wir müssen Julius morgen operieren. Er entwickelt sonst einen Hydrocephalus, einen Wasserkopf, und dann wird noch weitere Hirnmasse absterben. Wir werden ihm einen Shunt legen, ein kleines Röhrchen, damit der Liquor wieder abfließen kann«, erklärt uns die Assistenzärztin.

Ich kann schon lange nicht mehr zuhören. Ich will nur noch raus hier. Draußen auf dem Flur lasse ich mich kraftlos auf den Boden sinken und starre auf die kahlen weißen Krankenhauswände. Seit Tagen scheint das Schicksal uns zu bombardieren, obwohl wir doch schon lange am Boden liegen. Es kann nur ein böser Traum sein. Die menschliche Psyche ist nicht in der Lage, mehrere grausame Nachrichten zeitgleich zu erfassen. Sie schützt sich und wehrt ab. Häppchenweise muss sie Schreckliches serviert bekommen, um vielleicht irgendwann die Gesamtheit einer Tragödie begreifen zu können.

»Gabi, Julius wird schwerstbehindert sein. Ich will jetzt nach Hause.« Michael blickt mich verzweifelt an.

Auf dem Weg nach draußen schaue ich noch einmal durch die Glaswand zu Julius. Er liegt unverändert da, die Beatmungsmaschine pumpt stur weiter, als wäre nichts geschehen. Sie müsste stehen bleiben, so wie alles um mich herum, wie die ganze Welt aufhören müsste zu existieren. Unser Leben ist zerstört. Wir werden abstürzen, und nichts kann uns auffangen.

Wir holen Tom bei Claudi ab, bei der er den Nachmittag verbracht hat. Wortlos packen wir ihn und seine Sachen ein.

Claudi schaut mich an. »Was kam raus?«, fragt mich ihr Blick. Ich schüttle als Antwort nur den Kopf.

In der Nacht klammern Michael und ich uns fest aneinander. Am liebsten würde jeder von uns im Körper des anderen verschwinden. Immer wieder schlafen wir vor lauter Erschöpfung ein paar Minuten ein. Es ist die schlimmste Nacht unseres Lebens. Um zwei Uhr morgens rufe ich in der Klinik an, um mich nach Julius zu erkundigen. Alles unverändert. Er will oder kann nicht von alleine atmen und hängt nach wie vor an der Maschine, teilen sie mir mit.

Wird Julius für immer beatmet werden müssen? Wird er im Koma leben?

Nein, das wollen wir nicht. Das ist kein Leben, beschließen wir. Wenn das so sein sollte, dann bitte, lieber Gott, lass Julius heute Nacht besser sterben, beten wir zwei Atheisten.

Aufatmen

Julius lebt noch, als wir am nächsten Morgen vor seinem Bettchen stehen. Allerdings sieht er alles andere als lebendig aus. Die Maschine pumpt ohne Unterlass.

»Vielleicht ist durch die Beatmung seine Lunge kollabiert? Wir werden ein Röntgenbild machen müssen.« Vier Ärzte stehen angespannt an seinem Bettchen und diskutieren über das weitere medizinische Vorgehen.

Ich kann den Anblick nicht mehr ertragen, bekomme Weinkrämpfe. Sie schicken uns den Seelsorger vorbei. Der junge, freundliche Pfarrer setzt sich mit uns in eine kleine Kaffeeecke und versucht uns zu trösten. Er hat jedoch keine Chance bei mir. Kein Trost der Welt kann mich heute und hier erreichen.

Am Nachmittag scheint das Schicksal endlich Erbarmen mit uns zu haben. Sichtlich erleichtert betritt der Kinderarzt mit einem Fax in der Hand das kleine Intensivzimmer.

»Wir haben die Bilder des MRTs heute Morgen mit dem Taxi in die Uniklinik gebracht. Jetzt haben wir den Befund. Der Professor und Spezialist auf dem Gebiet frühkindlicher Hirnschäden sieht weder Hirnblutung noch Hirndruckzeichen. Er bewertet die Untersuchungsergebnisse ganz anders als unsere Neurologen. Er schreibt, dass das Gehirn zwar dysplastische Merkmale aufzeige. Aber die könnten auch eine Art Markenzeichen von Julius sein. So wie manche Menschen eine große Nase oder kurze Beine haben. Er schlägt vor, Julius die nächsten Monate neurologisch zu beobachten, sieht aber keinen akuten Handlungsbedarf und keine Gefahr eines Hirndrucks.«

Wie kann das denn sein? Julius soll nun doch gesund sein?

Egal, wir trauen uns nicht, diese Diskrepanzen ernsthaft zu hinterfragen. Wir hören das, was wir hören wollen. Nämlich dass wahrscheinlich alles in Ordnung ist.

Wir strahlen, fallen uns in die Arme und drücken uns überglücklich.

»Na siehst du«, meint Michael erleichtert.

Es ist vorbei. Endlich. Wir haben ja auch genug gelitten, denke ich.

Am Abend steht fest: Julius muss jetzt alleine atmen. Seit über dreißig Stunden hängt er an der Maschine und zeigt keine Anzeichen einer Eigenatmung. Die Ärzte beschließen, ihm den Beatmungsschlauch einfach aus der Luftröhre zu ziehen. Es ist ein Versuch. Und es ist grauenhaft. Der Monitor scheint verrückt zu spielen. Die Anzeige piepst und blinkt, als hätte sie einen technischen Defekt. Die Ärzte stehen mit dem Ambubeutel konzentriert daneben und beobachten kritisch Julius' Entwöhnung von dem Beatmungsgerät. Ich verlasse das Zimmer, fühle mich nicht mehr in der Lage, dieses lebensbedrohliche Geschehen mit anzusehen.

Irgendwann holen mich die Schwestern zurück: »Sie können wieder kommen. Ihr Sohn hat begonnen, wieder von alleine zu atmen!« Sie lachen mich an.

Freudestrahlend machen wir uns wieder einmal auf den Weg zu Claudi, um Tom abzuholen. Während der Fahrt telefoniere ich unentwegt. Ich informiere meine Freundinnen, unsere Eltern. Ich könnte es in die Welt hinausbrüllen: Julius wird gesund sein!

»So, wir lassen jetzt die Korken knallen. Seit der Entbindung habe ich eine Sektflasche kalt gestellt!« Nachdem wir Tom ins Bett gebracht haben, öffnet Michael gleich die Kühlschranktür.

»Ab jetzt geht es bergauf, jetzt wird alles wieder gut«, meint er, und wir stoßen erschöpft an.

Der Sekt schmeckt mir jedoch nicht so richtig.

Es geht nicht bergauf

»Sobald sich Julius' Kreislauf stabilisiert hat, können Sie nach Hause! Wir möchten ihn einfach noch ein paar Tage unter Kontrolle haben. Das Gehirn werden wir weiterhin regelmäßig schallen, und wir werden den Kopfumfang messen. Aber das können wir dann alles ambulant machen«, teilt mir der Oberarzt am nächsten Tag mit.

Endlich, endlich ist ein Ende abzusehen. Wenn wir erst einmal zu Hause sind, wird bestimmt alles besser, denke ich.

Allerdings hat sich die Erleichterung des Vorabends schon längst wieder verabschiedet. Die Angst, diese alles beherrschende Angst breitet wieder ihre riesigen schwarzen Flügel über mir aus. Im Nachhinein weiß ich es besser. Ich habe es damals schon gewusst. Es war nicht die Angst vor einer möglichen Behinderung, die ich spürte. Nein, es war viel mehr. Es war die Angst vor der Gewissheit.

»Ich denke, Sie können sich wirklich entspannen. Ihr Sohn zeigt keine neurologischen Ausfälle. Die Neuropädiater sehen das Ganze ziemlich optimistisch. Das Schlimme ist, dass man eigentlich erst nach einem Jahr abschätzen kann, wie sich Ihr Kind entwickelt. Sie müssen daher eine lange Zeit viel Geduld haben.« Der Oberarzt weiß meinen bedrückten Blick zu deuten und versucht mich zu motivieren. »Und selbst wenn er nun doch eine Hirnblutung hatte, kann er völlig gesund sein. Wir hatten hier schon wirklich schwere Fälle, die uns Jahre später munter und sogar selbstständig laufend besucht haben! Bei Hirnschäden haben wir häufig einen guten Outcome!«

Outcome! Wie meint er das denn? Was ist das für ein Begriff? Ich muss an einen meiner früheren Ferienjobs in der Fabrik denken. Dort musste ich unzählig viele Gummiteile prüfen. Die fehlerfreien, guten Teile wurden verpackt, die schlechten wurden weggeworfen. Sie waren Ausschuss. Am Ende wurde gezählt, wie hoch die Produktivität der jeweiligen Maschine war. Wenn wir bei Julius keinen sogenannten guten »Outcome« haben, gehört er dann womöglich zur Ausschussware unserer Gesellschaft?

Der Oberarzt kann mit seinen Worten die Flügel meiner Angst nicht stutzen.

Die folgenden Tage nimmt Julius gut zu, der Kopfumfang wächst nicht außergewöhnlich. Es sieht so aus, als wäre die Gefahr eines erhöhten Hirndruckes vorüber.

»Morgen dürfen Sie heimgehen! Und Sie nehmen wahrscheinlich einen ganz gesunden Säugling mit nach Hause«, teilt mir der Oberarzt mit.

Ich bin furchtbar aufgeregt am nächsten Tag. Schöne neue Klamotten und die Autoschale für Julius habe ich dabei und kann es kaum erwarten, die Klinik verlassen zu dürfen. Wie wunderbar es sein wird, endlich auf dem Sofa, in unserem Bett mit Julius zu kuscheln und einfach in den Tag hineinzuleben.

»Wissen Sie es schon?« Eine Krankenschwester passt mich auf dem Flur ab.

»Was?«

»Mit dem Urin von Julius ist etwas nicht in Ordnung. So wie es aussieht, wird das nichts mit dem Heimgehen heute.«

»Nein! Nein, ich nehme ihn heute mit nach Hause«, antworte ich entrüstet.

Ein paar Minuten später erklärt mir der Oberarzt, dass Julius einen heftigen Harnwegsinfekt habe. Das sei untypisch für einen Säugling in seinem Alter. Sie vermuten, dass der Infekt durch eine Fehlbildung an einem Harnleiter verursacht werde und sie das näher untersuchen müssten.

»Nein! Das geht nicht. Das will ich nicht! Ich will mit ihm nach Hause«, flehe ich unter Tränen.

»Ihr Sohn braucht ein Antibiotikum! Er muss hierbleiben. Wir müssen genau nachschauen, was ihm fehlt.«

»Wir können ihm das Antibiotikum genauso gut zu Hause verabreichen!«

»Nein. Auf keinen Fall. Er benötigt es intravenös!«

»Wie lange noch?«

»Zwei Wochen!«

Die Tränen weichen mein Gesicht auf. Ich brauche Trost und Halt. Nur Julius kann mir diesen geben. Ich nehme mein kleines, zartes Baby aus seinem Bettchen und lege ihn mir sachte in den Schoß. Die Tränen kullern auf sein Köpfchen und auf seinen bunten Schlafanzug. Ich betrachte ihn von Kopf bis Fuß. Er schläft und sieht so friedlich aus. Ich würde ohne darüber nachzudenken mein Leben für dich geben, denke ich. Jetzt. Sofort. Aber da ist noch etwas anderes, was mir durch den Kopf geht. Was schlummert bloß in dir? Was ist nur los mit dir?, frage ich mich. Und ich erschrecke vor den dunklen Seiten meiner Seele: Was ist da in mir gewachsen?, überlege ich weiter. Habe ich vielleicht ein Monster auf die Welt gebracht? Die Geschichte von Mary Shelleys Frankenstein kommt mir in den Sinn. Julius wird für einen Moment zu einer bedrohlichen Gestalt, die ich nicht unter Kontrolle habe.

An diesem Nachmittag besucht uns eine Mitarbeiterin des Fördervereins für frühgeborene Kinder auf der Intensivstation. Ich habe Julius noch immer auf dem Arm. Die Tränen sind inzwischen versiegt, meine Augen kann ich allerdings kaum öffnen, so stark sind sie verquollen.

Die Krankenschwester legt behutsam ihre Hand auf meine. »Sie dürfen nie vergessen, dass jedes Kind ein Geschenk ist«, teilt sie mir mit sanfter Stimme mit.

Nein, so kann ich das nicht sehen, denke ich sofort. Das finde ich momentan zu viel verlangt. Ein Geschenk soll dem Empfänger Freude bereiten, aber ich empfinde keine Freude. Das Gegenteil ist der Fall: Ich bin enttäuscht. Sofort brüllt eine andere Stimme in mir: Das darfst du nicht denken! Ein Kind darf keine Enttäuschung sein! Niemals! Dr. Jekyll und Mr. Hyde führen ein Zwiegespräch in meinem Inneren. Ich bin enttäuscht, sagt Mr. Hyde. Das ist unmoralisch und verachtenswert, sagt Dr. Jekyll. Aber es ist doch klar: Ich hatte Erwartungen an das Geschenk, das so gut in meinem Bauch verpackt war. Es sollte intakt sein. Wer will schon ein Geschenk, das von Anfang an nicht richtig funktioniert? Die freundliche Dame würde mich wahrscheinlich verachten, wenn sie meine Gedanken lesen könnte, überlege ich mir. Ich versuche mich selbst zu trösten. Vielleicht ist Julius ein sehr anspruchsvolles Geschenk. Keins, das man auspackt und sogleich fröhlich damit spielt. Vielleicht ist unser Geschenk wie eine riesengroße Packung von diesen klitzekleinen bunten Legosteinen? Zuerst schlägt man die Hände über dem Kopf zusammen und fragt sich, wie man das nur zusammenbauen soll.

Julius bleibt weitere zwei Wochen in der Klinik. Michael bittet seinen Freund, einen Urologen, um seine Einschätzung bezüglich der weiteren Untersuchungen. Auf eigene Verantwortung beschließen wir, erst einmal die Behandlung des jetzigen Infekts abzuwarten und keine weitere Diagnostik durchzuführen. So vieles kann sich noch auswachsen.

Abends fahre ich heim, um noch ein paar Stunden mit Tom zu verbringen. Sobald Tom im Bett ist, fahre ich wieder los in die Klinik, um noch einige Zeit, bis ich mich selbst nicht mehr wach halten kann, bei Julius zu sein. Dann fahre ich wieder zum Schlafen nach Hause.

Mittlerweile hat die Vorweihnachtszeit begonnen. Sobald ich im Auto sitze, stelle ich das Radio an. Ich höre immer denselben Sender. Zwischen den Liedern bitten die Moderatoren laufend um Spenden für krebskranke Kinder. Das ist meine Chance, denke ich, und beginne mit dem Schicksal zu verhandeln. Bei jeder einzelnen Fahrt mache ich das. Ich schwöre, ich werde mein Erspartes an dieses soziale Projekt spenden. Aber nur, wenn Julius gesund ist!

Aber wie viel will das Schicksal? Wie hoch ist der Preis? Vielleicht ist es nur ein Spiel, und es will wissen, was mir die Gesundheit meines Kindes wert ist? Also, was bin ich bereit zu geben? Alles. Ich gebe alles. Ich verschenke im Stillen alles, was wir besitzen. Unser Haus, unser Geld, unsere zwei Autos. Von mir aus werden wir ab jetzt in einem kleinen Zimmerchen hausen. Es ist mir egal. Alles Materielle hat plötzlich keinerlei Bedeutung mehr. Die Verhandlungen bleiben ein Geheimnis zwischen mir und dieser unbekannten Macht.

Sie lässt sich allerdings nicht darauf ein.

Dann ist es so weit, die Zeit im Krankenhaus ist vorüber. Zum ersten Mal durchquere ich mit Julius die Drehtür der Klinik. Er darf endlich im Alter von fast sechs Wochen frische Luft in seine Lunge saugen. Der Spätsommer hat sich mittlerweile endgültig verabschiedet. Es ist bitterkalt draußen, aber Julius habe ich warm eingepackt.

Anders

Auch die ersten Wochen zu Hause sind irgendwie *anders* mit Julius. Er schläft so viel. Manchmal vierzehn Stunden am Stück. Und er isst viel zu wenig.

»Julius ist eben anders als Tom! Sei doch froh. Lilly hat auch gleich durchgeschlafen«, beruhigt mich Claudi bei einem ihrer häufigen Besuche. »Ich kann nichts Außergewöhnliches an ihm erkennen. Er ist doch ein ganz normales Baby!«

»Claudi, ich kann es dir auch nicht genau sagen, aber irgendetwas ist komisch. Schau mal, er schläft manchmal sofort an meinem Busen ein. Obwohl er schon stundenlang nichts mehr gegessen hat. Er trinkt so schlecht! Ich lebe in ständiger Angst, er könnte verhungern.«

»Dann still halt ab! Du wirst sehen, mit dem Fläschchen wird es schon klappen! Dann bist du auch wieder viel freier und kannst mal raus hier! Mach es dir doch nicht so schwer.«

Vielleicht hat meine Freundin recht. Ich renne in den Drogeriemarkt und decke mich mit entsprechenden Fläschchen und Anfangsmilch ein.

Zunächst scheint es zu funktionieren. Julius saugt. Aber bereits beim zweiten Versuch hat mein Baby kein Interesse mehr am Trinken.

Ich kaufe andere Saugeraufsätze. Dann andere Milch. Dann wieder andere Sauger. Den ganzen Tag bin ich damit beschäftigt, Julius zu ernähren, Milliliter um Milliliter. Wir leihen uns eine Babywaage aus, und ich protokolliere zwanghaft jede Gewichtsverschiebung. Doch unser Baby nimmt kaum zu. Ich fahre ins Kinderkrankenhaus und besorge mir von dort die Einmalsauger. Mit denen hat es doch am Anfang gut geklappt. Es bleibt jedoch schwierig.

Ich laufe zur Kinderärztin und wieder in die Klinik. Zur Kontrolle soll Julius über Nacht bleiben – sein Zustand und sein Gewicht sind jedoch noch nicht besorgniserregend.

Wenn die wüssten, denke ich, wie viel Anstrengung es erfordert, ihn gedeihen zu lassen. Allerdings berichte ich dies den Ärzten nicht so genau. Auf gar keinen Fall möchte ich bei den Medizinern den Verdacht bestätigen, dass Julius womöglich ernsthaft krank sein könnte. Ich versuche mich und mein Umfeld zu betrügen. Solange es noch geht. Im Grunde ist mir klar, dass es nur eine Frage der Zeit ist, bis ich in die hässliche Fratze der Wahrheit blicken muss. Ich weiß es einfach – mit meinem Baby stimmt etwas nicht. Ich weiß es.

Außerdem ist da noch etwas, was mir Sorge bereitet. Ich behalte das aber erst mal für mich. Julius zuckt manchmal so. Immer beim Einschlafen. Das ist aber bestimmt noch dieser sogenannte Moro-Reflex, versuche ich mich zu beruhigen.

Zweimal wöchentlich kontrollieren wir Julius' Urin wegen möglicher Harnwegsinfekte. Mehrmals sind die Tests auffällig und Julius braucht immer wieder eine Antibiotikatherapie.

Ich werde zunehmend stiller und rede mit Tom oder Michael nur noch die nötigsten Sätze. Seit der Entbindung fühle ich mich immer mehr wie der Junge aus dieser Fernsehserie, die ich als kleines Mädchen so gerne angeschaut habe. Dieser Junge hatte sein Lachen an den Teufel verkauft. Es gibt nur einen Unterschied zwischen Timm Thaler und mir. Das teuflische Schicksal hat mir mein Lachen einfach gestohlen.

»Er versucht doch schon zu greifen! Er bewegt alles! Er lacht! So schlimm kann das alles gar nicht sein.« Michael ist bemüht, mich positiv zu stimmen. »Vielleicht hat er später eine Lernbehinderung. Gut, eventuell auch leichte motorische Einschränkungen. Aber es kann auch sein, dass einzig und allein nur der kurze Finger zurückbleibt. Und mit dem kommen wir doch locker klar! Gabi, du musst wieder fröhlich werden! Ich mache mir so große Sorgen um dich!« Er schaut mich an. »Mittlerweile größere als um Julius«, fügt er leise hinzu.

Als Julius ein Vierteljahr alt ist, müssen wir mit ihm zu einer ausführlichen neurologischen Untersuchung ins Sozialpädiatrische Zentrum des Kinderkrankenhauses. Diesen Termin haben mir die Klinikärzte am Entlassungstag ans Herz gelegt. Der kleine Zettel mit dem genauen Datum hängt nun schon seit drei Monaten an unserer Pinnwand im Flur. Ein kleines unscheinbares Stückchen Papier, auf das ich immer wieder im Laufe eines Tages starren muss. Der Tag rückt näher.

Zitternd rufe ich Moni an.

»Ich kann da nicht hin«, schluchze ich.

»Gabi, ich glaube, du brauchst jetzt ein Antidepressivum. Du bist krank. Du hast eine postnatale Depression!«

»Nein. Das ist doch Quatsch! Mit Julius stimmt etwas nicht! Ich weiß es! Wie könnte ich denn da anders reagieren?«

»Das kannst du doch gar nicht wissen! Bis jetzt ist er ein Säugling, der kackt und trinkt. Wie alle anderen Säuglinge in seinem Alter. Nimm etwas ein. Du wirst sehen, dass es dir bald besser gehen wird. Du leidest unnötig! Das musst du doch nicht! Es gibt so gute Medikamente heutzutage. Kein Mensch muss mehr so leiden!«

»Aber Moni, das macht Julius nicht gesund! Julius ist doch das Problem. Wenn Julius gesund wäre, dann würde es mir doch gut gehen!«

»Nein, ich denke, dass momentan eher du das Problem und auch der Patient bist!«

Ich kann Monis Überlegungen nicht nachvollziehen. Wieso soll ich das Problem sein? Soll etwa ich der Falschfahrer sein?

Ist es nicht vielmehr so, dass ich recht habe und alle anderen auf der verkehrten Spur unterwegs sind?

Ein unvorstellbares Unglück rollt auf uns zu. Wie könnte ich denn bitte da anders empfinden? Keiner außer mir scheint das zu sehen. Aber ich weiß es. Ich bin Julius' Mutter und spüre es.

»Ich schreibe dir etwas auf! Ein Medikament zur Stimmungsaufhellung und eines gegen Panikattacken. Die kannst du bei Bedarf nehmen, an Tagen, an denen es dir ganz schlecht geht. Oder wenn in der Nacht die Angst kommt.«

Von den Tabletten zur Stimmungsaufhellung will ich nichts wissen. Die gegen die Panik packe ich bei Arztbesuchen in die Wickeltasche. Nur zur Sicherheit. Es ist meine einzige Waffe die ich einer Konfrontation mit der Wahrheit entgegenzusetzen habe. Neben den Windeln, den Feuchttüchern und frischer Wäsche für Julius liegt ab jetzt eine Tablettenpackung Tavor. Der Anblick dieser weißen, kleinen Tablettendose in meiner schönen bunten Designerbabytasche erinnert mich an die Rätselaufgaben aus Toms Vorschulblock: *Was stimmt hier nicht? Welcher Gegenstand gehört hier nicht hinein?*

Dann kommt der Tag des Termins, und wir nehmen ihn natürlich wahr. Im Sozialpädiatrischen Zentrum wird Julius von einer jungen, engagierten Ärztin untersucht.

»Ich kann es Ihnen nicht genau sagen, aber irgendetwas ist nicht ganz in Ordnung mit Ihrem Sohn. Die Bewegungen sind etwas seltsam. Sie müssen abwarten. Wir werden ihn regelmäßig beobachten. In einem Jahr wissen wir bestimmt mehr«, meint sie nachdenklich.

Michael und ich nicken.

»Ich habe mit den Ärzten der Uniklinik telefoniert. Sie möchten Julius noch einmal genau untersuchen. Dafür müsste er aber stationär in der Uniklinik bleiben, so etwa eine Woche. Aber das macht erst Sinn, wenn Julius ein Jahr alt ist. Ich habe hier einen

Terminvorschlag für Sie, den die Kollegen mir mitgeteilt haben. Schauen Sie mal, ob der passt!«

Sie überreicht mir wieder einen dieser kleinen Terminzettel, die so eine große Angst in mir auslösen.

Montag, 25.11.2013, lese ich. Das ist noch so lange hin. Bis dahin kann noch alles gut werden, denke ich.

»Julius zuckt manchmal so. Aber nur vor dem Einschlafen. Sonst nicht«, traue ich mich dann zum Schluss doch noch zu sagen.

»Nur beim Einschlafen?«

»Ja!«

»Das sind bestimmt ganz normale Einschlafmyoklonien.«

»Ah, zum Glück.«

»Wir machen aber trotzdem ein EEG – nur zur Sicherheit.«

Diesen ersten Termin bestehe ich noch ohne Tabletteneinnahme.

Ein paar Wochen später bekommt Julius sein erstes EEG. »Es ist nichts zu erkennen, was auf eine Epilepsie hindeuten könnte«, teilt uns die dortige Neurologin mit.

»Zum Glück«, sagt Michael erleichtert.

»Aber ich kann Sie nicht ganz beruhigen. Das EEG ist etwas verlangsamt. Also, es ist schon ein klein wenig auffällig.« Die Ärztin sieht uns nicht an, als sie das sagt.

»Er war ja auch müde«, versuchen wir uns zu beruhigen, als wir nach der Untersuchung wieder nach Hause fahren.

Am Abend des Untersuchungstages haben wir im Wohnzimmer die bunte Krabbeldecke ausgebreitet. Julius und Tom liegen gemeinsam darauf. Michael und ich sitzen unter unserer Wolldecke auf dem Sofa und schauen den beiden wortlos zu. Julius versucht sich in Bauchlage mit den Händen abzustützen.

Irgendetwas ist einfach seltsam bei ihm, denke ich skeptisch. Sind es die Augen? Es wirkt so, als könnte er sich in seiner Umgebung nicht zurechtfinden. Oder sind es doch die Bewegungen? Sie wirken so ungeschickt und schwerfällig.

Auch Tom scheint Julius genau zu beobachten. Auf jeden Fall ist sein Blick auf ihn gerichtet, und er ist mucksmäuschenstill.

Abrupt dreht Tom den Kopf zu uns. Dann fragt er uns plötzlich mit ernster Miene: »Gell, mein kleiner Bruder ist doch nicht blöd, oder?«

Wir erstarren. »Nein! Nein, wie kommst du denn darauf? Julius braucht vielleicht für alles ein wenig länger. Aber er ist doch noch so klein«, kontere ich sofort.

Er weiß es, denke ich. Michael und ich schauen uns entsetzt in die Augen. Wir müssen keine Worte benutzen, um uns auszutauschen. Uns beiden ist klar, dass Tom in diesem Augenblick die Lage womöglich richtig deutet, auch wenn er es seinem Alter gemäß recht drastisch formuliert. Aber wir Großen wagen diese Gedanken nicht einmal zu denken. Sie sind wie Unkraut, das wir versuchen, täglich aus unseren Köpfen herauszureißen. Dabei wundern wir uns, wie schnell die Triebe immer wieder nachwachsen. Die Sorgengewächse wuchern und sind nicht in den Griff zu kriegen.

Nach der ersten U-Untersuchung bei unserer Kinderärztin notiert diese die Worte »zögerliche motorische Entwicklung« im gelben Untersuchungsheft.

»Sie sollten auf jeden Fall mit ihm zur Krankengymnastin gehen. Ich schreibe Ihnen ein Rezept dafür aus«, teilt sie mir mit.

Zwei Monate später steht, trotz regelmäßiger Physiotherapiebesuche, bereits »entwicklungsverzögert« in der entsprechenden Spalte.

Entwicklungsverzögert.

So ein harmloses Wort! Welche Bombe versteckt sich womöglich dahinter ... b-e-h-i-n-d-e-r-t. Neun vollkommen normale, ungefährliche Buchstaben, die, aneinandergereiht und ausgesprochen, unsere Welt explodieren lassen könnten. Wir sitzen auf dem bekannten Pulverfass, das jeden Moment hochgehen kann, überlege ich mir.

Trotzdem. Entwicklungsverzögert heißt erst mal gar nichts, rede ich mir ein.

In der Kinderklinik wird seit unserer Entlassung regelmäßig alle zwei Wochen Julius' Gehirn sonografiert. Es verändert sich nicht, und auch die Auffälligkeiten verschwinden nicht.

»Der Kopfumfang ist kaum gewachsen«, teilt man mir dort irgendwann mit.

»Ja, aber das ist doch gut! Dann entwickelt sich kein Hirndruck«, meine ich sofort.

»Aber mittlerweile hat Julius einen zu kleinen Kopf. Er hat laut der Tabelle bereits eine sogenannte Mikrocephalie.«

»Nein. Das gibt es doch nicht. Erst machen Sie mir Angst, dass der Kopf zu groß wird. Und jetzt soll er plötzlich zu klein sein?« Ich bin entsetzt. Egal, was die Ärzte mir sagen – es ist niemals gut.

Jeder Arztbesuch, jeder weitere Termin im sozialpädiatrischen Zentrum, jede Physiotherapiestunde, wird zum Albtraum für mich. Ich sehe nur noch besorgte Mienen und höre kritische Befunde. Julius ist schlaff – hypoton. Er fixiert nicht ordentlich und hat Koordinationsprobleme. Genaues kann uns niemand sagen. Alles könne sich noch auswachsen. Daran halte ich mich fest.

Seit Julius' Geburt ist mittlerweile ein halbes Jahr vergangen. Ich bin wieder einmal zur allgemeinen Kontrolle und wegen einer regulären Impfung bei unserer Kinderärztin. Sie wirkt so nachdenklich und ist viel zu still, bemerke ich, als sie Julius untersucht.

»Julius schielt. Sie müssen mit ihm zum Augenarzt. Wir müssen abklären, womit das zusammenhängt. Es tut mir so leid, dass ich Ihnen wieder einmal nichts Gutes mitteilen kann.« Sie ist sichtlich betroffen und schaut mich traurig an. »Es wäre gut, wenn Sie Kontakt zur Frühförderstelle aufnehmen würden. Wir sollten jetzt alles tun, damit Julius sich bestmöglich entwickeln kann! Ich gebe Ihnen die Adresse mit! Und auch Sie brauchen Unterstützung! Sorgen Sie für sich! Holen Sie sich Hilfe! Ich weiß, Sie machen verdammt schwere Zeiten durch. Haben Sie jemanden, an den Sie sich wenden können?«

Ich kann keine Worte hervorbringen, nicke nur noch und nehme die Zettel mit den entsprechenden Telefonnummern entgegen.

Bereits seit Wochen laufe ich tagsüber wie ein Gespenst durch die Gegend. Einzig und allein die Hoffnung hält mich am Leben, dass doch bald alles vorbei sein wird. Dass Julius sich von einem Tag auf den anderen normal entwickelt und sich damit all meine Sorgen in Luft auflösen. Wann kommt er endlich, dieser verdammte Tag?

Er kommt nicht.

Das Schicksal scheint nicht mehr von uns abzulassen.

Es ist wie eine blutrünstige Zecke, die sich an unserem Leben, an Julius, festgebissen hat und uns leersaugt, denke ich.

Jetzt auch noch die Augen. Was kommt denn noch alles?

In dieser Nacht verkrieche ich mich mit Julius im Arm unter meiner Bettdecke und in meiner Gedankenwelt. Ich werde von Heulkrämpfen geschüttelt. Wir befinden uns auf hoher See, sind wehrlos einem tosenden Orkan ausgeliefert. Wahrscheinlich fühlt es sich für Julius auf meiner bebenden Brust tatsächlich so an. Ich halte mich an meinem kleinen Sohn fest vor lauter Angst, über Bord zu gehen.

Warum? Warum? Warum wir? Warum mein Baby? Warum wieder ich? Ich hatte es doch schon einmal so schwer! All meine Kräfte fließen in diese sinnlosen Fragen, die niemals beantwortet werden.

Wir kannten die Statistik: In 95 Prozent der Fälle geht alles gut! Wie kann es sein, dass wir zu diesem lächerlichen und bedeutungslosen Rest gehören?

Ich denke an einen Bericht im Internet, den ich heute Mittag gelesen habe. Er handelte von einer Mutter eines behinderten Kindes, die sich selbstverständlich dieselbe Frage nach dem »Warum« stellte.

»Warum Sie *nicht?*«, äußerte daraufhin ein Therapeut ihrer Tochter. Dieser eine Satz habe sie zum Umdenken bewogen.

Meine Fingernägel bohren sich in das Fleisch meiner Oberschenkel, während ich mit gedämpfter Stimme in das Auge des Sturmes schreie. »Nein!«, schreie ich. Nein, dieser Satz hilft mir nicht. Hätten wir eine Chance von fünfzig zu fünfzig gehabt, dann vielleicht. Aber bei 95 zu 5 Prozent kann nichts meine unbändige Wut auf dieses ungerechte Schicksal bändigen.

Doch eine tobende Naturgewalt interessiert sich reichlich wenig für die Schreie einer verzweifelten Mutter.

Viel schlimmer als die Wut ist die Angst, die mich daraufhin befällt. Ich werde es nicht schaffen, denke ich. Wenn Julius behindert ist, werde ich nicht damit umgehen können. Nicht ich. Ich bin nicht dazu gemacht. Absolut nicht. Ich kann das nicht! Mein Atem geht immer schneller. Ich werde das Bewusstsein verlieren, denke ich. Die Angst wird mich hier und jetzt um den Verstand bringen. Ich muss einatmen, ausatmen. Ganz langsam. So wie ich es bei einem Kurs für Autogenes Training während des Studiums gelernt habe. Ich muss beobachten, wie sich mein Brustkorb hebt, und spüren, wie die Luft in meine Lunge strömt. Ich bin ganz ruhig. Mir kann nichts passieren, versuche ich mir einzureden.

Die kommende Nacht wird ähnlich verlaufen. Und die dann folgende ebenso. Und alle weiteren …

Ich werde mir Hilfe holen, beschließe ich und vereinbare wieder regelmäßige Termine bei meinem Psychoanalytiker.

Eine Woche nach unserem Besuch bei der Kinderärztin sitze ich mit Julius beim Augenarzt.

»Er hat einen schweren Sehfehler. Allerdings kann ich nicht erkennen, dass diese Sehschwäche mit einem eventuellen Hirnschaden in Verbindung steht. Er hat schlichtweg einen viel zu kurzen Augapfel. Das werden wir mit einer Brille korrigieren. Das Schielen müssen wir weiterhin beobachten. Wahrscheinlich müssen wir zur Korrektur bald ein Auge regelmäßig abkleben. Aber wir warten erst noch ab«, meint der nette Augenarzt, der auch unseren brilletragenden Tom betreut. »Außerdem hat er noch einen Augeninfekt, den wir mit Antibiotika behandeln müssen.«

»Das klingt doch erst einmal ganz beruhigend«, meine ich und strahle den älteren Mann an.

Ein paar Tage darauf entzündet sich die Einstichstelle der letzten Impfung an Julius' rechtem Oberschenkel. Es entwickelt sich ein gewaltiger Abszess. Die Kinderärztin ist entsetzt, völlig ratlos.

»Das habe ich noch nie erlebt«, meint sie sichtlich betroffen. Diesen Satz haben wir nun bereits von vielen Ärzten gehört. Für mich kommen wegen des Abszesses wöchentliche Besuche beim Kinderchirurgen hinzu. Wir behandeln mit Antibiotika und einer entsprechenden Salbe.

»Wir müssen diese gewaltige Entzündung streng kontrollieren. Wahrscheinlich werden wir sie operieren müssen«, sagt der Facharzt.

Wegen des Fingers besuchen wir den Handchirurgen, wegen der rezidivierenden Harnwegsinfekte den Urologen, die Neuropädiater zwecks Kontrolle der außergewöhnlichen Hirnstrukturen. Außerdem heilt die Augenentzündung nicht ab, weshalb wir wöchentlich den Augenarzt konsultieren. Wir vereinbaren wöchentliche Termine bei der Physiotherapeutin und stellen Julius regelmäßig im Sozialpädiatrischen Zentrum vor. Ich lege mir schnell einen neuen Terminkalender zu. Seit Beginn des Mutterschutzes habe ich bei meinem alten Filofax die täglichen Einlegeblätter nicht mehr aktualisiert. Ich bin davon ausgegangen, dass ich den Kalender eh längere Zeit nicht brauchen werde. Nun muss ich sogar auf einen elektronischen umstellen. So viele Untersuchungstermine und Therapiebesuche müssen Michael und ich koordinieren.

Zu der riesengroßen Sorge um Julius gesellt sich recht schnell die Angst um Tom. Wie wird Tom mit alldem fertig? Wie fühlt er sich mit einer Mutter, die emotional eigentlich gar nicht mehr richtig anwesend ist? Die vor allem nicht mehr lachen kann?

Ich begegne dieser Angst mit der Planung einer Unmenge an Freizeitterminen für ihn. Ich melde ihn beim Taekwondo an, besuche mit ihm das Kinderturnen, das Minihandballtreffen, nehme Kontakt zum örtlichen Fußballverein auf. Daneben suche ich eine gute Musikschule und buche einen wöchentlichen Kurs in einer Technikschule für Fünfjährige. Ist Tom nicht überall anders besser aufgehoben, als in meiner nichts als Trauer verströmenden Gegenwart?

Donnerstag, 13. Juni 2013

Die Wahrheit ist schwer zu ertragen

Die Wochen vergehen, und die Schere zwischen den gesunden Kindern und Julius wird immer größer. Julius macht keinerlei Anstalten, sich zu drehen, geschweige denn, sich fortzubewegen oder überhaupt zu krabbeln. Er steckt sich nichts in den Mund und fängt auch nicht an zu brabbeln. Er bleibt genauso, wie er auf die Welt gekommen ist – ein hilfloses Baby.

Trotzdem halten wir uns wie Ertrinkende an den Hoffnungsfetzen fest, die wie morsches Treibholz um uns herumschwimmen: »Er ist halt ein Spätzünder!« – »Der Sohn unserer Nachbarin ist erst mit drei Jahren gelaufen!« – »Er reagiert doch!«

Für heute habe ich den ersten Termin bei einer neuen Krankengymnastin vereinbart. Schon seit Langem hatte ich kein gutes Gefühl mehr bei unserer bisherigen Physiotherapeutin. Ich gewann immer mehr den Eindruck, dass sie Julius nicht unbefangen behandelte. Schließlich kannte sie alle Krankenhausberichte und damit auch alle falschen Diagnosen.

Ab jetzt soll Julius von einer kompetenten Fachkraft therapiert werden, die noch absolut nichts von ihm weiß. Moni kannte ihre Adresse. Ein Patient von ihr, dessen Frau bereits drei Frühgeburten hintereinander erleben musste, hatte sie empfohlen.

»Sie hat dreißig Jahre Erfahrung! Warte es ab, die kann euch sicherlich helfen und wird dich auch beruhigen können«, meinte Moni.

Es ist Mitte Juni und bereits hochsommerlich heiß. Ich habe mich heute hübsch gemacht. Endlich hatte ich mal wieder Lust dazu, meinen weißen Sommerrock mit der Spitzenbordüre aus dem Schrank zu holen. Dazu trage ich ein buntes Top. Meine langen roten Haare wehen mir beim Gehen frisch duftend um die Nase, und ich höre die Flip-Flops, wie sie lustig im Takt meines Schrittes an meine Fersen klatschen. Der Maxi-Cosi hängt locker in meiner rechten Ellenbeuge, so als ob ich überhaupt nicht schwer daran zu tragen hätte. Sieht es nicht so aus, als ob hier eine fröhliche, frisch gebackene Mama mit ihrem kleinen, süßen Baby unterwegs ist? Für die kurze Wegstrecke vom Auto bis zum Praxiseingang gebe ich mich dieser trügerischen, aber wunderschönen Illusion hin. Beschwingt und gut gelaunt betrete ich die Praxis. Die Therapeutin hat Julius noch nie gesehen, kennt keine Arztbriefe und hat noch keinen Blick in Julius' dickes gelbes Untersuchungsheft geworfen. Sie weiß nichts von Hirnblutungen, Seitenventrikeln und sonstigem Unfug. Sicherlich wird sie mir sagen, dass Julius im Grunde ganz gesund ist, bilde ich mir tatsächlich ein.

Die nette Dame mit den langen braunen Haaren, die sie zu einem Pferdeschwanz zusammengebunden hat, dreht Julius gekonnt auf ihrer Behandlungsliege hin und her. Julius versucht mitzumachen. Etwas unkoordiniert nimmt er bei den Bewegungen die Beine auf die Seite, wedelt mit den Armen ziellos in der Luft. In Rückenlage ist er zittrig, aber sehr aufmerksam, und bemüht sich, die kleine gelbe Quietscheente in die Hände zu bekommen, die die energische Frau ihm vor die Augen hält.

Er ist doch aber auch erst acht Monate alt. Er hat noch viel Zeit, alles zu lernen, rede ich mir im Stillen gut zu. Ich finde, er macht es heute prima. Er zeigt sich von seiner besten Seite! Na also. Gleich kommt die Entwarnung, vermute ich.

Dann eröffnet die herzliche Frau das Maschinengewehrfeuer. Wahrscheinlich ahnt sie nicht einmal, dass der Lauf ihres Gewehres direkt auf mein Herz zielt.

»Sie wissen ja, dass Sie ein *besonderes* Kind haben! Aber da können wir physiotherapeutisch viel machen.«

Heiter und als ob es sich um eine kleine, völlig unproblematische gesundheitliche Einschränkung handele, ballert die Fachfrau ihre diagnostische Einschätzung auf mich ab. Es ist ein Volltreffer. Zum ersten Mal ist es ausgesprochen. Zwar verharmlost, aber völlig klar, ohne Zweifel, ohne Skepsis. Kurz und knapp.

Besonders.

Was für eine blumige Umschreibung für eine grauenvolle Tatsache. *Besonders* ist nicht mehr entwicklungsverzögert. Besonders bleibt besonders. Für immer. Besonders heißt behindert. Da ist nichts mehr zu machen. Da gibt es keine Chance mehr auf ein »Alles wird gut«.

Ich falle.

Und während ich falle, kommt mir ein großer Internetfachhandel für »Familien« in den Sinn. Dort habe ich dieses Wort schon einmal gelesen, als ich nach pädagogisch wertvollen Spielsachen für Tom Ausschau gehalten habe. Dort gab es diese Sparte. Die Sparte mit der Überschrift »Alles für besondere Kinder«. Das Letzte, was ich denke, ist, dass ich ab jetzt in dieser Rubrik einkaufen muss.

RUMMMMMMMSSSSSS!!!!

Ich schlage auf. Und blicke auf den kalten grauen Linoleumboden der Praxis. Mir ist speiübel, ich muss mich übergeben, bemerke ich panisch. Aber noch schlimmer ist, dass ich keine Luft kriege.

Die Physiotherapeutin muss erst einmal Julius sicher lagern, bevor sie sich um mich kümmern kann. In der Zwischenzeit kommt besorgt die Praxishilfe mit einem Glas Wasser herbei.

Dann starren zwei völlig verdatterte Augenpaare auf mich herab.

»Was ist denn? Habe ich was Falsches gesagt?«, erkundigt sich die Physiotherapeutin verdutzt.

»Geht schon wieder«, krächze ich, trinke einen Schluck Wasser und versuche wieder auf die Beine zu kommen.

So schnell bin ich an die Notfalltabletten von Moni gar nicht herangekommen, denke ich.

Nach dieser erhellenden Therapieeinheit muss ich noch schnell ein paar Einkäufe im Drogeriemarkt erledigen, der sich gleich um die Ecke der Praxis befindet.

Ich beobachte dort die Kinder, die im gleichen Alter von Julius sein könnten. Und zum ersten Mal fällt es mir wie Schuppen von den Augen. Was für ein Unterschied! Ich sehe, wie sie mit ihren kleinen, tapsigen Händchen nach den für sie so interessanten Dingen in den Regalen grapschen. Ich höre sie vor Frust und Ärger zornig schreien, bemerke, wie sie ihre Mama mit ihren wachen Augen angucken.

Ja, Julius ist behindert, weiß ich sicher in diesem Augenblick.

Ich renne mit ihm zum Auto, schnalle ihn an und drücke auf das Gaspedal. Meine Nasenschleimhaut fängt währenddessen an zu brennen, als hätte ich Salzsäure inhaliert, Tränen schießen mir wie spitze Pfeile in die Augen. Messer bohren sich in meine Eingeweide. Ich trommle mit den Fäusten auf das Lenkrad und würge wie eine Löwin, hier im Schutzraum meines Autos, furchterregende Laute der Verzweiflung aus meinem Inneren heraus.

Ich klage die Welt, das Universum, irgendeine höhere Macht an. Niemals, das schwöre ich diesem ungerechten, abscheulichen Schicksal, werde ich das, was es uns antut, verzeihen. Ich nehme mir vor, ab jetzt kein guter Mensch mehr zu sein. Ich werde keinen Müll mehr trennen. Und sobald ich zu Hause bin, werde ich die monatlichen Spenden an das Kinderhilfswerk »Plan International« kündigen. Ich werde auf meine Mitmenschen keinerlei Rücksicht mehr nehmen und nur noch Eier aus Käfighaltung kaufen. Warum sollen es die Hühner besser haben als ich? Das hast du nun davon, du hinterlistiges Schicksal. Wie du mir, so ich dir!

Am späten Abend, Tom ist bereits im Bett, liegen Michael

und ich gemeinsam mit Julius auf seiner Krabbeldecke in unserem Wohnzimmer. Julius ist häufig lange wach und schläft erst, wenn auch wir uns in unsere Betten zurückziehen. In den späten Stunden scheint er wacher und aufmerksamer zu sein. Deshalb genießen wir diese knapp bemessene und für uns so kostbare Zeit, die wir hinter verdunkelten Fenstern und einer abgeschlossenen Haustür verbringen können. Vielleicht erweckt auch das Verriegeln des Hauses zur Nacht den Anschein, all die Schreckensbotschaften des Tages für einen kurzen Augenblick aus unserem Leben ausschließen zu können.

Ich massiere Julius' linkes Bein, Michael bearbeitet sein rechtes. Julius grinst und gibt fröhliche Laute von sich, was uns beide dazu anregt, ihn mit unseren Küssen zu übersäen. Ich pruste in seine linke Halsfalte, sodass laut furzende Geräusche entstehen, die Julius zu wildem Kichern animieren.

Ich bin glücklich. Vollkommen glücklich.

»Ich glaube, es gibt nichts Schöneres auf der Welt als die Momente, in denen dich dein Kind mit fröhlichen Augen anstrahlt«, sage ich, tief berührt von meinen Gefühlen.

»Ja, das glaube ich auch«, gibt Michael mir Recht.

Du meine Güte, wie glücklich müssen wir nach Toms Geburt gewesen, überlege ich. »Es war damals anstrengend und oft nervenzehrend. Haben wir trotzdem unser Glück zu schätzen gewusst? Meinen Ärger über schlaflose Nächte konnte ich immer besänftigen, weil ich wusste, dass ich im Grunde nichts zu klagen hatte. Tom war gesund. Und jetzt? Jetzt habe ich das Gefühl, ich habe den Sorgen nichts entgegen zu setzen.« Ich streichle Julius' Handinnenfläche, und er ergreift stramm meinen Daumen. »Und ich war stolz damals! Jetzt erst weiß ich, wie stolz ich war. Ich bin so gerne mit Tom zum Babyschwimmen gegangen oder überhaupt nach draußen. Der ganzen Welt hätte ich von ihm erzählen können. Ich habe ihn manchmal stundenlang fasziniert betrachtet, wie benommen von der Erkenntnis, dass wir dieses Wunder erschaffen hatten.«

Michael schmunzelt.

»Und jetzt? Ich bin nicht stolz. Auf was auch?«, sage ich leise.

»Nein, von Stolz kann hier keiner sprechen«, meint Michael.

»Wenn ich ehrlich bin, dann schäme ich mich, Michael. Wie furchtbar, dass ich so etwas denke. Ich hasse mich für solche Gedanken. Aber ich schäme mich, weil wir wahrscheinlich ein behindertes Kind gezeugt haben.«

»Gabi«, sagt Michael und blickt mich traurig an. »Es geht mir genauso. Ganz genauso. Ich habe dieselben Gedanken.«

»Ich muss so oft an das kleine Baby denken, das im Krankenhaus eine Zeitlang neben Julius lag. Das Baby von den älteren Italienern, weißt du noch?«

»Ja, klar! Die mit dem unglaublich vielen Besuch!«

»Ja, genau! Kannst du dich noch daran erinnern, wie stolz der Papa die Besucher zum Bettchen seines Sohnes geführt hatte? Er hatte sie in kleine Grüppchen eingeteilt, weil immer nur maximal drei Personen ins Zimmer durften. Der restliche Clan musste draußen warten. Und er hatte dabei ein Dauergrinsen auf dem Gesicht.«

»Ich sehe ihn vor mir«, lacht Michael.

»Und wenn die Besucher den Kleinen sahen, klopften sie dem frischgebackenen Vater schwungvoll auf die Schulter, und die Frauen umarmtem ihn vor Entzücken!«

Eine Weile streicheln wir wortlos und gedankenverloren Julius' Körper.

»Wir haben keinen Besuch empfangen. Nicht in der Klinik und auch eine ganze Weile zu Hause nicht«, füge ich leise hinzu.

»Weil wir nicht stolz waren. Meine Güte, wir haben nicht einmal diese lächerlichen Karten mit den rührseligen Sprüchen und den gekünstelten Fotos zur Geburt verschickt! Bis heute nicht, und wir werden es wahrscheinlich auch nie tun.« Michael seufzt und streicht sich resolut mit der Hand über das Gesicht. Zuerst über die Augen, dann über die Nase und den Mund.

Das macht er immer, wenn er Traurigkeit in sich aufsteigen spürt. Ich kenne ihn so gut, denke ich.

»Was hätten wir dieses Mal schreiben sollen? Die überglücklichen Eltern? Die stolzen Eltern?«, meine ich ironisch lachend. »Nein, Schamgefühle will man nicht teilen. Die trägt man lieber allein.«

»Trotzdem, Gabi, wir wissen überhaupt nicht, wie es mit Julius weitergeht. Ich finde, wir sind es ihm schuldig, ihn nicht von vornherein als behindert abzustempeln. Er muss doch die Chance haben, gesund zu sein.«

»Aber die Physiotherapeutin heute ... sie hat es doch gesagt. Julius *ist* behindert, Michael!«

»Die Frau ist keine Hellseherin. Woher will sie das denn wissen? Ich muss mich schon wundern, wie häufig Physiotherapeuten von einer seltsamen Allwissenheit befallen sind. Ich finde, die gute Frau lehnt sich ein bisschen weit aus dem Fenster«, beginnt Michael zu schimpfen.

Ich vermute, seine Angst, dass mich dieses Erlebnis noch tiefer im Schlamm der Traurigkeit versinken lassen könnte, weckt die Wut auf die schonungslose Offenheit der Therapeutin in ihm.

»Ja, vielleicht täuscht sie sich«, sage ich wenig überzeugt.

Juli 2013

Frühförderung

So wie es mir meine Kinderärztin angeraten hat, habe ich vor einiger Zeit Kontakt mit der Frühförderstelle unseres Landkreises aufgenommen. Die für uns zuständige Heilpädagogin will Julius und mich heute zu Hause besuchen. Aber im Grunde will ich dieses Treffen nicht.

Frühförderung! Schon allein der Begriff ist für mich ein weiteres Merkmal für die Fahrt in Richtung Behindertenwelt. Es ist eine Reise, die ich nicht antreten will. Eine einzelne Physiotherapeutin kann sich vielleicht doch noch irren, hoffe ich insgeheim. Aber die Folterkette der Wahrheit, die sich um unser Leben schlingt, zieht sich immer enger zusammen.

Es läutet an der Tür. Eine freundlich lächelnde Dame mittleren Alters steht vor mir. Meine Knie zittern. Ich bitte sie herein und möchte nichts lieber, als dass sie draußen bleibt.

Julius liegt auf seiner Krabbeldecke und stützt sich mit den Händen ab. Frau Meier, wie die Mitarbeiterin der Frühförderstelle heißt, begrüßt ihn liebevoll. Ich bin nervös, setze mich ebenfalls auf den Boden, nehme meinen Sohn auf den Schoß und presse ihn wie zum Schutz an meinen Körper.

Wie sieht sie ihn an? Sieht sie seine Defizite? Was denkt sie wohl über ihn? Hoffentlich erkennt sie nicht, dass Julius trotz seiner neuen Brille nicht korrekt schaut, rattert es in meinem Kopf.

»Die Ärzte sagen, es sieht nicht nach einer geistigen Beeinträchtigung aus. Motorisch macht er schon Fortschritte, aber eben kleinere«, sage ich resolut zu Frau Meier. Ich verteidige Julius, uns, meine Wünsche und Pläne für die Zukunft.

Frau Meier ist zurückhaltend, nickt nur bedächtig und fängt an, mit Julius zu kommunizieren. Julius kann, wie von mir befürchtet, den Blick nicht halten und greift nur verzögert. »Er ist heute noch sehr müde, sonst ist er ganz anders«, werfe ich ein.

Frau Meier macht mir ganz unverbindlich den Vorschlag, an einer Eltern-Kind-Gruppe teilzunehmen, die sich nach den Sommerferien neu zusammensetzen wird.

»Ach, ich glaube, das ist nichts für mich. Ich will mit Julius in keine Kindergruppen. Wissen Sie, ich will keine anderen gleichaltrigen Kinder sehen. Sonst beginne ich zu vergleichen. Und das tut mir nicht gut.«

Ich kann diese riesengroße Sorge fühlen, dass all die anderen Kinder dort sich bestimmt schon drehen oder beginnen, sich fortzubewegen. Bestimmt handelt es sich bei den anderen Kleinen »nur« um Frühgeborene, die in der Tat »nur« entwicklungsverzögert sind. Und überhaupt. Frühförderung! Das braucht doch Julius nicht. Offiziell ist auch er nur entwicklungsverzögert. Vielleicht gibt sich alles in den nächsten Wochen noch.

Als ich hinter Frau Meier die Türe schließe, blicke ich auf die Einladung mit den angegebenen Gruppenterminen, die sie mir ausgehändigt hat. Okay, *einmal* werde ich hingehen. Nur mal so. Das war es dann, denke ich.

Bodenseeausflug

Nur wenige Tage später

Ulm liegt bereits hinter uns. Wahrscheinlich werden wir in circa einer Stunde am Strandbad Wasserburg sein. Die Strecke kenne ich so gut. Ich klappe die Sonnenblende des Beifahrersitzes nach unten und blicke durch den Schminkspiegel nach hinten. Trotzdem ist heute etwas anders. Heute sitzen zwei Kinder sicher angegurtet auf der Rückbank. Genau so, wie ich es mir eigentlich gewünscht habe, geht es mir durch den Kopf. Es könnte so schön sein. Julius schläft. Tom trägt mal wieder seine weißen Kopfhörer und lauscht einer spannenden Geschichte aus dem CD-Spieler. Eine ganz normale Familie macht heute, an diesem herrlichen Sonntag, einen Ausflug an den Bodensee, könnte man meinen. So ist es nicht. Es ist zu still im Auto. Ich schaue zu Michael, der am Lenkrad sitzt und auf die Straße stiert. Die Stille ist nicht friedlich. Es ist die Stille der Sprachlosigkeit und des Rückzuges.

»Wir dürfen uns nicht einmauern, Gabi. Wir müssen uns mit unseren Freunden treffen. Das ist wichtig«, sagte Michael nach einem Telefonat mit Markus, bei dem die beiden Männer vor Kurzem ein schon längst fälliges Badetreffen am See vereinbarten.

»Ich kann das zurzeit nicht. Ich halte solche Familientreffen mit Kindern gerade nicht aus«, erwiderte ich und wollte eigentlich nicht mitkommen.

»Du kannst dich doch nicht für immer verstecken. Da müssen wir durch.« Michael war sich sicher.

»Das hat nichts mit verstecken zu tun. Ich glaube einfach, dass mir so ein Kontakt, bei dem es doch hauptsächlich um die Kinder geht, gerade nicht guttut. Ich habe das Gefühl, ich lebe momentan in einer anderen Welt«, argumentierte ich.

»Wir leben immer noch in derselben Welt. Mit denselben Menschen wie früher. Ich finde, wir müssen so weitermachen wie vor Julius' Geburt«, widerspricht Michael. Vielleicht hat er recht, dachte ich, und wir fuhren los.

Ich hätte auf meine innere Stimme hören sollen.

»Läuft ganz gut heute ... der Verkehr«, nuschelt Michael, ohne mich anzublicken.

»Hm«, murmele ich.

Wir sind spät dran, als wir das Auto auf dem Parkplatz abstellen. Markus, Annika und ihre zwei Kinder sind bereits im Strandbad. Das hatten sie uns per SMS mitgeteilt. Michael schleppt unsere Tasche und die große Decke, ich schiebe den Kinderwagen mit Julius über die Liegewiese. Tom läuft uns hinterher. Wir reden nur das Nötigste miteinander. Ob bei ihm derselbe Film im Kopf abläuft?, denke ich. Ob er uns auch sehen kann? Uns drei. Michael, Tom und mich. Und meinen Bauch. Den Babybauch. Kann er ihn sehen? Ich kann ihn sogar fühlen. Ein Jahr ist es her. Auf der Wiese hier ist inzwischen neues, frisches Gras gewachsen. In meinem Inneren sieht es noch anders aus.

An unserem Treffpunkt, dem großen Baum vor dem Ufer, breiten wir neben den Handtüchern unserer Freunde die Decke aus. Ich halte Ausschau. Und sehe sie sofort. Annika im Bikini und Isabell im Badehöschen. Annika hält ihre Kleine an der Hand, und Isabell watschelt wie ein Entchen mit unsicheren Schritten dicht an den Beinen ihrer Mama her. Annika winkt. »Wir kommen!«, schreit sie uns lachend entgegen. Sie beginnt schneller zu laufen, woraufhin auch Isabell einen Zahn zulegt. Ihr Köpfchen mit dem geblümten Sonnenhütchen schwingt fröhlich hin und her, ein Trinkfläschchen, das sie in der freien linken Hand hält, hüpft heftig auf und ab. Sie kichert, und ihre süßen, speckigen O-Beine stolpern übereinander, aber Annika hält sie sicher.

Ich winke kurz zurück, nehme Julius aus dem Wagen und lege ihn auf unserer Decke ab.

»Oh, schau mal, Isabell! Das ist Julius! Hallo, Julius!«, ruft Annika begeistert, die inzwischen bei uns angekommen ist. Annika und ich nehmen uns in den Arm.

»Wo ist Max?«, kreischt Tom.

»Hallo Tom! Siehst du das große Schlauchboot da vorne?«, meint Annika.

»Ja, boahhh, gehört das euch?«, ruft Tom enthusiastisch. Annika nickt. »Papa, schnell. Wo ist meine Badehose?«

Wir beginnen uns auszuziehen. Dann macht sich Michael mit Tom auf den Weg zu Markus und Max. Isabell versucht inzwischen, ihr Fläschchen Julius anzudrehen. Sie hält es ihm vor das Gesicht. Julius liegt unruhig auf dem Rücken und wedelt unkoordiniert mit den Armen. Wir Mamas sitzen daneben und beobachten die zwei.

»Er will danach greifen! Er will danach greifen, siehst du? Er braucht vielleicht für alles einfach länger«, meint Annika betont optimistisch zu mir. Es ist wieder ein Versuch, die Wirklichkeit mit Worten zu vertuschen.

»Ja, stimmt. Wahrscheinlich ist er nur ein Spätzünder«, höre ich mich lügnerisch sagen. Ich will mit Julius auch über diese verdammte Wiese trippeln, denke ich zornig. Sorglos. Und unbeschwert.

»Hallo Annika«, brüllt es plötzlich hinter uns. Annika dreht sich um. »Ja, Hallo. Seid ihr heute auch hier!«, ruft sie und fällt einer mir fremden Frau um den Hals.

»Oh, können wir uns zu euch legen? Dann können die Kinder miteinander spielen!«

»Ja, klar!«, ruft Annika begeistert. Und im Nu werden hektisch Handtücher um uns herum ausgebreitet, Schwimmflügel fliegen durch die Gegend, Kindersandalen hinterher. »Ich bin Miriam. Und das sind meine drei Kinder: Lars, Sophie und Elisa«, die fremde Frau streckt mir ihre Hand zur Begrüßung entgegen. Ich betrachte drei quietschfidele Kleinkinder, die mehr oder weniger selbständig versuchen, ihre Badesachen anzuziehen.

Michael und Markus kommen auf uns zu. »Tom ist mit Max auf dem Spielplatz«, erklärt mir Michael und setzt sich zu mir. Fast unbeweglich hocken Michael und ich zwischen spielenden, kreischenden, tobenden Kleinkindern, den stillen Julius habe ich mittlerweile auf dem Arm.

»Wollen wir mit den Kindern ins Wasser gehen?«, fragt Miriam.

»Au ja«, stimmt Annika zu und stöbert in ihrer Tasche. Dann zieht sie ein rosafarbenes Badehöschen mit Rüschchen an den Rändern heraus und hält es in die Luft. »Guckt mal, ist das nicht süüüüß?«

Ich nicke schwach.

»Das hab ich gestern noch gekauft. Ach, es gibt so nette Sachen für die Kleinen. Manchmal kann ich mich einfach nicht zurückhalten. Isabell, komm mal her!«

Isabell, die immer noch ihr Trinkfläschchen in der Hand hält, kommt angetapst. »Babaaaa«, ruft sie, als sie entdeckt, dass ihr Vater auch auf der Decke sitzt. Sie kuschelt sich zu ihm auf den Schoß. Er nimmt sie in den Arm und drückt ihr einen Kuss auf die Wange. »Das ist doch einfach ein tolles Alter«, meint er lachend zu uns.

Ich bin froh, als wir am frühen Abend unsere Sachen zusammenpacken und uns auf die Heimreise begeben.

»Ich weiß jetzt, was du meinst«, sagt Michael im Auto zu mir. »Jetzt verstehe ich dich.« Er legt mir seine Hand aufs Knie, und wir fahren wieder still nach Hause.

Die Ohnmacht ist nicht auszuhalten

Mein Alltag geht nach dem Bodenseeausflug weiter wie zuvor. Er kreist um Therapietermine, Arztbesuche und Förderung, Förderung, Förderung von Julius. Dreimal täglich soll ich krankengymnastische Übungen mit ihm machen. Julius schreit dabei so verzweifelt, als würde ich ihm alle Knochen brechen.

»Man kann so vieles erreichen. Sie müssen nur konsequent und regelmäßig mit ihm trainieren«, meint die Physiotherapeutin, zu der ich mit Julius einmal, manchmal auch zweimal in der Woche gehe.

»Kann das sein? Kann es sein, dass Julius' Entwicklung von meinen ›Trainerqualitäten‹ abhängt?«, frage ich. Ich kann es nicht glauben. »Ist es nicht bereits Förderung genug, ihn zu füttern, ihn auf dem Schoß zu haben, ihn zu streicheln, mit seinen Händen und Füßen lustige Spielchen zu treiben, mit ihm zu singen, zu tanzen, zu kuscheln?«

»Nein, das reicht nicht«, sagt die Physiotherapeutin.

»Soll ich es tatsächlich selbst in der Hand haben, ob Julius jemals sitzen oder laufen wird?«, frage ich verzweifelt Moni am Telefon.

»Der Patient, der mir diese Physiotherapeutin empfohlen hat, meinte, dass eines seiner Kinder ohne diese Fachfrau wahrscheinlich heute nicht laufen würde. Sie hätten so viel mit ihrem Kleinen geübt und wären jetzt unglaublich froh darüber, wenn sie die Erfolge sehen«, antwortet meine Freundin.

Ich weiß nicht, was oder welche Stimme da in mir spricht,

aber es gibt irgendein tiefes Wissen in mir, dass es bei Julius anders sein wird.

»Schauen Sie mal, es dauert nicht mehr lange, dann dreht er sich. Wir setzen uns ein Ziel, ja, Julius? Bis Weihnachten drehst du dich! Das schaffen wir.« Die Krankengymnastin rollt Julius bei einem unserer Termine mal wieder schwungvoll von der einen auf die andere Seite.

»Gestern habe ich nicht geübt«, beichte ich leise. Mein schlechtes Gewissen plagt mich. Ich denke an den gestrigen Tag, den ich lesend und an Julius gekuschelt auf dem Sofa verbracht habe. Das muss doch auch mal sein. Das wird doch nicht so schlimm sein, beruhige ich mich im Stillen.

Die Dame schaut mich ernst durch ihre runden Brillengläser hindurch an. »Das müssen Sie selbst wissen! Dreimal am Tag üben bedeutet hundertprozentige Förderung! Zweimal sind nur noch siebzig Prozent. Das müssen Sie sich immer bewusst machen!«

Überzeugt davon, eine wirklich schlechte Mutter zu sein, düse ich mit Julius panisch heim, lege ihn auf mein Bügelbrett, das unsere provisorische Turnliege darstellt, und quetsche ihn energisch in den Vierfüßlerstand. Das mache ich heute vor lauter schlechtem Gewissen gleich fünf Mal.

Am Nachmittag schaut Tom zu. Julius schreit wie am Spieß, und das Bügelbrett wackelt abenteuerlich.

»Du tust ihm weh! Mama, warum tust du ihm weh?« Jetzt schreit Tom auch noch.

»Ich glaube nicht, dass ich ihm wehtue, Tom. Komm, wir probieren es mal aus.« Ich lege Julius auf den Fußboden, Tom legt sich bäuchlings daneben. Dann drücke ich seine Arme und Beine in die richtige Position, so wie ich es stets mit Julius mache.

»Und?«, frage ich ihn.

»Gut«, keucht Tom, zwar etwas atemlos, aber sichtlich schmerzfrei. Jetzt ist Julius wieder an der Reihe. Sofort ertönt ein Riesengebrüll. Ich werde wütend.

»Julius, wir wollen dir nur helfen! Wir wollen doch, dass du irgendwann alleine zu deinen Spielsachen krabbeln kannst«, rufe ich, hin und her gerissen zwischen Mitleid und Pflichtbewusstsein.

Tom betrachtet seinen kleinen Bruder, atmet tief ein und prustet danach die ganze Luft mit einem lauten Seufzer nach draußen. Dabei schüttelt er hoffnungslos den Kopf und spricht mit der Stimme eines enttäuschten Erwachsenen: »Julius, oh Julius. So wird aus dir nie etwas!«

Beim nächsten Termin in der Praxis zeigt sich die Krankengymnastin weiterhin optimistisch. »Heute klappt es schon viel besser. Er wird immer stabiler.«

Ich sehe keine Veränderung, denke ich für mich. »Ja, stimmt! Super«, sage ich stattdessen laut und lächele mechanisch.

Egal ob ich fünfmal oder überhaupt nicht übe, Julius beginnt nicht, sich selbst zu bewegen. Nichts kann ich tun, überhaupt nichts. Es verändert sich nichts. Es wird nicht gut. Das ist nicht auszuhalten, japst meine innere Stimme.

Ich stehe einer überragenden Ohnmacht gegenüber, die sich wie der Mount Everest vor mir auftürmt.

Das kann nicht sein. Es gibt immer einen Weg! Irgendetwas muss passieren. Irgendetwas muss sich verändern, sagt meine andere innere Stimme.

»Michael, wenn Julius behindert ist, müssen wir noch ein Kind bekommen. Ich kann das so nicht ertragen. Ich will alles wiedergutmachen. Dieses Mal werde ich alles richtig machen. Ich lege mich einfach neun Monate auf das Sofa und schone mich. Ich werde noch bessere Vitaminpräparate einnehmen und mich noch gesünder ernähren. Keine Wurst und absolut keine Süßigkeiten essen. Bitte gib mir noch einmal die Chance, ein gesundes Leben zu schaffen«, flehe ich Michael an.

»Niemals! Überleg dir mal, was das bedeuten würde! Dieses Mal müsste alles, aber auch alles gut laufen. Was, wenn nicht?«, entgegnet Michael fassungslos.

»Ich halte das nicht aus!« Ich blicke auf all die Babyspielsachen, die bunt und wild durcheinandergewürfelt in der Holzkiste neben unserem Sofa liegen und mit denen Julius nicht spielt. Da ist der kleine Zwerg, der so lustig quietscht, wenn man ihn fest drückt. Der Plastikwürfel mit den unterschiedlichen Öffnungen, in die man die passenden Formen schieben muss. Der bunte Schlüsselbund, den Tom oft so laut scheppern ließ, dass es mir in den Ohren schmerzte. Mein Blick wandert zu unserem Regal. Dort stehen seit Monaten all die Bilderbücher bereit, die ich mit Tom in unzähligen Stunden betrachtet habe. Unberührt.

Mein Herz droht zu explodieren. »Dann werde ich nie wieder erleben, wie ein Kind die Welt entdeckt. Nie wieder lustige Figuren in den Wimmelbüchern suchen, nie wieder Plastiktürme bauen, nie wieder Riesenpuzzle machen, nie wieder ein Kind auf dem Bobbycar schieben. Nein, nein, nein. Das bringt mich um.« Ich drohe zu zerreißen.

»Gabi, ein weiteres Kind macht Julius doch nicht gesund. Du kannst nichts ›wiedergutmachen‹ oder ›ungeschehen machen‹. Julius bleibt Julius! Das muss dir doch bewusst sein.« Er schaut mich hilflos an.

Natürlich weiß ich das. In der Theorie. Es ist mir klar, dass man alles, was man glaubt, unbedingt haben zu müssen, loslassen sollte. Ich kenne diese Wahrheit. Aber sie ist so theoretisch. Und sie droht mich zu zerstören. Wie soll ich loslassen? Die Hoffnung auf ein gesundes Kind scheint das einzige Rettungsseil zu sein, an dem ich hänge. Und ich baumele über einem ziemlich tiefen Abgrund. Wie könnte ich da loslassen?

Meine Wut richtet sich gegen Michael. Warum stellt er sich meiner einzigen Befreiung in den Weg? Wie kann er mich zusätzlich quälen? Warum rettet er mich nicht? Sieht er nicht, wie ich leide?

Er kann mich unmöglich lieben.

Und so gibt es Momente, in denen ich in meiner inneren Not den Drang spüre, mich zu trennen.

»Michael, ich glaube, ich komme mit alldem besser allein zurecht«, meine ich ein paar Tage später; die Wut blitzt in meinen Augen. »Ich will ausziehen«, schnaufe ich und verziehe mich nach oben mit der Absicht, bei Immoscout nach freien Wohnungen zu suchen.

Ich will nur raus hier. Ein weiteres Kind kann ich auch dann nicht mehr haben. Trotzdem fühlt es sich besser an. Alles erscheint erträglicher als dieses Leben hier. Ein Leben, das ich nicht haben möchte. Vielleicht ist eine Samenspende meine Lösung? Wo gibt es die? Kriegt man noch eine mit bald vierzig? Ich würde in meiner Verzweiflung alles tun, nur um ein gesundes Kind zu haben, denke ich und bin schockiert über die Heftigkeit meiner Gedanken.

Michael folgt mir in Panik. »Bist du jetzt völlig verrückt? Wenn wir das hier schaffen, dann nur zu zweit! Niemals packen wir das alleine. Du auch nicht! Und niemals werde ich zulassen, dass du ausziehst und die Kinder mitnimmst! Die Kinder bleiben bei mir!«, brüllt er. »Und du auch!«, fügt er leiser hinzu.

»Du kannst die Kinder besuchen, wann immer du willst. Ich werde versuchen, wieder zu arbeiten und für die Kinder eine gute Unterbringung und Schule suchen. Ich will in die Stadt ziehen. Dort gibt es viel mehr Möglichkeiten. Es gibt bessere Schulen. Es ist wichtig, dass Tom in eine Schule kommt, die ihn auf sein Leben mit einem behinderten Bruder vorbereitet. Er braucht eine Schule, die ihn auch emotional stärkt. Und für Julius gibt es in Stuttgart ebenfalls mehr Unterbringungsmöglichkeiten!«

»Tom braucht seine Eltern! Und zwar beide! Sonst erst mal gar nichts. Ich werde nicht noch einmal meine Kinder verlieren. Das weiß ich sicher! Das werde ich niemals zulassen. Wenn es sein muss, geh! Aber ohne die Kinder. Ich werde es irgendwie hinbekommen!« Michael sieht mich wütend an.

Ich stiere mit hohlen Augen auf den Bildschirm und betrachte die wenigen Angebote von mickrigen Zweizimmerwohnungen.

Egal, ich will auf keinen Fall mehr in diesem Haus bleiben.

Michael schlingt plötzlich von hinten die Arme um mich. Er weint. »Gabi, bitte komm zur Vernunft. Wir können es schaffen. Wir sind eine tolle Familie und ein tolles Team. Wenn wir es nicht schaffen, wer denn dann?«

Da beginne auch ich zu schluchzen, und wir hängen beide verzweifelt aneinander.

»Gib uns doch Zeit! Und sorg für dich! Wir müssen für uns sorgen. Wir brauchen wieder ein Leben als Paar. Das wird die wichtigste Aufgabe werden! Das ist viel wichtiger, als all die übertriebenen Förderstunden.« Michael drückt mich so fest, als wollte er damit seinen Sätzen mehr Kraft verleihen.

»Ich schaffe das nicht, Michael.«

»Die Rechnung wird erst am Schluss geschrieben. Und da sind wir noch lange nicht! Du weißt nicht, wie es uns irgendwann gehen wird!«

»Weißt du, was ich oft denke? Ich will Julius zurückgeben oder ihn umtauschen. Ist das nicht furchtbar?« Die Tränen verschlingen meine Worte.

»Ich weiß«, sagt Michael.

»Ich muss *ein Leben lang* für mein Kind sorgen. Für immer. Ich habe es Julius versprochen. An seinem ersten Lebenstag, noch im Krankenhaus. Diese Sätze bedrohen mich jetzt. Normalerweise endet das ›immer‹ mit der Volljährigkeit. Und bei uns? Bei uns heißt immer tatsächlich für immer! Wir werden nie wieder frei sein.«

Ich bekomme kaum noch Luft.

»Vielleicht hat Julius doch eine degenerative Erkrankung. Vielleicht wird er nicht so lange leben?«, frage ich Michael und halte keine Sekunde das Warten auf eine Antwort aus. »Es wäre furchtbar«, sage ich sofort. »Ich will ihn doch nicht verlieren! Wenn er nicht mehr da wäre, würde ein Loch in meinem Inneren entstehen, das ich durch nichts schließen könnte. Es ist die Hölle und der Himmel. Wie kann ich das aushalten? Michael, in mir tobt ein grausamer Kampf, wie er auf keinem Schlachtfeld der Erde zu finden ist. Einerseits wünsche ich ihm den Tod, andererseits will ich ihn beschützen und behüten.«

»Es tut mir so leid. Aber andere haben es auch geschafft. Wir müssen versuchen, wieder einen Alltag hinzubekommen. Wir müssen überlegen, was wir brauchen und wer uns helfen kann.«

Ich muss diese Ohnmacht bezwingen. Ich werde den Mount Everest besteigen müssen. Irgendwie muss ich da hoch. Hier im Basislager kann ich nicht verweilen, starr vor Schreck. Ich kann auch nicht weglaufen und meine Familie allein zurücklassen.

Wahrscheinlich werden mir eiskalte Schneestürme ins Gesicht peitschen, tiefe Gletscherspalten werden sich auftun, und das Atmen wird mir immer schwerer fallen. Vielleicht muss ich ein paarmal umkehren und werde das Gefühl haben, es nicht zu schaffen. Aber ich habe keine Wahl. Letztlich gibt es für mich nur den Weg nach oben. Vielleicht werde ich niemals auf dem Gipfel stehen und werde anerkennen müssen, dass dieser Berg nicht zu erklimmen ist. Aber wenn ich stehen bleibe, werde ich erfrieren.

Für mein Vorhaben brauche ich Hilfe und eine gute Ausrüstung. In meiner nächsten wöchentlichen Therapiestunde bespreche ich, dass ich mich wieder drei Mal die Woche auf die Freudsche Couch legen werde. Das bedeutet, dass ich eine verlässliche Kinderbetreuung für Julius suchen muss. Dafür vereinbare ich einen Termin beim Tageselternverein. Die Leiterin weiß sofort eine geeignete Tagesmutter.

»Frau Schabe ist Kinderkrankenschwester und wohnt in Ihrem Dorf. Das passt doch optimal. Sie traut sich bestimmt zu, ein Kind mit Entwicklungsverzögerung aufzunehmen. Sie kann zwar nur vormittags, aber so wie ich Sie verstehe, wäre das ja in Ordnung. Sie hat ab sofort noch Plätze frei!«

»Ja, das wäre klasse«, meine ich und rufe Frau Schabe von

zu Hause aus an. Wir vereinbaren ein erstes Treffen, und sie ist mir gleich sympathisch.

»Ich würde mich freuen, Julius betreuen zu dürfen! Ich könnte ihn auch zur Physiotherapie begleiten, damit ich die Übungen lerne und mit ihm turnen kann. Für mich wäre das eine ganz neue Erfahrung. Verstehen Sie mich nicht falsch, aber ›normale‹ Kinder habe ich schon so viele betreut. Außerdem habe ich ja selbst vier Kinder. Ich fände es sehr schön, wenn auch sie die Möglichkeit hätten, mit einem Kind zusammen zu sein, das vielleicht ein wenig anders ist. Ich kann mir vorstellen, dass das eine große Bereicherung für uns wäre.«

Ich bin erleichtert und fühle, dass Julius bei Kathrin, wie ich sie bald nenne, einen guten Platz haben wird.

Ab Dezember – Julius wird dann über ein Jahr alt sein – wird er dreimal die Woche für ein paar Stunden zu seiner Tagesmutter Kathrin gehen. So vereinbaren wir es.

Michael und ich fragen unsere Nachbarstochter, ob sie ab jetzt auf zwei Kinder aufpassen könnte. Sie stimmt zu, und wir nehmen sie einmal wöchentlich in Anspruch. Wir gehen ins Kino, gehen thailändisch und italienisch essen.

Außerdem nehmen wir Kontakt zu einer Familienberatungsstelle für Eltern mit behinderten Kindern auf. Wir beschließen, das Angebot von regelmäßigen Paargesprächen dort anzunehmen. Spontan buchen wir noch einen Urlaub in diesem Jahr. Wir werden im Spätherbst in die Türkei fliegen. Wieso denn nicht?

Ich nehme alles an, um wieder einen Funken Lebensmut, Lebenssinn und Lebensfreude in mir zu entzünden.

Frühfördertreffen und Urlaubserlebnisse

Die Sommerferien sind zu Ende. Es ist Freitag, halb zehn; Treffpunkt dieser Eltern-Kind-Truppe der besonderen Art. Ich muss mich zwingen, mein Auto auf den Parkplatz des alten Gebäudekomplexes zu lenken, in dem die Räumlichkeiten der Frühförderstelle untergebracht sind. Wie viel lieber möchte ich heute in einen stinknormalen Babygymnastikkurs gehen oder die Babymusikschule besuchen oder beim Babyyoga und Babyshiatsu teilnehmen. Auch ein Krabbelgruppentreffen wäre jetzt wunderschön, obwohl ich bei Tom jedes Mal froh war, wenn ich diese geballte Mütterzusammenkunft ohne größere Minderwertigkeitskomplexanfälle und Selbstzweifelattacken überstanden hatte.

Aber nein, die enge Einfahrt mit dem furchteinflößenden Schild »Diakonie Stetten« lässt kein Ausweichen zu und führt geradewegs in einen verwinkelten Hinterhof. Frau Meier steht schon an der geöffneten Tür, bereit, ihren neuen Frühförderschützling entgegenzunehmen.

Im Vorraum, in dem ich mir die Schuhe ausziehen kann und Julius entkleide, treffe ich auf eine junge Frau, die behutsam ihren kleinen Sohn im Arm hält und mich mit sanften Augen anblickt. Wir stellen uns vor. Bettina heiße sie und ihr Sohn Lennart.

Okay, denke ich. Lennart scheint auch eher ein *besonderes* Kind als ein *entwicklungsverzögertes* zu sein. Ich sehe es sofort. Es sind die Augen. Es ist der Blick, der verrät, dass Lennart nicht normal ist und es auch niemals sein wird.

Dann höre ich von draußen lautes Gequatsche und ein fröhliches Kichern. Eine temperamentvolle, kleine hübsche Person, den Maxi-Cosi unterm Arm, kommt schwungvoll zur Tür herein. Ihre dunklen langen Haare und ihre braunen Augen lassen ihre italienischen Wurzeln sofort erkennen.

»Hallo! Ich bin Sabina! Ach du meine Güte, ist das ein Stress heute auf der Straße. Und das nach einer schlaflosen Nacht! Also, das hier ist meine Tochter Anna. Anna hat das West-Syndrom, eine ziemlich schwere Form der Epilepsie. Wir wissen nicht, was sie genau hat. Aber sie entwickelt sich überhaupt nicht.«

Vielleicht bin ich hier doch richtig, sage ich mir im Stillen.

Wir drei Mamas mit unseren eindeutig ziemlich besonderen Kindern traben in den kleinen Förderraum, der sich am Ende des Flures befindet. Wir singen, schaukeln, hüpfen, massieren und erzählen eine Stunde lang. Es ist eine sonderbare Stunde, in der ich nicht weiß, ob ich lachen oder weinen soll.

Darum mach ich halt beides.

Ich lache, weil ich mit Julius endlich einmal etwas Spielerisches unternehmen kann und dabei offen und ehrlich sein darf. Und ich weine, weil ich währenddessen an die anderen Mütter denke, die sich »draußen« mit ihren gesunden Kindern um die noch freien Plätze in irgendwelchen hippen Mutter-Kind-Kursen streiten. Und wir hier, isoliert von dieser »heilen« Welt, sitzen in so einem kleinen Kreis und haben erst mal keine Wahl.

Ich höre, dass Lennarts Kleinhirn, aus welchen Gründen auch immer, nicht wächst, dass er einen Sehfehler hat, sich nicht bewegt, nicht greift und so schlecht isst, dass er durch einen Schlauch in der Nase ernährt werden muss. Und ich erkenne mich wieder, als Sabina berichtet, dass sie nach einer komplikationslosen, schönen Schwangerschaft und einer relativ normalen Geburt plötzlich Bilder eines kranken Gehirns betrachten musste, von dem die Ärzte behaupteten, es würde sich hierbei um das fehlgebildete Zerebrum ihrer kleinen Tochter handeln.

Auf jeden Fall entscheide ich mich, nächste Woche wieder dabei zu sein.

Vier Wochen später stehen Michael und ich mit zwei riesigen Koffern und zwei kleinen Kindern am Bahnsteig und warten auf die S-Bahn, die uns zum Flughafen bringen soll. Wir reisen für zwei Wochen in die Sonne, ans Meer, ins Hotel. Oder hauen wir nur ab?

Julius scheint aufgeregt zu sein. Er kann nicht schlafen. Nicht im Zug und erst recht nicht im Flieger. Immer wieder zuckt sein Körper zusammen, was ihn nicht zur Ruhe kommen lässt. Ich halte ihn fest an mich gedrückt. Er braucht Körperkontakt, denke ich.

Im Übrigen macht Julius das, was er sonst auch macht. Nichts. Er bewegt sich nicht, er weint nicht, er brüllt das Flugzeug nicht zusammen.

»Ist das aber ein braves Kind«, meint die ältere Dame neben mir entzückt.

»Er ist ja auch behindert«, möchte ich gehässig antworten, lächle aber nur übertrieben.

Die Trauer hält auch im All-inclusive-Club ihre Arme fest um mich geschlungen und denkt nicht daran, mich freizugeben. Sie ist mitgereist, ich habe sie zum Bikini und zu den kurzen Hosen in den Koffer gepackt.

Mit Julius im Arm liege ich am Mittelmeer im Sand und betrachte die vielen Familien mit den gesunden Kindern in Julius' Alter, die fröhlich mit Schaufeln und Eimern hantieren. In meinen Augen scheinen hier alle sorglos glücklich zu sein. Ich sehe kein einziges behindertes Kind, obwohl wir sogar in einem ausgezeichneten »behindertengerechten« Etablissement wohnen, wie in der Lobby auf einem entsprechenden Schild zu lesen ist.

Hier passen wir auch nicht hin, denke ich. Wir passen nicht in diese Paradies-Idylle mit den Bilderbuchpalmen und den akkurat aufgereihten Sonnenliegen. Ich fühle mich wie in einer unwirklichen Welt, in der selbst das Meer gezügelt und kontrolliert seine Wellen an den Strand schwemmt.

Nirgends fühle ich mich mehr wohl. Überall bin ich fehl am Platz. Auf dem ganzen Globus scheint es keinen guten Ort mehr für mich und Julius zu geben.

Wobei uns in diesem Urlaub doch noch ein kleines Glück widerfährt. Der Oberschenkelabszess von Julius öffnet sich von allein und heilt ab. »Eine Baustelle weniger«, seufze ich erleichtert.

Außerdem machen Michael und ich in diesen zwei Wochen Pläne für unseren Urlaub im nächsten Jahr. Er soll anders verlaufen. Seit ich Michael kenne, träumt er davon, einmal mit mir in einem Segelboot über das Meer zu schippern. Seit vielen Jahren haben wir beide immer wieder Segelkurse und Prüfungen absolviert. Auf dem schwäbischen Neckar, auf dem Gardasee oder Michael sogar am spanischen Mittelmeer. Eine kleine Jolle haben wir uns ab und an ausgeliehen. Aber ein großes zehn Meter Boot? Das haben wir uns nicht zugetraut.

»Wenn nicht jetzt, wann dann?«, frage ich Michael abends auf der Hotelterrasse.

»Du hast schon recht. Man sollte solche Pläne nicht immer aufschieben. Man kann eigentlich nie wissen, was kommt. Wir leben nicht ewig. Das ist mir seit Julius' Geburt ziemlich klar geworden«, erwidert er.

»Und schließlich hast du erst neulich gesagt, dass wir unbedingt wieder Dinge machen müssen, die uns Freude bereiten«, meine ich und spüre ein Gefühl von unermüdlichem Lebensmut in mir aufflackern.

»Das stimmt. Aber denkst du, das geht mit Julius?«, fragt Michael zögerlich.

»Ja, ich finde, dass Segeln sogar ideal ist mit ihm. Er ist nicht mobil, von daher müssen wir wahrscheinlich keine große Sorge haben, dass er über Bord geht«, antworte ich lächelnd.

»Also gut, ich werde mich mal ein wenig darüber informieren. Es muss ja nicht gleich eine Weltumsegelung sein. Vielleicht reicht auch ein kleines Abenteuer auf dem schwäbischen Meer?«, will Michael wissen.

»Das wäre toll«, sage ich und schaue sehnsüchtig hinaus auf das Wasser.

Wieder zu Hause angekommen, mache ich mich am Freitagmorgen auf den Weg in die Frühförderstelle. Ich habe, außer während unserer Türkeiflucht, an allen bisherigen Treffen teilgenommen. Nach dieser Pause freue ich mich besonders, die anderen Mamas und Kinder wiederzusehen.

Als ich wie üblich das Vorzimmer betrete, grinst mich unter den bekannten Gesichtern ein neues an.

Ha, dich kenne ich doch, schießt es mir sofort durch den Kopf. Mist, peinlich, keine Ahnung woher, denke ich.

Die Frau mit den fröhlichen und aufgeweckten Augen schaut mich verdutzt an.

»Sag mal, wir kennen uns doch, oder?«, fragt sie mich.

»Ja, ich glaube auch.«

»Ich heiße Katharina.«

»Hm. Sagt mir erst mal nichts.«

Woher kennen wir uns bloß? Wir überlegen. Wohnort? Nein. Schule? Nein. Fitnessstudio? Nein.

»Hast du noch mehr Kinder?«, frage ich.

»Ja, Mia ist fünf und Julian ist jetzt drei Jahre alt.«

»Tom ist auch fünf«, rufe ich.

»Hey, ich weiß, woher wir uns kennen.« Katharina lacht und wedelt aufgeregt mit ihren Armen. »Wir haben zusammen den Babyschwimmkurs besucht! Da war Mia erst ein paar Monate alt. In diesem kleinen, schnuckeligen Hallenbad!«

»Ja, stimmt! Genau! Ach, der war toll!« Ich sehe mich mit Tom glücklich im warmen Wasser planschen und fröhliche Lieder singen. Wie schön das war, denke ich. Die Wehmut über diese gute alte Zeit lässt für einen kurzen Augenblick meinen Blick erstarren.

»Ach, wir waren so fertig damals. Weißt du noch? Unsere zwei haben so gebrüllt, dass wir sie kaum angezogen bekommen haben«, sagt Katharina und grinst.

»Echt?« Ich muss auch lachen.

Und jetzt? Jetzt sind wir zusammen im Behindikurs, denke ich im Stillen und versuche meine sarkastischen Gedanken zu zügeln.

»Was machst du hier?«, frage ich sie.

»Ach, ich komme mit Lisa. Sie kam in der neunundzwanzigsten Woche zur Welt.«

Ich betrachte das kleine, zuckersüße Baby, wie es friedlich schlafend auf einer ausgebreiteten rosa Decke liegt.

»Sie ist jetzt sieben Monate alt. Also, eigentlich erst fünf!«

»Oh, noch so klein!«

»Ja, ach, wir haben schlimme Zeiten hinter uns!«

»Na dann, willkommen im Club«, sage ich, bevor wir von Frau Meier aufgefordert werden, endlich in den Kursraum zu gehen.

Irgendetwas ist anders beim heutigen Treffen. Es fühlt sich anders an. Warum? Immer wieder schaue ich zu Katharina und Lisa. Es hat mit den beiden zu tun. Oder besser: mit Katharina. Katharina ist wie eine Brücke für mich, denke ich. Eine Brücke zwischen meinem Dasein heute und diesem Leben vor unserer Katastrophe. Bisher dachte ich, diese zwei Existenzen nicht miteinander verknüpfen zu können. Katharina ist ein Emulgator, ein bisher fehlendes Puzzlestück, die Verbindungsmasche beim Häkeln, der Karabiner beim Klettern und der Schotstekknoten beim Segeln.

Wir vier Frühfördermamas quatschen heute um die Wette. Wir werden immer lauter, fallen uns ins Wort, weil wir so vieles zu erzählen haben und wissen, dass die Stunde niemals ausreichen wird, um auch nur das Nötigste loszuwerden.

Frau Meier versucht währenddessen, mittlerweile schon etwas angespannt, ihren pädagogischen Förderungsauftrag zu erfüllen.

In dieser Stunde erfahre ich, dass Katharina im siebten Monat aus unerklärlichen Gründen schwere innere Blutungen bekam. Ein Gefäß an der Milz sei gerissen. Wir sind alle fassungslos, als sie uns mit feuchten Augen mitteilt: »Ich wäre fast gestorben.« Lisa musste geholt werden. Dadurch wurde ihr Hirn schwer geschädigt. »Es hat lauter weiße Flecken, man kann es deutlich auf den Ultraschallbildern sehen. Das sind alles abgestorbene Areale.«

Wir nicken.

Weil wir verstehen.

Alles.

Wir singen: »Alle Leut, alle Leut gehen jetzt nach Haus …«, und müssen uns zwingen, wenigstens in diesen Minuten die Klappe zu halten.

Als wir nach einer weiteren fröhlichen und ganz persönlichen Quassel-Stunde im Vorraum höflich von Frau Meier daran erinnert werden, dass sie nun die Räumlichkeiten abschließen und einen Außentermin wahrnehmen müsse, wissen wir, dass wir viel mehr Zeit miteinander verbringen müssen.

Aber es wird schwierig, einen ersten gemeinsamen Termin für ein Treffen am Nachmittag zu finden. Jede von uns ist bald darauf entweder auf Grund einer Untersuchung oder für eine Behandlung in irgendeinem Krankenhaus. Lennart bekommt einen Ernährungsschlauch über die Bauchdecke gelegt, und Anna muss zur Medikamenteneinstellung ins Epilepsiezentrum. Und auch Julius und mir steht eine Woche Uniklinik bevor. Sein erstes Lebensjahr ist vorüber. Die Zeit ist gekommen. Die Ärzte wollen ihn genau unter die Lupe nehmen.

Montag, 25. November 2013

Ich ziehe meinen kleinen Rollkoffer mit der linken Hand hinter mir her. Den Kinderwagen mit Julius schiebe ich mit der rechten voraus. Die Tränen beginnen zu fließen, als ich die Drehtür zur Uniklinik durchschreite. Ich kann sie nicht aufhalten, versuche es auch nicht, denn ich habe mich mittlerweile an sie gewöhnt. Seit der Geburt sind sie und Julius meine täglichen Begleiter. Und ich bin mit beiden viel unterwegs. Die Schminke werde ich morgen einfach weglassen. Ich brauche sie hier sowieso nicht.

Dann trete ich ein in die andere Welt. In die Welt der Schicksalsschläge, des Leids und der Verzweiflung.

Ich mache hier keinen Besuch und kann am Abend nicht mit der kuscheligen Gewissheit heimgehen, dass all die Krankheiten und Behinderungen uns zum Glück nicht betreffen. Nein, wir, ich, Julius, unser Kind, mein kleines Baby, wir alle sind Teil dieser Welt. Das Unfassbare ist unsere Wirklichkeit geworden.

Wir sind auf der entwicklungsneurologischen Station im Erdgeschoss untergebracht. Einen Stock über uns quälen sich die Eltern von krebskranken Kindern mit ihren Warum-Fragen.

Am folgenden Tag wird Julius von mehreren Ärzten untersucht. Sie machen verschiedene neurologische Tests, drehen ihn hin und her, blicken in seine Augen, nehmen Blut ab, fotografieren ihn von allen Seiten.

Sie vermuten, Julius habe irgendeinen, wahrscheinlich noch nicht bekannten genetischen Defekt, sagen sie mir. Es sei womöglich eine sogenannte »Spontanmutation«, eine Laune der Natur. Seine Bewegungsmuster sprächen dafür, so wie auch einige Auffälligkeiten: leicht abfallende Lidachsen, hoher Gaumen, spitz zulaufende Finger und dichtes Haar. Von einer Hirnblutung redet schon lange keiner mehr.

Ich weiß es besser. Es waren die Bauchschmerzen. Sie haben sein Gehirn nicht richtig wachsen lassen, quäle ich mich.

»Können Bauchkrämpfe während der Schwangerschaft die Ursache gewesen sein?«, frage ich verzweifelt und unsicher.

»Nein, das halten wir für ziemlich unwahrscheinlich.« Die Ärzte schütteln die Köpfe. »Wenn wir die nächste Magnetresonanztomografie vorliegen haben, können wir sicherlich mehr sagen. Aber die werden wir erst im Alter von zwei Jahren planen.« So lange noch in Ungewissheit leben, denke ich tieftraurig.

Am späten Nachmittag schlendere ich mit Julius auf dem Arm den Flur entlang, an dessen Wänden riesige Poster mit Abbildungen kleiner Kindergehirne zu sehen sind. Es sind Darstellungen von Fehlbildungen und tödlichen Stoffwechselerkrankungen. Sie erinnern mich an die ersten Aufnahmen von Julius' Schädel, drei Wochen nach seiner Geburt.

Genau diese Bilder machen mir das Bizarre an unserer Situation deutlich. Wir Eltern sollten doch fröhliche, bunte Bilder von unserem Baby in der Badewanne oder gemeinsam mit seinem Bruder auf dem Sofa oder im Garten spielend betrachten!

Stattdessen starren Michael und ich nun immer wieder auf schwarz-weiße Ultraschallaufnahmen von Julius' Groß-, Klein- und Stammhirn. Wie kann ich diese Woche hier aushalten?, frage ich mich. Nein, die Sache ist viel weitreichender: Wie kann ich mein ganzes weiteres Leben ertragen? Wie oft habe ich in einer dieser Klatschzeitschriften gelesen, dass irgendjemand an einem schweren Schicksalsschlag »zerbrochen« ist. Wie sieht das aus?, überlege ich. Fällt man dann tot um? Wie merke ich, dass ich zerbrochen bin? Mein Herz fühlt sich zerfetzt an.

Einzelne Stücke davon wurden herausgerissen. Die klaffende Wunde in meiner Brust müsste man bereits von Weitem sehen können. Bin ich also zerbrochen?

Ich rufe mir die zahlreichen Bücher ins Gedächtnis, die sich mittlerweile zu Hause auf meinem Nachttisch stapeln. Seit Monaten verschlinge ich Schicksalsberichte, Autobiografien und Fachbücher über Trauer. Ich suche nach Anleitungen, denn ich habe keine Ahnung, wie ich mit dieser Situation klarkommen soll.

Ich weiß nur eines: Ich will nicht zerbrechen.

Und manchmal zieht in meinem Inneren ein kurzer Lichtstreifen wie ein aufleuchtender Komet vorüber. Für ein paar Augenblicke erhellt er meine Gedanken, ehe er dann wieder verglüht und in der unendlichen Dunkelheit des Universums verschwindet. In diesen Momenten kann ich spüren, dass Michael, Tom und ich, dass wir alle, unsere ganze Familie, an diesen Erfahrungen wachsen werden und ein neues, anderes Glück finden dürfen.

Ich betrete unser Krankenhauszimmer und lege Julius in sein Gitterbettchen. Er ist müde und schläft gleich ein.

Mein Blick gleitet durch den Raum, durchs Fenster. Es hat begonnen zu schneien. Die Kleine nebenan schaut begeistert nach draußen und zupft aufgeregt am Arm ihrer Mutter. Dann strahlen beide. Selbst in dieser trostlosen Umgebung des Krankenhauses bereiten die großen weißen Schneeflocken, die fröhlich durch die Luft wirbeln und das kleine vom Fenster aus sichtbare Fleckchen Erde unter einer zartweißen Decke verhüllen, uns Menschen ein wenig Freude. Wir blicken gemeinsam durch die Glasscheiben hinaus.

Du würdest jetzt sicherlich gerne eine Matschhose anziehen, den Schnee in deinen Händen schmelzen lassen oder dich einfach von den Flocken berieseln lassen, denke ich und blicke das Mädchen mit den langen, blonden Haaren an. Es geht nicht. Deine Infusion läuft, und außerdem könntest du nicht einmal alleine aufstehen. Deine Mama hat dich vorhin vom Rolli ins Bett getragen.

Ihr beide hattet gewiss auch andere Pläne. Oder zumindest du. Du, Mama dieses kleinen, hübschen Kindes, denke ich. Auch dir hat das Leben ein Schnippchen geschlagen, hat dir einen Strich durch die Rechnung gemacht und dir das Messer an die Kehle gesetzt.

Wie so vielen anderen auch.

Ich erinnere mich an eine Dokumentation über Viktor Frankl, die ich mir vor ein paar Tagen bei YouTube angesehen habe. Ein Satz daraus hat sich tatsächlich in meinem Bewusstsein eingenistet. Elisabeth Lukas, seine langjährige Schülerin, erzählte in diesem Film von einem Gespräch zwischen ihr und dem legendären Gründer der Logotherapie. Sie meinte wohl zu ihm, dass er als Person so glaubwürdig sei, dass man es ihm abnehmen würde, selbst unter den schwierigsten Bedingungen seelisch heil zu bleiben. Schließlich sei er den Grausamkeiten des Konzentrationslagers ohne innerlichen Hass entkommen. Wie aber sollten seine Schüler, die ja eben nicht in einem KZ inhaftiert gewesen wären, seine Methode glaubhaft vermitteln? Da meinte Frankl: »Ach, Frau Lukas, jeder hat sein Auschwitz.«

Ich komme mir ein wenig schäbig vor, wenn ich an diese Aussage denke. Schäbig, weil ich oft der Überzeugung bin, dass das Schicksal ganz besonders ungerecht zu mir ist.

Aber ist es nicht eher so, dass jeder seine Behinderung hat? Mir fällt dazu ein Zitat von Platon ein: »Sei gütig, denn alle Menschen, denen du begegnest, kämpfen einen schweren Kampf.«

Was gibt mir also das Recht, so zu hadern?

Unsere Behinderung ist für jeden sichtbar. Die der anderen bleibt oft verborgen. Sichtbar heißt auffallen. Ist das nicht genau mein Problem? Ich will nicht auffallen. Nie wieder. Nicht negativ. Das hatte ich doch hinter mir gelassen. Damals, in meiner Kindheit und Jugend.

Ich setze mich mit angewinkelten Beinen auf die unbequeme ausklappbare Liege, die mir für die Nächte hier bereitsteht.

Dann packe ich meinen Laptop aus, klappe ihn vor mir auf und starte das Programm.

Ich beginne zu schreiben. Genau in diesem Augenblick.

Ich habe beschlossen, Worte zu finden für das, was uns die Sprache verschlagen hat.

Hier und heute an diesem ersten verschneiten Wintertag im November 2013, im stickigen Krankenhauszimmer auf dieser wackeligen Pritsche, versuche ich Ordnung in das Chaos in meinem Kopf bringen. Dadurch kann ich Julius nicht retten, aber ich kann beginnen, den Mount Everest der Ohnmacht mit Bedacht und Besonnenheit zu besteigen.

Tom und der Schalter im Kopf

Auf der Heimfahrt vom Krankenhaus wird mir zunehmend bewusst, dass wir auch Worte für Tom finden müssen. Nur welche? Wie erkläre ich einem Fünfjährigen eine Situation, die für uns völlig unerklärlich ist?

Am Abend setze ich mich mit Tom auf unser Sofa und versuche es. »Tom, Mama war mit Julius jetzt wieder lange im Krankenhaus, gell?«

Tom zuckt desinteressiert mit den Schultern.

»Die Ärzte wollten Julius noch einmal ganz genau untersuchen, weißt du?«

»Wieso?«

»Ja, weil Julius anders ist als andere Babys.«

»Nee!«

»Na, schon. Die anderen Kinder können am Anfang, wenn sie frisch aus dem Bauch kommen, auch gar nicht viel. Sie können nur schreien, schlafen und essen. Nach und nach lernen sie aber, sich zu drehen, zu krabbeln und dann später auch zu laufen – so wie du. Dafür brauchen sie eine Art Schalter im Kopf. Bei den normalen Babys wird dieser Schalter nach ein paar Monaten angeschaltet!«

»Echt?«

»Ja! Und dann können die Babys ganz viele Dinge lernen. Bei Julius wissen wir und auch die Ärzte nicht, was los ist. Vielleicht fehlt dieser Schalter? Oder vielleicht funktioniert er nicht richtig? Oder er klemmt?«

»Ja, Schalter kenne ich. Manche funktionieren nicht! Das weiß ich! Oder vielleicht ist auch die Batterie leer?«

»Auch das kann sein. Wir wissen es einfach nicht! Es ist möglich, dass Julius deshalb manche Dinge nie lernen wird«, sage ich.

»Liest du mir jetzt noch was vor?«

Tom scheint erst einmal zufrieden mit meiner notdürftigen Erklärung zu sein.

Die letzten Wochen des Jahres stehen an. Ich verbringe sie hauptsächlich, wenn ich nicht gerade mit Julius turne, mit dem mühseligen Unterfangen, Essen in ihn hineinzubekommen.

Ich fühle mich, als müsste ich eine Weihnachtsgans stopfen, denke ich heute Mittag passend zur Jahreszeit.

Alles muss fein säuberlich püriert sein, deshalb verfüttere ich weiterhin Gläschen für Babys ab vier Monaten. Ich warte dabei konzentriert mit dem Löffel vor Julius' Mund wie eine Katze vor dem Mauseloch, weil alles, was ich hineinstopfe, nach kurzer Zeit mit der Zunge wieder herauskatapultiert wird.

Bis ich endlich mit dem Plastiklöffel den Boden des Glases erreiche, ist eine gefühlte Ewigkeit vergangen und schon wieder Zeit für die nächste Kalorienzufuhr. Und dabei weiß ich nicht einmal, ob überhaupt genügend Brei in Julius' Magen angekommen ist. Eigentlich sieht es eher so aus, als ob jemand die komplette Mahlzeit auf ihm und seiner Kleidung ausgeleert hätte.

Tom sitzt neben uns am Tisch und beobachtet uns. Soeben ist wieder eine riesengroße Ladung des »Gemüseallerleis« auf Julius' Hose gelandet. Ich verliere die Geduld.

»Julius, ach nein! Ich hab echt keine Lust mehr!« Ich werfe den Löffel auf den Tisch, das Gemüseallerlei spritzt in alle Richtungen.

»Er hat halt keinen Hunger!«, brüllt mich Tom an. »Lass ihn doch in Ruhe!«, befiehlt er mir.

»Tom, das ist so anstrengend!«

»Warum hast du ihn dann auf die Welt gebracht, wenn du jetzt nur mit ihm schimpfst?«, fragt mein Sohn mich fordernd.

Ich kann ihm nicht sagen, dass ich mir Julius und unser Leben mit ihm ganz, ganz anders vorgestellt habe. Wie soll bei uns in diesem Jahr eine warme und fröhliche Weihnachtsstimmung aufkommen?, denke ich nur.

Ich beschließe, das Mittagessen zu beenden, und beseitige alle Spuren unserer Fütterorgie. Tom darf eine CD anhören, und ich verschwinde mit Julius im Badezimmer. Während ich meinen kleinen Sohn von seinem Gemüseallerleishirt befreie, muss ich an Bekannte von uns denken. Alljährlich zur Weihnachtszeit verschicken sie Grußkarten, beklebt mit Fotos ihrer Kinder, die mit roten Zipfelmützen auf dem Kopf pausbackig und zielsicher in die Linse lachen.

Was bewegt sie, solche Karten zu verschicken?, frage ich mich. Die alte Weisheit, dass man Glück teilen muss? Ich bitte im Stillen darum, dass sie dieses Jahr ihr Glück nicht mit mir teilen. Könnten sie mir nicht die kostenlosen SOS-Kinderdörfer-Karten zusenden? Auch wenn sie nicht dafür gespendet haben, sage ich mir in Gedanken zornig.

Ein paar Stunden später liegen Michael, Julius und ich mal wieder auf unserer inzwischen zur Gemeinschaftskrabbeldecke umfunktionierten Unterlage auf dem Boden. Tom schläft bereits, Julius ist noch munter. Ich halte ihm meinen Zeigefinger über die Nase, und er versucht ihn zu greifen. Dann hat er ihn geschnappt und lässt ihn nicht mehr los. Ich bewege meinen Arm hin und her, und seine Hand wedelt wild mit. Julius beginnt fröhlich zu lachen. Genau in dieser Sekunde fliegen wir davon, wir beide. Ich liebe ihn, und er ist mein Sohn. Nur das zählt. Für wenige Augenblicke schweben wir im Raum, ich nehme nichts anderes mehr wahr. Weil alles andere bedeutungslos ist. Weil nur dieser Moment für uns wichtig ist. Julius lacht, und ich vergesse mich in seinem Glück.

Dann vibriert mein Handy. Eine SMS schafft es, in unsere abendliche Fluchtburg einzudringen. Ich stehe auf und lese sie. Eine Freundin hat heute Morgen ihren Sohn zur Welt gebracht. Ihr Ehemann teilt es mir soeben mit. Ich starre auf den Namen, die Größe und das Gewicht des Neuankömmlings. Die Tränen schießen mir in die Augen.

»Was ist?«, fragt mich Michael.

»Nichts.«

Ich renne nach oben und schließe mich im Bad ein. Dann kommt die Trauer und droht mich zu zerreißen.

Es ist wie eine Geburt. Ich gebäre meinen Schmerz. Bei jedem Ausatmen stülpt sich mein Innerstes nach außen. Ich schluchze, stöhne, schlage mit der Faust auf die Fliesen, kralle meine Nägel in die Haut meiner Arme. Bitte, bitte, denke ich, lass diese Wunde – das große Loch, wo sie mir das Herz herausgerissen haben – heilen.

Irgendwo habe ich gelesen, dass der Schmerz bleiben würde, auch wenn man die Situation angenommen hätte. O nein, das darf nicht sein. Was ist das für ein Leben?

Was ist nur los mit mir?, frage ich mich. Es ist doch schön, wenn ein kleines Baby geboren wird! Und außerdem sind es noch liebe Freunde, die es gut mit mir meinen! Die mich vielleicht sogar vermissen, weil ich mich schon ewig nicht gemeldet habe.

Aber was soll ich auf diese Nachricht antworten? Alles Gute? Herzlichen Glückwunsch? Ich freu mich für Euch? Das wäre gelogen. Soll ich nachfragen, ob es gesund oder behindert ist? Denn wenn es behindert wäre, dann könnte ich die richtigen Worte finden.

Ich schäme mich für meine Gedanken. Aber wie soll ich mich mit anderen Menschen freuen, wenn ich selbst so unglücklich bin? Wie soll ein Freudenfunken von mir auf andere überspringen, wenn ich mich selbst kaum einmal richtig freuen kann? Ich kann keine Glücksbotschaften ertragen, warum, Welt, verschonst du mich dann nicht davor? Alle Menschen um mich herum scheinen gesunde Kinder zu bekommen. Auf der Windelpackung grinst mir tagtäglich ein vitaler Säugling entgegen. Die Packung mit den Feuchttüchern ziert dieser muntere kleine Wonneproppen. Auf der Breipackung lese ich jeden Morgen »Ihr kleiner Liebling wird nun immer aktiver und erkundet seine Welt.«

»Nein, tut er nicht«, sage ich leise.

»Das siehst du falsch, das passiert auch anderen!« Vor ein paar Tagen wollte mich Moni mit diesem Satz in die Wirklichkeit zurückholen, als ich ihr gegenüber über die Ungerechtigkeit des Lebens klagte.

Bitte, wo sind sie? Dieses Jahr sind in unserer direkten Nachbarschaft drei Kinder geboren worden. Zwei enge Freundinnen haben entbunden, in unserer Verwandtschaft gab es zwei Geburten. Alle gesund. Bin ich ungerecht?

Jeder hat seine Behinderung, denk an Viktor Frankl, sage ich mir.

Aber heute kommt mir unser Schicksal mal wieder unermesslich groß vor. Die Gedanken an die Geburt eines gesunden Kindes sind für mich schrecklich. All die Schmerzen, die man bei einer Geburt erlebt, sind vergessen, wenn man sein Kind in den Armen hält – heißt es nicht so? Auch ich hatte bei der Entbindung das Gefühl, es nicht zu überleben. Auch ich dachte, ich zerreiße innerlich. Und dann? Was kam dann? Nur für wenige Stunden konnte ich ungetrübte Freude empfinden.

Bin ich nicht doch zerbrochen? Und zwar in diesem Moment, als sie mir sagten, dass mein Baby, für das ich Todesschmerzen ausgehalten habe, nicht gesund ist?

Nein, ich möchte nichts mehr von Geburten, Babys und Schwangerschaften hören, beschließe ich. Auch wenn ich mich dadurch nicht gerade beliebt mache. Es trennt mich viel zu viel von den Müttern, die gesunde Kinder bekommen. Sie scheinen in eine andere Welt zu gehören. Ich passe da nicht mehr hinein.

Aber wohin gehöre ich dann? Und kann ich jemals wieder in diese alte Welt zurückkehren?

»Du wirst das schaffen. Ihr seid eine starke Familie«, prophezeite mir Moni zum Abschied bei unserem letzten Gespräch. Woher will sie das wissen? Wir sind nicht anders als die anderen. Nicht stärker, nicht heiliger, wir sind doch normal!

Ich spüre es doch, ich schaffe es nicht, schluchze ich verzweifelt.

Wenn ich Julius während der Schwangerschaft verloren hätte oder er tot geboren worden wäre, dann wäre das ein tragisches Ereignis gewesen. Ein grauenvolles Ende mit Schrecken.

Aber nun haben wir Schrecken ohne Ende. Und das macht mir Angst.

Montag, 16. Dezember 2013

Schmerzender Alltag

Ich muss heute zu einer dieser regulären U-Untersuchungen bei der Kinderärztin. Mir graut davor und vor dem Wartezimmer mit all den meiner Meinung nach glücklichen Mamas und Papas. Meist gehen die Väter zu den ersten Untersuchungen noch mit, sind es doch angenehme, banale Arztbesuche, die man gerne und mit einem gewissen Stolz wahrnimmt. Für mich sind sie ein Albtraum, der mich schon tagelang vorher ängstigt.

Die Atmosphäre in den Räumlichkeiten der Kinderarztpraxis gleicht heute mal wieder einem spontanen und geselligen Müttertreffen. Das Wartezimmer dient als Vorzeigeplattform der Sprösslinge.

War es für mich mit Tom nicht genauso?

Aber wieso entsteht im Wartezimmer einer Kinderarztpraxis oft eine so vermeintlich familiäre Stimmung? Verbirgt sich hinter dieser vorgetäuschten Fröhlichkeit nicht die allgegenwärtige Angst vor einer ernsten Erkrankung? Im Grunde wollen wir alle es doch nicht wahrhaben. Diese entsetzliche Vorstellung, verwundbar zu sein.

Ich versuche, uns in einem kleinen Nebenraum zu verstecken, doch wir haben keine Chance: Auch dieser ist besetzt. Nein, rede ich mir zu, ich werde diese Situation mit Fassung und Würde tragen. Ich werde gegen meine Schamgefühle ankämpfen. Ich werde die Blicke aushalten. Es ist eine Gelegenheit, genau das zu üben. Heute, jetzt und jeden weiteren Tag. Ich setze mich mittenrein und ziehe Julius aus. Dabei drücke ich ihn ganz fest an mich. Julius, denke ich, das schaffen wir alles nur zusammen! Ich brauche dich! Und ich habe das Gefühl, nicht ich halte ihn, sondern er muss mir Halt geben.

Es ist so eng hier. Ich vermeide aufdringliche Blickkontakte, die so oft die typischen Fragen folgen lassen: »Na, wie alt ist Ihrer denn?« – »Seit wann hat er denn die Brille?« Ich habe keine Lust auf ein Gespräch. Nein, ich will hier einzig und allein meine mütterliche Pflicht erfüllen. Ich brauche den Stempel im gelben Heft.

Die Arzthelferin ist gnädig zu mir – denke ich zunächst – und holt mich zügig in den Untersuchungsraum. Es scheint eine neue zu sein, zumindest habe ich sie in der Praxis noch nie gesehen. Sie beginnt mich auszufragen. Dabei tippt sie angestrengt in ihren Computer.

»Wie schläft er denn?«

»Gut.«

»Wie isst er denn?«

»Schlecht.«

»Isst er schon alles?«

»Er isst nur Gläschen.«

»Läuft er schon?«

»Nein. Er hat eine neurologische Behinderung. Ich glaube, die Fragen passen so nicht für uns.«

Das scheint die junge Dame gar nicht zu berühren.

»Dann krabbelt er auch nicht?«

»Nein.«

»Sagt er Mama und Papa?«

Ich versuche es noch einmal: »Nein, ich glaube, die Fragen können Sie uns so nicht stellen.« Während sie weiter etwas in den PC eintippt, bittet sie mich mit Nachdruck, die Fragen so gut es eben geht zu beantworten. Sie müsse es schließlich hier eintragen.

»Reagiert er auf seinen Namen?«

»Ich denke nicht.«

»Reagiert er auf ›Nein‹?«

Was für eine Frage! Sie kommt mir absonderlich vor. Was sollte ich Julius denn verbieten? Es wird mir bewusst, dass ich dieses Wörtchen ihm gegenüber noch nie benutzt habe.

Die Trauer überkommt mich. Aber ich werde nicht weinen. Nicht hier, nicht jetzt.

All das könnten wir jetzt schon erleben! Einen laufenden Julius, der Mama sagt und dem ich Dinge verbieten müsste! Es klingt so absurd, so unvorstellbar. Jetzt schon?, frage ich mich. Er ist doch noch so klein. Viel zu klein, um zu laufen und zu sprechen. So schnell geht das normalerweise? So schnell ging es bei Tom? Ich kann es nicht glauben. Bereits eine einzige zielgerichtete Bewegung von Julius erscheint mir wie ein Wunder und eine unvorstellbar anspruchsvolle Angelegenheit.

Ich halte die Tränen zurück, balle meine Hände unmerklich zu Fäusten und beiße meine Zähne so fest aufeinander, dass ich Sorge habe, sie könnten unter dem Druck wie Glas zerspringen.

Erneut sage ich verzweifelt: »Ich kann diese Fragen so nicht beantworten!«

Die Arzthelferin schaut mich hilflos an. »Das Computerprogramm setzt aber voraus, dass man Frage um Frage abarbeitet, um so den Entwicklungsstand des Kindes einzuschätzen. Wenn das nicht geht, weiß ich jetzt auch nicht weiter. Dann muss ich die Chefin holen. Solange können Sie ja dann die Fragen zur Hörfähigkeit ihres Kindes ankreuzen«, meint sie.

Sie legt ein kleines Heftchen neben Julius auf die Untersuchungsliege, schlägt die entsprechende Seite auf und drückt mir einen Kugelschreiber in die Hand, ehe sie aus dem Raum verschwindet.

Ich lese.

Folgt Ihr Kind einer Aufforderung, etwas zu tun?

Reagiert Ihr Kind auf Musik, indem es die Schallquelle sucht?

Mir reicht es jetzt, und ich klappe dieses bescheuerte Heft wütend zusammen.

Die Abläufe, die Medien in der Kinderarztpraxis scheinen auf eine solch drastische Abweichung der Norm nicht ausgerichtet zu sein. Schwere Behinderungen sind wohl nicht vorgesehen. Julius passt in kein Schema.

Irgendwie geht dieser Termin vorüber, und ich eile so schnell wie möglich zu meinem Auto zurück. Nur rasch nach Hause in den Schutz unserer Wohnung. Ich möchte die Haustür dreifach verschließen, bereits am Tag die Vorhänge zuziehen und den Stecker des Telefons aus der Wand reißen!

Aber es geht nicht, es gibt so vieles, was ich zu erledigen habe. Gleich werde ich Tom vom Kindergarten abholen. Wir drei müssen heute Nachmittag eine von der Krankenkasse genehmigte Therapieliege für Julius beim Hersteller abholen. In Zukunft darf ich die Turnübungen mit ihm auf dieser stabilen Matte durchführen, und das Bügelbrett kann wieder seinem ursprünglichen Gebrauch dienen.

Ich verfrachte meine beiden Kinder auf den Rücksitz und erkläre Tom, wohin wir fahren und was wir besorgen müssen.

»Hey, Julius kriegt so eine tolle Matte. Und was krieg ich?«, fragt er bockig.

Ich muss grinsen. Ach, wie schön ein bisschen Normalität sein kann.

»Diese Matte zahlt die Krankenkasse. Die bekommt Julius nicht von uns«, sage ich.

»Was ist eine Krankenkasse?«

»Alle Menschen zahlen da Geld hinein, und wenn man krank ist, darf man sich ein wenig Geld aus dieser Kasse nehmen, um sich z.B. Medikamente zu kaufen oder eben eine solche Liege.«

»Wer ist denn bei uns krank?«, fragt Tom verwundert.

»Na, unser Julius.«

»Nö!«, behauptet Tom empört.

»Ja, doch! Unser Julius ist nicht gesund. Er ist nicht so wie andere in seinem Alter. Andere in seinem Alter können schon laufen.«

»Nö!«, höre ich nur von hinten. Dann herrscht Schweigen.

»Vielleicht läuft Julius erst, wenn er im Himmel ist«, meint Tom kurz darauf.

»Ja, vielleicht.«

»Stell dir mal vor, Julius ist achtzehn. Aaaaachtzeeehn! Und liegt noch auf dem Rücken«, ruft Tom laut in den Wagen und lacht schelmisch.

Wie seltsam muss diese Vorstellung für ihn sein. Bei ihm ist man mit achtzehn Jahren Pilot, Feuerwehrmann, Arzt, Zimmermann, und das alles gleichzeitig, denke ich.

»Ja, das wäre komisch«, antworte ich, blicke kurz in den Rückspiegel und bin gerührt, als ich sehe, dass Tom die Hand von Julius hält.

Wieder zu Hause müssen wir das neue Hilfsmittel natürlich gleich ausprobieren. Ich lege Julius mit dem Bauch auf die tolle Matte, die ich in einer modernen, freundlichen Farbe bestellt habe: Apfelgrün. Dadurch sieht sie nicht so furchtbar behindert aus, denke ich.

»Schau mal, Julius. Da können wir wunderbar das Krabbeln üben«, meine ich, wenig überzeugt davon, dass es so weit kommen wird.

Das Ziel »Drehen bis Weihnachten« hat die Physiotherapeutin inzwischen Julius' Entwicklungsstillstand angepasst. »Drehen bis Fasching« gab sie als neuen Vorsatz bekannt.

Julius stützt sich unbeholfen mit seinen Armen ab und schaut verwirrt nach links oben.

Tom beginnt sich vor ihm quer durch das Wohnzimmer zu rollen. Dabei ruft er Julius zu: »Schau, so geht es, Julius! Guck zu mir!« Dann stellt er sich auf allen vieren vor Julius auf und bewegt langsam abwechselnd seine Arme und Beine.

»Erst musst du den einen Arm so nach vorne strecken. Und jetzt schau! Dann das Bein! Guck genau!«

Julius blickt in die entgegengesetzte Richtung.

»Julius, Julius, guck!«, ruft Tom nun lauter. »Julius kann ja wirklich nichts«, meint er dann enttäuscht. »Ohne uns könnte der ja gar nichts machen. Der könnte gar nicht leben, gell, Mama?«

»Ja, Tom. Er braucht uns«, sage ich traurig.

Für ein paar Sekunden blickt Tom Julius mit bekümmerten Augen an.

»Was ist?«, frage ich ihn. »Bist du traurig darüber?«

»Was wird denn mal, wenn ihr tot seid?«

Ich erstarre. Wieder einmal spricht Tom unsere geheimen Ängste aus. »Aber Tom! Wir leben hoffentlich noch lange und können uns um euch beide kümmern.«

»Mama, wenn ihr tot seid, bin ich ja schon groß«, erklärt er mir nun, sichtlich beruhigt über seinen Einfall. »Dann brauch ich nur noch eine Frau, und dann sind Julius und ich wieder eine Familie! Gell, Julius?« Strahlend drückt er Julius an sich. »Du musst halt nur ganz viele Hipp-Gläschen kaufen! Denn ich habe doch überhaupt kein Geld«, fügt er noch hinzu.

»Ach, Tom. Ja, das werde ich«, kann ich nur leise erwidern.

Am nächsten Tag mache ich mich mit Julius im Kinderwagen auf den Weg zu unserem Laden um die Ecke. Es ist nur noch eine gute Woche bis Weihnachten, trotzdem steht nicht allzu viel auf meinem Einkaufszettel. Charlotte wird uns über die Festtage besuchen, Alexander feiert in Berlin mit seiner neuen Freundin.

Während mir die frische Luft in das Gesicht bläst, denke ich an meinen Termin im Orthopädiegeschäft heute Morgen. Julius benötigt auch noch einen speziellen Kindersitz für zu Hause. Seine Rumpfmuskulatur ist viel zu schwach, seine Kopfkontrolle zu gering. Wir können ihn nicht in einen normalen Hochstuhl für Kinder setzen. Die Ärzte haben mir empfohlen, so bald wie möglich einen sogenannten Therapiestuhl zu bestellen. Sie hoffen, dass durch eine aufrechte Körperhaltung seine Entwicklung angeregt wird. Julius wurde deshalb heute Morgen vermessen, und ich habe sowohl den Stuhl als auch das entsprechende Zubehör bereits ausgewählt.

Ich will nicht so ein Monstrum in meinem Esszimmer stehen haben, denke ich verzweifelt, als ich mir den mächtigen Sitz ins Gedächtnis rufe. Dieser Stuhl sieht eindeutig nach Behinderung aus. Das verhindert auch die fröhliche Polsterfarbe nicht.

Auf einmal fährt ein Auto mit rasantem Tempo an uns vorbei. Die Reifen quietschen und kommen neben mir zum Stillstand. Es ist Claudi. Die Fensterscheiben rauschen nach unten.

»Hey, Gabi! Du, ich habe kaum Zeit, ich bin voll im Stress. Wir müssen wann anders quatschen. Wir haben doch nachher unsere Weihnachtsfeier!«

»Ah, echt?« Ich weiß, dass die Weihnachtsfeier in ihrer Modefirma alljährlich ein absolut spektakuläres Highlight für die komplette Belegschaft ist.

»Ja! Und ich muss jetzt Lilly vom Hort abholen und mich dann noch richten. Ich komme gerade von der Post. Ich will heute das rote Kleid mit der Schleife am Kragen anziehen. Ich hatte mir noch passende Handschuhe bestellt und dachte schon, sie kommen nicht mehr rechtzeitig an. Aber es hat doch noch geklappt. Kai Pflaume moderiert die Show heute Abend wieder! Und dieses Mal muss ich nicht fahren! Mein Kollege holt mich ab!« Sie strahlt.

Wie oft haben wir schon gemeinsam ein tolles Outfit für sie und diesen besonderen Abend ausgesucht, erinnere ich mich. Und jetzt? Was kann ich ihr erzählen? Dass ich den Therapiestuhl heute Morgen für Julius in Apfelgrün bestellt habe? Passend zur apfelgrünen Therapieliege?

Ich lächle angestrengt und rufe nur »Viel Spaß« in das Innere ihres Wagens, bevor sie davonbraust.

Können wir jemals unsere zwei so verschiedenen Welten wieder zusammenführen?

Sonntag, 22. Dezember 2013

Das erste Mal im Notarztwagen

Es ist kalt, trübe und regnerisch am heutigen 4. Advent. Ich wippe auf meinem Sorgensitz im Wohnzimmer langsam vor und zurück, während mein Blick nach draußen gleitet. Die Welt ist verblasst. Die Bäume, der Himmel, der Rasen, alles erscheint in einer einheitlichen Farbe: grau.

Michael liest auf dem Sofa neben mir die Sonntagszeitung. Der Laptop liegt auf meinen Oberschenkeln. Ich hatte vor, die Erlebnisse der letzten Tage in Sätze zu fassen. Tom lässt mal wieder seine unausgeglichene Energie an Julius aus. Er wälzt ihn nicht gerade liebevoll auf der Krabbeldecke hin und her.

»Tom! Lass doch jetzt mal Julius in Ruhe und such dir was zum Spielen! Mal doch! Oder bau Lego! Oder von mir aus hör eine CD«, meckere ich ihn genervt an. Ohne Erfolg. Julius scheint allerdings Gefallen an dem unsanften Umgang seines Bruders mit ihm zu haben. Er gibt quietschende Laute von sich, die sich fröhlich anhören.

Ich rieche den Duft von gemahlenen Kaffeebohnen, der schon so häufig meine verwundete Seele getröstet hat. Heute raubt er mir die Luft zum Atmen. Unser Wohnzimmer kommt mir so klein vor, viel zu klein. Die Wände erdrücken mich.

Anstatt über den Kinderarztbesuch, den Therapiestuhl oder die Therapiematte zu schreiben, stelle ich in Gedanken mein bisheriges Leben, meine Beziehung zu Michael, meine, unsere Zukunft, alles in Frage.

Hätte ich früher Kinder bekommen sollen? Habe ich mein Leben naiv geplant? Falsche Prioritäten gesetzt? Ich hatte vor Michael zwei längere feste Partnerschaften. Aber damals habe ich mich noch nicht bereit für mehr gefühlt. Das Studium, der Job, eine gute Ausbildung, all das war mir viel wichtiger. Ich wollte anders sein. Glücklich. Zufrieden. Selbstbewusst. Stark. Um jeden Preis. Aber vor allem anders. Anders als meine Mutter. Welche Rolle spielt meine eigene Kindheit in diesem Abschnitt meines Lebens?, frage ich mich jetzt. Es dämmert mir, auch wenn ich es nicht wahrhaben will: wahrscheinlich eine Große. Vielleicht die Hauptrolle. Mein Leben sollte eine Erfolgsgeschichte werden. Ich wollte mich loslösen von dieser traurigen, hoffnungslosen Vergangenheit.

Ich sehe mich in meinem braunkarierten Sarah-Kay-Nachthemd vor unserem Küchentisch stehen. »Was ist los, Mama?«, frage ich.

»Ach, mir geht es nicht so gut«, höre ich sie flüstern. Wie immer. Jeden Tag. Die Ellbogen hatte sie auf diese hässliche grüne Plastiktischdecke mit den großen weißen Herzen gestützt. Ihren Kopf hatte sie in den Händen vergraben. Die weißen Herzen der Tischdecke hatten Löcher. Viele Löcher, am anderen Ende des Tisches, dort, wo immer mein Vater saß. Es waren Brandflecken. Von der Asche der Zigaretten, die er mit seinem benebelten Kopf vergaß, in den danebenstehenden Aschenbecher zu schnippen.

»Mama, hallo. Komm, freu dich. Bitte«, flehe ich.

»Mir ist nicht danach«, erwidert sie und schaut mich nicht an. Sie wollte mich nicht sehen. Ihr kleines Mädchen mit den zwei hübsch geflochtenen roten Zöpfen.

Irgendwann wendet sie langsam den Blick zu mir, aber er ist leer. »Hoffentlich haben die Nachbarn nichts mitbekommen«, sagt sie und meinte den Krawall der letzten Nacht. Darum ging es. Das war es, was zählte.

Michael blättert energisch die Zeitung um, und ich wende

meinen Blick auf das Display vor mir – mittlerweile ist der Bildschirmschoner angesprungen. Er zeigt ein Foto von mir vor einem gewaltigen grauen Felsmassiv.

Die Dolomiten. Das Foto ist ein Andenken an einen wunderschönen Wanderurlaub, den Michael und ich, damals noch kinderlos, verbracht haben.

Ich muss an Charlotte denken. Sie ist eine liebe Freundin und eine große Tochter für mich. Oft fühle ich mich ihr sehr nah, weil ich denke, mich in jungen Jahren in ihr zu erkennen.

Ich denke an die vielen Abende, die wir schon miteinander verbracht haben. Daran, wie wir Bilder von Patrick Dempsey im Internet angeschaut und beschlossen haben, dass wir diesen Mann ohne zu Überlegen vom Fleck weg heiraten würden. Wenn er uns nur einmal mit diesem Blick anschauen würde, mit dem er Meredith Grey betrachtet. Wie wir währenddessen eine Tafel Schokolade essen, jede eine, und über unsere Figur klagen.

Ich denke an die vielen Briefe, die sie Tom während ihrer Abwesenheit schickt, an die grünen Schuhe, die sie für ihn gefilzt hat, als er im Robin-Hood-Fieber war und keine passenden Treter für sein Kostüm zu finden waren.

Ich sehe das kleine Jäckchen vor mir, das sie Julius zur Geburt gestrickt hat, obwohl sie noch nie zuvor eine Stricknadel in den Händen gehalten hat. Und wie beeindruckt ich war, als sie an einem Freitagvormittag mit zur Frühfördergruppe kam und mir erzählte, dass sie sich bereits Bücher über behinderte Kinder gekauft habe.

Wie kann es sein, dass mir diese Charlotte, die mir so viel bedeutet, plötzlich große Angst macht? Es macht mir Angst, wenn ich daran denke, dass diese kinderliebe Charlotte selbst einmal Kinder haben wird. Natürlich hoffe ich von Herzen, dass es so sein wird und dass ihre Kinder gesund sein mögen. Und gleichzeitig versetzt mich diese Vorstellung in Panik.

Warum? Weil sie mich daran erinnert, wie jung ich selbst einmal war? Und weil in ihrer Gegenwart oder bei den Gedanken an sie meine damaligen Träume wieder lebendig werden? Träume von der großen Liebe. Und einer glücklichen gemeinsamen Zukunft?

Sechsundzwanzig Mal habe ich als Teenager »Dirty Dancing« angeschaut, fällt mir ein. Sechsundzwanzig Mal floh ich in diese heile Welt der tiefen Gefühle, in der sich Jennifer Grey und Patrick Swayze anhimmelten. Die Videokassette hatte ich mir zum Geburtstag gewünscht. Ich sehe mich in meinem Zimmer vor dem Ikea-Regal aus Kiefernholz sitzen. IVAR. Meine Eltern hatten es mir gekauft, damit ich den kleinen Fernseher und den Videorekorder darauf abstellen konnte. Unten ist Lärm. Gebrüll. Geschrei. Scherben. Ich drehe die Lautstärke auf. Streichele das schwarze Fell meines Zwergkaninchens.

»Now I've had the time of my life ...«

Ein Stockwerk tiefer lief ein Melodram, ein Endlosstreifen, in dem ich nur eine kleine Nebenrolle hatte. Mein Leben sollte anders werden, schwor ich mir damals. Glücklich wollte ich sein.

Michael war der erste Mann, mit dem ich mir Kinder vorstellen konnte. Nein, wünschte. Ich wollte mit ihm eine Familie gründen. Eine gute, harmonische, eine perfekte Familie. Vielleicht weil ich sah, wie er seinen Sohn und seine Tochter liebte? Wie sehr er sich um sie kümmerte?

Charlotte hat noch alles vor sich, so wie auch ich einst alles vor mir hatte.

Michael und ich waren ein glückliches Paar. Wir hatten es geschafft, endlich, trotz aller anfänglichen Schwierigkeiten. Vielleicht könnten wir einfach weitertanzen, hoffte ich. Dirty Dancing, Episode zwei, diesmal mit Nachwuchs? Das wollte ich hinkriegen.

Und nun? Großes Kino mit einem behinderten Kind? Nein, es ist, als hätte ich aufgehört zu tanzen.

Michael faltet ungeduldig die Zeitung zusammen. Es raschelt und knistert so laut, dass Tom und ich etwas erschrocken zu ihm blicken. Ich spüre es in diesem Moment genau: Auch er hadert. Ist es sein Gesichtsausdruck? Ich weiß es nicht. Es ist diese Aura, die ihn umgibt, die ich sofort erfasse und die mich in Alarmbereitschaft versetzt. Jedes Mal. Ich ahne, dass auch seine Stimmung in den Keller zu rutschen droht.

Und ich weiß genau, dass wir heute gemeinsam hinabschlittern würden. Wir würden uns beim Abgleiten an den Händen halten. Ich kann mich nicht losreißen und mich nirgendwo anders festhalten. Es ist viel zu glitschig und rutschig um mich herum.

Michael scheint die Gefahr selbst zu bemerken und zieht die Reißleine. »Hey, habt ihr nicht Lust, etwas zu unternehmen? Auf, kommt, wir gehen ins Hallenbad. In Schorndorf haben sie doch vor Kurzem dieses neue Bad eröffnet. Das probieren wir aus. Da gibt es auch ein Kinderbecken!«

»Jaaaaaaaaa! SCHWIMMMEEEEN!«, ruft Tom.

»Okay, das machen wir!« Lust habe ich keine, aber die Angst vor dem dunklen Stimmungskeller reicht als Motivation, die Schwimmsachen rauszusuchen und mich und die Kinder anzuziehen.

Das Hallenbad scheint für viele heute das Notprogramm zu sein. Es ist ziemlich viel los. Tom stürzt sich sofort in die Fluten. Michael, aus Sorge, dass er untergeht, hinterher. Ich lasse mich im 34 Grad warmen Babybecken mit Julius nieder. Das wärmt die Seele. Hier bleibe ich. Hier fühle ich mich heute geborgen und wohl. Julius fängt im Wasser an wie wild zu strampeln. Er stößt die Beine vom Boden ab, rudert mit den Armen. Ich habe richtig zu tun, ihn fest und sicher zu halten. Er ist außer sich vor Begeisterung. So wirkt er fast wie ein normales Baby, denke ich. Vielleicht fallen den anderen seine Beeinträchtigungen gar nicht auf, hoffe ich. Der Mama neben mir zum Beispiel, deren properer Säugling wild und rhythmisch mit den Händchen ins Wasser patscht, sodass sie ihren Kopf nach hinten drehen muss, damit die wilden Spritzer nicht ihre Augen treffen. Oder dem

Papa, der seinen Kleinen gerade auf den Beckenboden setzt, sodass dieser geschickt anfängt, im Wasser zu krabbeln. Den Kopf stets stramm in die Höhe gestreckt, damit er kein Wasser in den Mund bekommt.

Nach einer Weile machen wir vier eine kleine Pause. Wir sitzen in unseren nassen Badesachen auf einer gefliesten Mauer am Beckenrand. Tom verschlingt links neben mir ein paar Butterkekse. Julius sitzt auf meinem Schoß und ist damit beschäftigt, seinen Kopf gerade zu halten, was nicht so richtig funktioniert. Er wackelt hin und her. Die Mutter mit dem wasserpatschenden Säugling setzt sich dicht zu meiner Rechten und stiert uns von der Seite aus an.

Ich fühle mich bedrängt.

»Wie alt ist er denn?«, fragt sie mich prompt.

Wahrscheinlich ist es ja nett gemeint, aber ich bin nicht in Stimmung, denke ich.

»Er ist bereits über ein Jahr, aber …«, beginne ich zu antworten.

»Ihm fehlt der Schalter! Der Schalter! Der Schalter ist nicht eingebaut!«, ruft Tom plötzlich mit vollem Mund. Kleine feuchte und zermalmte Keksstücke landen auf meinen Beinen, als er sich dabei auch noch über mich beugt, um der Dame genau in die Augen zu sehen.

Sein Blick verrät mir, wie stolz er über seine Schalterkenntnisse bei Kleinkindern ist.

»Ahhhh! Ohhhh …« Die Frau lächelt gequält und wendet sich wieder ihrem Baby zu, das zu quengeln beginnt.

So einfach geht das, denke ich und schiebe mir auch einen Butterkeks in den Mund.

Ein paar Minuten später beschließen Tom und ich, mal zu rutschen. »Puren Spaß und Nervenkitzel« verspricht die 80 Meter lange Riesenrutsche des neuen Bades. Das hört sich gut an. Mir ist alles recht, was mich auf andere Gedanken bringt.

Michael wird es sich mit Julius im warmen Becken gemütlich machen.

Aufgeregt und ungeduldig steigen Tom und ich hinter einigen anderen die Treppe zum Start empor und müssen in einer langen Schlange ausharren, bis die Ampel immer wieder von Rot auf Grün schaltet und sich die Anzahl der Wartenden langsam verringert. Tom hüpft im Rutschfieber auf und ab, redet ohne Punkt und Komma. Er erklärt mir, wie er rutschen möchte, wie ich ihn halten soll, wie schnell wir sein könnten und so weiter und so fort. Dann sind wir endlich dran.

»Looos geeeeeeeeehts!«, schreie ich.

Wir kreischen, wir quietschen und wir brüllen ohne Hemmungen, schamlos laut, als wir in der lila Plastikröhre hin und her geschleudert werden. Für einen Moment schreie ich mich ins Leben zurück.

Unten fliegen wir mit einem Riesengetöse und einem lauten Platschen in das kühle, erfrischende Wasser.

Wie schön! Gleich noch einmal. Und noch einmal. Und wieder.

Schon etwas erschöpft klettern wir ein weiteres Mal die Stufen hinauf. Ich werde langsam nervös. Wie lange sind wir schon am Rutschen? Es ist bestimmt bereits fast eine Stunde vergangen, oder? Tom will nicht aufhören. »Ein letztes Mal jetzt, okay? Papa wartet bestimmt schon auf uns«, teile ich ihm mit.

»Ach Mannnoooo«, nölt Tom zurück.

Ich bin unruhig, wir sollten so langsam wirklich einmal nach den beiden anderen Männern schauen.

Die Stimme aus dem Lautsprecher, die immer wieder »Frau Noack, bitte zum Bademeister, Frau Noack!« ruft, kann ich nicht hören. Es ist viel zu laut in der Rutschlandschaft.

Als ich mit Tom nach unserem ausgiebigen Rutschspaß um die Ecke in den Kleinkinderbereich einbiege, rennt uns ein völlig aufgelöster Michael entgegen.

Ich blicke in seine blauen Augen, die noch nie so verzweifelt aussahen. Er schluchzt, japst nach Luft und brüllt. »Wo bist du denn? Seit einer halben Stunde lasse ich dich ausrufen! Wo bist du denn bloß?«

»Ich war rutschen!«, rufe ich nur und weiß, dass etwas Furchtbares geschehen ist.

»Ich habe ihn reanimiert! O Gott, ich habe Julius reanimiert!«

»Wie? Wo ist er?«

»Da drüben, der Notarzt ist jetzt da!«

»Wie?« Ich verstehe nichts.

»Nachdem ihr weg wart, saß er noch total glücklich und juchzend im Becken auf meinen Knien. Und plötzlich, ganz plötzlich fiel er in sich zusammen.«

»O Gott!«

»Und dann ging es ganz schnell. Plötzlich lag er leblos in meinen Armen und wurde blitzeblau und grau. Blitzeblau! Schrecklich! Gabi, er hat nicht mehr geatmet! Ich bin in das Häuschen des Bademeisters gerannt, habe ihn dort auf die Liege gelegt. Ich habe gebrüllt, sie sollen den Defibrillator starten, und sofort begonnen, ihn zu reanimieren. Ich habe ihn beatmet und meine Finger in seinen Brustkorb gedrückt.«

»Und was ist jetzt?«, will ich nur wissen.

»Es geht ihm wieder gut! Er ist dann ganz schnell wieder zu sich gekommen. Jetzt ist alles schon vorbei. Jetzt ist ja auch der Notarzt da!«

Michael nimmt mich in die Arme, drückt seinen nackten Körper an mich.

»Ich hatte nur einen Gedanken. Immer nur den einen. Ich dachte nur, ich will Julius nicht verlieren, Gabi!« Er weint, und seine Tränen vermischen sich auf meinen Schultern mit dem Badewasser auf meiner Haut.

Nach seiner aufgebrachten Berichterstattung führt mich Michael zu Julius, der immer noch auf der Pritsche beim Bademeister liegt. Drei Sanitäter, Notärzte oder beides stehen um ihn herum. Besorgt versuchen sie, mich zu beruhigen. Sie teilen mir mit, dass es Julius wieder gut gehe, dass alles vorbei sei. Sie sind mehr mit mir als mit Julius beschäftigt. Dabei benötige ich diesen Zuspruch überhaupt nicht. Ich fühle nichts. Ich bin leer. Ich habe keine Angst, bin nicht in Panik, bin nicht verzweifelt. Ich muss fast ein wenig Sorge vorspielen, weil ich mir sonst wie eine schlechte Mutter vorkäme. Außerdem geben sich die Rettungsleute wirklich große Mühe, mich zu trösten. Ich darf sie nicht enttäuschen.

Warum ist das so? Ist es dieses unbewusste Wissen, dass es nur eine Frage der Zeit war, wann weitere Komplikationen bei Julius auftreten werden? Oder die Tatsache, dass wir bei Julius schon immer mit dem Tod gerechnet haben? Oder befinde ich mich schlichtweg im Schock?

Als mich die Sanitäter nach einigen Minuten darüber informieren, dass sie Julius jetzt ins Krankenhaus fahren, regt sich in meinem Inneren allerdings alles. Krankenhaus? Nein, nein, alles bloß das nicht! Es geht ihm doch wieder gut! Das war doch nur ein kleiner Atemaussetzer, war doch nicht so schlimm! Deshalb muss er doch nicht gleich ins Krankenhaus! Da waren wir schon so viele Wochen. Ich will nicht mehr dorthin zurück.

Aber selbstverständlich ist es die Pflicht dieser Leute, Julius nach diesem Ereignis stationär unterzubringen. Noch triefend nass hole ich meine Kleider aus dem Schließfach, ziehe Pullover und Jeans hektisch über meinen Bikini und renne zu Julius und den Männern zurück. Michael zieht Tom und sich um. Wir beschließen, dass die beiden in unserem Auto hinter dem Krankenwagen herfahren. Der nackte, nur mit einer Schwimmwindel bekleidete Julius wird in mehrere Handtücher gewickelt und von einem der Rettungsassistenten durch das Hallenbadgelände nach draußen getragen. Die anderen zwei Sanitäter schleppen die ganze Notfallausrüstung. Wie ein verwundetes Tier folge ich dem Stoßtrupp. Unzählige neugierige Augenpaare der schockierten Badegäste starren uns hinterher. Ein bereits gewohntes Gefühl.

Vor der Tür wartet der Krankenwagen mit rotierendem Blaulicht und geöffneten Türen, und wir huschen hinein. Ich lege mich auf die Krankentrage, sie schnallen Julius an mir fest und hängen ihn zur Überwachung an die Sauerstoffsättigung. Die Tür nach draußen ist noch geöffnet. Kalte Winterluft strömt zu uns herein. Meine noch nassen Haare hängen mir wild ins Gesicht und lassen mich frösteln. Michael und Tom erscheinen in meinem Blickfeld. Tom sieht mich im Krankenwagen liegen und brüllt, dass er auch mitfahren möchte.

»Das ist UNGERECHT! Ich will auch Krankenwagen fahren! Warum darf das nur die MAMA?«, höre ich ihn noch protestieren, als die Sanitäter die Tür schließen.

Die Rettungsleute sind sehr besorgt und gehen ungeheuer liebevoll mit Julius um. Sie schenken ihm ein süßes Stofftier, eine kleine Giraffe, ein Werbegeschenk der örtlichen Kreissparkasse.

Am Krankenhaus angekommen öffnet sich die Tür, und es erwarten uns schon Michael und Tom.

»Wie war es, Mama?« Tom schaut mich mit riesigen Augen neugierig an.

Mit der Trage schieben sie Julius auf die Station. Er wird aufgenommen, und Michael übernachtet heute mit ihm in der Klinik.

Am nächsten Morgen bringe ich Tom in den Kindergarten und löse Michael ab, der sich auf den Weg zur Arbeit macht. Sie schreiben ein EEG bei Julius, nehmen Blut ab, und ich habe ein ausführliches Gespräch mit dem Kinderneurologen.

»Ich denke, Julius hatte einen Krampfanfall«, meint er.

»Was? Nein! So etwas sieht doch ganz anders aus«, antworte ich.

»Es gibt auch atonische Anfälle. Die sind zwar selten, aber dabei werden die Kinder ganz schlaff«, erklärt er mir.

»Ich weiß nicht. Das kann ich mir nicht vorstellen. Es sah eher nach einem Atemaussetzer aus!«

Der Arzt täuscht sich. Der hat keine Ahnung, denke ich mir.

»Das EEG ist allerdings mehr oder weniger unauffällig, nicht epilepsietypisch. Es zeigt keine Krampfbereitschaft. Aber es sieht schon ein wenig seltsam aus. Verlangsamt«, meint der Facharzt. Da steckt etwas Ernstes dahinter, seien Sie auf der Hut, sagt mir sein stummer Blick. »Trotzdem. Ich denke, es war ein Anfall. Aber wir warten ab. Bei einem einzigen Ereignis behandelt man sowieso nicht«, meint er.

Quatsch! Julius war überfordert und schlichtweg überanstrengt! Das war ein kurzer Atemaussetzer, oder vielleicht hat er auch nur hyperventiliert? Vielleicht war er unterzuckert? Oder hat er sich gar am Wasser verschluckt? Der Tag und das Baden waren einfach zu viel für ihn.

Davon sind wir überzeugt, als wir am Abend, dank der bevorstehenden Feiertage, das Krankenhaus verlassen dürfen.

Über die Weihnachtszeit kommt Charlotte zu Besuch. Wir fünf machen es uns zu Hause gemütlich. Michael verwöhnt uns mit Reh- und Rinderbraten, Tom führt Tricks aus seiner neuen Zauberkiste vor, und Julius wandert von einem Arm zum anderen. Wenn wir »Großen« bis spät in die Nacht alte Filme schauen, liegt Julius schlafend bei uns, eingekuschelt in Decken und immer umschlungen von irgendwelchen Armen.

»Er ist so zufrieden, wenn er bei uns sein kann. Das ist so schön. Ich glaube, er ist ein glückliches Kind«, meint Michael an einem Abend.

»Ja, das finde ich auch. Und auf das kommt es doch an, oder nicht?«, antworte ich. »Nur wir leiden so. Weil wir andere Vorstellungen hatten. Aber wahrscheinlich kriegt Julius von alledem nichts mit.«

»Egal, was uns noch erwartet, Gabi, wir kriegen das hin. Wir werden dafür sorgen, dass Julius ein schönes Leben hat«, sagt Michael und streichelt seinem kleinen Sohn über die weichen Haare. »Ich glaube, ihm gefällt es bei uns. Das ist das Einzige, was zählt! Außerdem habe ich noch eine kleine Überraschung für euch. Ich weiß allerdings nicht, ob das eine gute Entscheidung war. Jetzt, nach diesem Notarzteinsatz, bin ich wieder am Zweifeln und wollte erst noch einmal mit dir in Ruhe darüber reden«, druckst Michael herum.

»Los, sag schon, was ist los?«, will ich wissen.

»Ich habe für die Pfingstferien ein Segelboot gebucht. Auf dem Bodensee.«

»Nein! Echt? Wie schön! Das hätte ich nicht gedacht, dass du das wagst«, meine ich erstaunt.

»Soll ich dir mal im Internet Bilder davon zeigen?«, fragt Michael begeistert.

»Na klar!«, rufe ich. »Weißt du, bis dahin, hat sich die ganze Aufregung bestimmt wieder gelegt.«

Donnerstag, 16. Januar 2014

Unten angekommen

Am ersten Donnerstag nach den Ferien begleite ich Tom zu seiner Minihandballstunde. In der Umkleidekabine treffe ich Doris, die Mutter seines Freundes. Sie sieht verweint und traurig aus, ich sehe es sofort.

Als die beiden Jungs fertig umgezogen sind und schreiend in die Turnhalle laufen, spreche ich sie an.

»Du siehst niedergeschlagen aus. Ist was passiert?«, frage ich.

»Ach, nee. Eigentlich nicht. Ich bin müde.« Ihre Augen werden feucht. Oh, das kenne ich, denke ich. »Es ist gar nichts Dramatisches vorgefallen. Ich weiß auch nicht, manchmal kommt mir alles so schwierig vor.« Doris kramt ein Taschentuch aus ihrem Mantel und schnäuzt sich die Nase. Mit Julius im Arm setze ich mich zwischen den wild herumliegenden T-Shirts und Hosen der Kinder auf die schmale Holzbank. Doris nimmt neben mir Platz. »Ich habe einfach gerade Angst, keine gute Mutter zu sein, und mache mir Gedanken um die Kinder, frage mich, wie es ihnen wohl geht.«

Es tut gut, mal wieder daran erinnert zu werden, dass ich nicht die Einzige bin, die es schwer hat, merke ich. Es ist nach einer langen Zeit das erste Mal, dass ich wieder zuhören kann. Richtig zuhören.

»Die Kinder sind so oft unzufrieden, und dann kann ich auch nur rummotzen. Schrecklich! Dabei gebe ich mir so große Mühe, dass es harmonisch bei uns zu Hause abläuft!« Sie atmet schwer aus und wischt sich mit dem Taschentuch die Augen trocken.

Dann blickt sie Julius an. Sie lächelt. Mitleidig.

»Weißt du, das tut mir echt leid, dass ich dich jetzt hier volljammere!« Ihr Blick trifft auf meinen.

»Hey, nein. Das ist doch okay«, sage ich.

»Wenn ich Julius so ansehe, dann denke ich, ich habe doch überhaupt keine Probleme.«

Treffer.

»Na ja ... trotzdem ... du kannst doch auch traurig sein«, stottere ich und spüre, wie meine Nase zu brennen beginnt.

»Ach was, es geht schon wieder. Ich muss jetzt noch schnell einkaufen gehen«, sagt Doris.

»Ja, ich muss auch los«, antworte ich, lege Julius in den Kinderwagen und laufe gedankenverloren nach Hause.

Ab diesem Moment ist es mir klar: Wir sind das Mahnmal. Wir sind die, mit denen die anderen auf keinen Fall tauschen möchten. Wir sind auf der Skala ganz unten. Wir sind jetzt die, an denen man im Vergleich sein eigenes Glück wiedererkennen kann. »Hast du gehört, was den Noacks passiert ist? Da geht es uns doch gut! Meine Güte, können wir zufrieden sein!«

Ich sehe die Unterhaltungen all unserer Mitmenschen am Abendbrottisch bildlich vor mir.

Ich hasse diese Rolle. Kann man sein eigenes Glück nur erkennen wenn man Menschen sieht, denen es schlecht geht? Braucht es diesen Vergleich mit schlimmen Schicksalsschlägen, um sich sein eigenes Lebensglück einzureden? Aber selbst bei uns Eltern mit behinderten Kindern läuft es nicht anders. Da höre ich ebenso: »Euch geht es ja noch schlechter!« Oder: »Ihr habt ja überhaupt keine Diagnose, wie schrecklich!« Und ich ertappe mich oft bei denselben Gedanken: »Das Kind reagiert ja kaum! Zum Glück ist Julius so fröhlich!« Oder: »Bin ich froh, dass er keine Magensonde braucht, so wie Lennart!«

Werde ich es irgendwann schaffen, solch eine Zufriedenheit in mir zu spüren, dass ich diese Vergleiche nicht mehr nötig habe? Kann ich dann einfach nur bei mir bleiben, den Blick auf mich, unsere Familie, unser Leben richten? Wie schön wäre das! Und was für eine innere Freiheit würde das bedeuten.

Die Nachricht über unsere Familientragödie scheint sich zu Beginn des neuen Jahres in unserem Dorf herumgesprochen zu haben. Egal wo ich auftauche, die Menschen setzen eine betretene Miene auf.

Ein paar Tage nach meiner Trost-Erfahrung in der Handballstunde gehe ich zum Zahnarzt, weil ich Schmerzen in einem meiner Backenzähne spüre. Ich liege im Zahnarztstuhl, die Helferinnen wuseln hin und her, legen Instrumente bereit und kramen ein altes Röntgenbild meines Gebisses aus der Patientenakte. Ich spüre meinen Magen, der vor Aufregung beginnt, sich rhythmisch zusammenzuziehen. Dann betritt endlich der Zahnarzt den Raum. Ich kenne ihn seit vielen Jahren, allerdings ist mein letzter Kontrolltermin schon viel zu lange her, was mich zusätzlich nervös macht. Aber ich hatte schließlich andere Dinge zu erledigen. Schlagartig versammeln sich die Helferinnen und der Chef um meinen Stuhl, und ich schaue von unten in das grelle Licht der Untersuchungsleuchte und in vier Augenpaare. Sie schauen. Mitleidig.

Und, denke ich, wann geht es los? Ist irgendwas?

Dann holt der Arzt tief Luft, und ich befürchte, nun die strenge Rüge für meine nachlässige Zahnpflege einzukassieren. »Wie goats ihrm Kloina?«, fragt der kräftige Mann seufzend und urschwäbisch und wirkt dabei überhaupt nicht mehr wie ein grausamer Gebisshandwerker.

Darauf bin ich nicht vorbereitet. Wie schaffe ich es, von unserem Schicksal auf meine banale Zahnbehandlung zurückzukommen?

Tage später ruft mich unser Heizungsmonteur an. Er will einen Wartungstermin mit mir vereinbaren. Er kommt nicht auf den Punkt, stottert in den Hörer, weiß nicht so richtig, was er sagen soll. »Wie goats dem Kloina?«, vernehme ich dann. Seine sorgenvolle Miene kann ich bereits durch den Telefonhörer spüren.

Die Bäckereiverkäuferin, die bis dahin noch nie ein persönliches Wort mit mir gesprochen hat, fragt mich plötzlich, noch bevor ich ein Bauernbrot ordern kann: »Wie goats dem Kloina?«

Es ist so weit. Wir sind bekannt. Wir sind die Familie mit dem behinderten Sohn. Wir sind die Behinderung. Ich bin die Mutter eines behinderten Kindes. Dabei bin ich eine Frau mit Zahnschmerzen, Patientin, Freundin, Kundin, Ehepartnerin, Köchin, Therapeutin in Ausbildung, Heizungsbesitzerin. Ich habe so viele andere Rollen und Interessen. Werde ich in diesen jemals wieder wahrgenommen?

Die Menschen um uns herum meinen es nicht böse. Sie wissen einfach nicht, wie sie mit so einer Situation umgehen sollen. Ich weiß es doch selbst nicht. Wie kann ich von anderen etwas erwarten, was ich selbst nicht besser hinbekomme? Also gebe ich jedes Mal eine kurze Stellungnahme ab, bevor ich zum eigentlichen Thema übergehe. Es wird wohl meine Aufgabe sein, einen guten Weg des Umgangs zu finden. Erst wenn es mir gelingt, offen mit unserer Behinderung umzugehen, wird sie vielleicht zur Normalität werden.

Sonntag, 2. Februar 2014

Wieder im Schwimmbad

Heute werden wir die Gedanken an das Schorndorfer Hallenbad mit neuen, unbeschwerten und schönen Gefühlen verknüpfen. Das haben Michael und ich uns fest vorgenommen. Unser Traumabewältigunsprogramm beginnen wir am frühen Nachmittag. Bereits auf der Fahrt ins Schwimmbad gestehen wir uns ein, ziemlich aufgeregt zu sein. Als wir auf dem Parkplatz aus dem Wagen steigen, blitzen Bilder unseres letzten Besuchs vor meinem inneren Auge auf. Ich sehe den Krankenwagen vor dem Eingang stehen, die blauen Lichter blinken hektisch. Dann laufe ich den Rettungsleuten hinterher und starre auf das Handtuchbündel im Arm eines Sanitäters, in dem ich den nackten Julius eingewickelt weiß.

Das ist vorbei, sage ich mir beruhigend.

Im Babybecken passen wir zunächst gemeinsam und ziemlich angespannt auf Julius auf. Selbst Tom spielt neben uns dreien im 30 Zentimeter tiefen Wasser und scheint sich nicht so richtig von uns wegzuwagen. Sobald Julius anfängt, wild zu strampeln, nehme ich ihn aus dem Wasser und setze mich für eine kurze Pause mit ihm an den Beckenrand. Nichts riskieren! Wir wollen heute nur Schönes erleben! Ich passe auf, dass sein Kopf über Wasser und seine Atmung ruhig und gleichmäßig bleibt.

Nachdem wir uns sicher sind, die Lage im Griff zu haben, machen Tom und ich uns auf den Weg zur Rutschbahn. Es geht die Treppen hinauf. Heute ist kaum etwas los, und wir können uns, ohne anstehen zu müssen, sofort in die Röhre schmeißen.

Gleich noch einmal. Tom ist außer sich vor Begeisterung. Ich höre ihn ununterbrochen reden. »Gell – Mama – wir –sind – die – schnellsten – Rutscher! Guck – mir – zu – Mama – ich – rutsche – jetzt – alleine – gell – Mama, Mama guck, ja?!«

Beim nächsten Hochlaufen erblicke ich einige Stufen hinter uns einen Mann, der mit zwei Krücken humpelnd, aber sicher und ziemlich schnell zu uns aufschließt. Er hat nur noch ein Bein. Aha, denke ich. Und wie rutscht der jetzt?

Oben angekommen steht der Mann direkt hinter uns. Tom dreht sich kurz um und blickt ganz genau auf den Stumpf. Und verstummt. Schlagartig. Der noch vom Bein übrig gebliebene Stummel ist genau auf seiner Augenhöhe, nur ein paar Zentimeter von seiner Nase entfernt. Er könnte hineinbeißen. Jetzt bin ich mal gespannt, wie dieses Treffen weitergeht, denke ich. Und: Ich muss mich offen und ganz locker geben. Wir gehören ja jetzt auch zur Behindertenszene. Soll ich gleich vorneweg sagen: »Sein Bruder, also mein anderer Sohn, ist auch behindert«? Wie verhält man sich in diesen Kreisen? Macht man sich bemerkbar, teilt mit, dass man einer von ihnen ist? Grüßt man sich, so wie die Motorradfahrer kurz, fast unmerklich die Hand heben, wenn sie aneinander vorbeifahren?

»Kannst ruhig weiterreden, ist nicht so schlimm«, meint der Einbeinige lachend zu Tom. Tom kann nicht, er muss sich in Ruhe den Stumpf anschauen.

»Wie rutschen Sie denn mit den Krücken?«, frage ich mit meiner neu erworbenen Neugierde für das Leben mit einer Behinderung.

»Ich zeig's Ihnen!«, ruft er enthusiastisch, und als die Ampel auf Grün schaltet, wirft er seine Krücken schwungvoll in die Rutschbahn. Diese werden in Sekundenschnelle vom sprudelnden Wasser verschluckt und brausen nach unten. Dann setzt er sich in das kleine Becken und schlittert hinterher. Beim Hinabsausen dreht er den Kopf zurück und ruft uns lachend zu: »Die warten ja unten auf mich!«

Na, da scheint es ja lustig herzugehen in der Behindertenwelt, denke ich. Auch wenn der beinamputierte Mann sicherlich eine ganz andere Geschichte als wir durchlebt hat und durchlebt, stärkt mich die kurze Begegnung mit ihm. Ich erkenne, dass Menschen die unglaubliche Fähigkeit besitzen, sich anzupassen. Und zwar an widrigste Umstände, die ihnen – im besten Falle – irgendwann nicht einmal mehr widrig erscheinen.

Alles geht gut heute. Wir erleben einen ganz normalen Badetag.

»Geschafft«, sagt Michael erleichtert, als wir alle zusammen wieder im Auto sitzen und uns anschnallen.

Dienstag, 25. Februar 2014

Die Epilepsie beginnt

Obwohl es erst Ende Februar ist, wird es draußen bereits Frühling. Die ersten Sonnenstrahlen vermitteln mir das Gefühl von Hoffnung, Wärme und sogar Lebensfreude.

Julius hat heute einen vollen Terminkalender. Um neun Uhr steht eine halbe Stunde Krankengymnastik auf dem Programm. Später müssen wir zum ersten Mal zur Logopädin.

Wir wollen Julius Mundmotorik trainieren. Er soll lernen, vermehrt zu schlucken, seinen Mund zu schließen und somit auch weniger Flüssigkeit zu verlieren. Momentan kann ich mehrmals am Tag sein vom Speichel durchnässtes Shirt wechseln. Der Mund steht fast dauerhaft offen, und es rinnen feine Speichelfäden aus seinen Mundwinkeln. Selbst Tom beklagt sich über nasse Socken, weil er hin und wieder aus Versehen über Julius Krabbeldecke läuft und in Speichelpfützen tritt.

Ich habe mich schon an die Nässe auf meinen Schultern, im Bett und auf dem Sofa gewöhnt.

Ich trete an Julius' Bettchen. Es ist bereits nach acht Uhr, und er schläft immer noch tief und fest. Ich will ihn nicht wecken, denke ich. Ich sage den Termin bei der Krankengymnastin einfach ab. Das Ziel »Drehen bis Fasching« werden wir sowieso nicht mehr erreichen. In ein paar Tagen ist Rosenmontag. Beim nächsten Mal können wir einen neuen Zieleplan aufstellen. »Drehen« dann eben bis Ostern.

Der Termin bei der Logopädin ist um halb zwölf. Ich schaue alle Viertelstunde in das Kinderzimmer. Julius schläft. Um halb elf beschließe ich, ihn zu wecken. Ich drehe ihn auf den Rücken, massiere seine Beine und Arme. Er öffnet die Augen nicht und schläft einfach weiter. Vielleicht kann ihn sein Milchfläschchen wach bekommen?

Ich richte ihm eines, und Julius saugt im Halbschlaf an dem Gumminippel. Bestimmt wird er krank. Mist. Aber egal, wir müssen jetzt los. Ich ziehe ihn an, und Julius scheint dabei zumindest ein klein wenig wach zu werden. Kaum sitzen wir im Auto, da ist er schon wieder eingeschlafen. Na, da können wir heute ja nicht viel trainieren, denke ich. In der Frühförderstelle angekommen halte ich nach der Logopädin Ausschau. Den schlafenden Julius stelle ich solange in der Babyschale im Wartebereich ab. Da kommt mir auch schon die Logopädin auf dem Flur entgegen und begrüßt mich freundlich.

»Ah, dann hole ich Julius. Er steht da vorne«, sage ich und laufe eilig zurück zum Maxi-Cosi.

Ruckartig reiße ich am Griff des Kindersitzes und hebe ihn an.

Dann höre ich einen Schrei. O nein, das war zu schnell! Jetzt habe ich ihn erschreckt, denke ich und ärgere mich über mein hektisches Verhalten. Blitzschnell schaue ich unter das vorgezogene Sonnendach seines Sitzes.

Julius scheint zu Stein erstarrt. Sein Blick ist starr nach links oben gerichtet. Plötzlich fangen seine Arme an rhythmisch zu zucken. Ich weiß sofort, was ich hier sehe. Es ist seltsam, ich schreie nicht um Hilfe, gerate nicht in Panik. Stattdessen überkommt mich nur eine große Traurigkeit. »Nein, nein, nein«, flüstere ich Julius zu. Mir kommen die Tränen, ich knie mich vor ihn hin, lege sachte meinen Kopf in seinen kleinen, weichen Schoß, streichle seine Hand. Das Schicksal wird uns also doch nicht vor der Epilepsie bewahren. Nach kurzer Zeit wird Julius entspannter, seine Augen sind wieder nach vorn gerichtet.

»Julius hatte wohl gerade einen epileptischen Anfall«, sage

ich weinend zu der Logopädin, die still und betroffen neben uns steht. Sie nickt.

Ist der Anfall vorbei? Er schaut mich nicht an, reagiert nicht auf meine Berührungen und auf meine Ansprache. Ich habe mittlerweile viele Bücher über behinderte Kinder gelesen, die häufig auch an einer Epilepsie erkrankt waren. Dadurch weiß ich, dass nach dem Anfall eine Schläfrigkeit folgt. Trotzdem kommt mir sein Zustand eigenartig vor. Ich werde unruhig und spüre Panik in mir aufsteigen.

»Da stimmt was nicht. Julius ist immer noch so anders! Ich fahre gleich mit ihm ins Krankenhaus«, teile ich der Logopädin mit.

»Ja, ist gut. Ich rufe dort in der Notaufnahme an. Dann wissen die gleich Bescheid!«

Unser Kreiskrankenhaus befindet sich zum Glück in unmittelbarer Nähe. Fünfzehn Minuten später erwartet uns bereits der Neurologe, den wir nach unserem Schwimmbadnotfall kennengelernt haben. Er ordnet sofort ein EEG an. Sobald die Arzthelferin alle bunten Kabel an Julius' Kopf festgeklebt hat, schaltet sie den Bildschirm ein. Es erscheinen schwarze, wilde Zacken. Der Arzt starrt darauf und murmelt: »Status Epileptikus.« Dann wird es hektisch. Er gibt kurze Anweisungen, seine Helferin stöbert in den Schubladen nach Spritzen und Kanülen und zieht ein Medikament aus einer Ampulle auf. Der Mediziner sucht inzwischen nach einer geeigneten Einstichstelle, indem er mit seinen Fingern an Julius' Ellenbeuge entlangstreicht.

Dann gibt er ihm die Spritze.

Die Wellen auf dem Bildschirm werden ruhiger. Julius schläft ein. Seit seinem Schrei in der Frühförderstelle sind ungefähr vierzig Minuten vergangen.

Zusammenbruch

Wir müssen natürlich in der Klinik bleiben; die Krankenschwester organisiert ein Bett für Julius auf der Kinderstation. Meinem schlafenden Sohn wird Blut abgenommen und Fieber gemessen. Er hat fast 39 Grad Fieber! Vielleicht war es doch nur ein Fieberkrampf? Bestimmt, denke ich. Der Schwimmbadvorfall ist schon so lange her! All die Wochen gab es keine Anzeichen eines Krampfanfalles. Klar zuckt Julius nach wie vor öfter beim Einschlafen. Aber das sei doch harmlos, haben die Ärzte gesagt. Wieso sollte er jetzt plötzlich eine Epilepsie entwickeln? Meine Hoffnung wird zur Überzeugung, dass alles wieder wie vorher wird. Julius hat keine Epilepsie. Er darf keine haben.

Da sich auch die Lunge von Julius verschleimt anhört, wird es immer sicherer: Julius wird krank. Er muss dreimal am Tag inhalieren, bekommt fiebersenkende Medikamente und hat keinen weiteren Anfall. Nach drei Tagen dürfen wir die Klinik verlassen.

»Es war also doch nur der Infekt«, sage ich beim Verabschieden zu dem Neurologen.

Er schüttelt den Kopf. »Das glaube ich nicht. Aber vielleicht haben Sie Glück.« Wieder blickt er mich so bekümmert an. So, als ob mir Schlimmes bevorstehen würde, denke ich. Er täuscht sich sicher. So schnell kommen wir nicht wieder! »Ich gebe Ihnen auf jeden Fall ein Notfallmedikament mit. Wenn Ihr Sohn wieder einen Anfall hat, geben Sie ihm das bitte nach zwei bis drei Minuten. Es wird rektal verabreicht. Es sieht aus wie ein

Klistier. Kennen Sie das?« Ich nicke. »Aber ein paar Minuten würde ich auf jeden Fall abwarten. Das ist hart. Die Minuten werden Ihnen sehr, sehr lange vorkommen. Doch vielleicht geht der Anfall auch von alleine vorbei.«

»Ja, okay. Das mache ich.«

»Ich gebe Ihnen erst einmal drei mit. Das müsste reichen.«

Drei! So viele! Die werden wir doch sowieso nicht benötigen! Sobald der Infekt vollends vorüber ist, wird es Julius wieder gut gehen, denke ich im Stillen.

Als am Abend Michael von der Arbeit nach Hause kommt hat er die Idee, Pizza essen zu gehen. Es ist schließlich Freitag, und wir starten oft mit einem Pizzaabend ins Wochenende. Die Gaststätte befindet sich nur ein paar Straßen von unserem Wohnhaus entfernt. Sie hat einen echten Holzofen und bäckt die beste Pizza der Welt, meint Tom.

»Yipppiieeehhh!«, ruft unser Großer begeistert, als er den Vorschlag hört, und wir machen uns zu Fuß auf den Weg. Wie herrlich ist es, wieder zu Hause zu sein! In dem Restaurant ist noch ein Tisch gleich neben der Tür frei, den wir sogleich in Beschlag nehmen. Die Bedienung begrüßt uns freundlich, schließlich sind wir Stammgäste. Wir ziehen unsere Jacken aus, ich nehme Julius aus dem Kinderwagen, setze ihn auf meinen Schoß und entkleide auch ihn. Tom klettert eifrig ganz hinten auf die altmodische Eckbank, studiert sofort die Speisekarte und ruft dem Wirt gleichzeitig zu, dass er wie immer eine Pizza mit Schinken und Käse will. Ich lege Julius' Baumwolljäckchen als Kopfkissenersatz auf dem Polster der Bank gleich neben mir ab. Dann hebe ich unseren kleinen Sohn hoch, um ihn bequem darauf zu betten.

In genau diesem Augenblick übergibt sich Julius im Schwall. Erbrochenes läuft über sein Gesicht, auf seine Jacke, auf die Eckbank, in seine Nase. Er reißt die Augen auf, hält vor Panik die Luft an und sackt dann leblos zusammen. Wie auf Knopfdruck, so als ob ihn jemand ausgeschaltet hätte. Ich hebe Julius'

Kopf an, versuche, mit allen auf dem Tisch vorhandenen Papierservietten, ihn von dem Erbrochenen zu befreien, starre Michael an und flüstere ihm »Anfall« zu. Dann nehme ich Julius auf den Arm, schnappe mir die Wickeltasche mit dem Notfallmedikament und verlasse, ohne mich auch nur ein einziges Mal umzuschauen, den Raum. Zum Glück ist der Ausgang zum Flur nur wenige Schritte entfernt. Ich verschwinde in einem leeren Nebenzimmer gleich gegenüber dem Speiseraum, in dem sonst kleine Familienfeiern abgehalten werden. Die Tür lasse ich auf, damit Michael gleich zu mir findet. Ich höre, wie Tom im Lokal anfängt zu brüllen: »Ich will meine Pizza! Nein, ich komme nicht mit, ich will Pizza essen!« Er weint, schreit und scheint sich von Michael nicht beruhigen zu lassen. Währenddessen bemühe ich mich, Julius zu wecken. Er hat wieder ein wenig Farbe im Gesicht, sein Blick ist aber immer noch starr und geht ins Leere. Vorsorglich ziehe ich ihn aus, damit wir notfalls das Valium verabreichen können. Michael blickt kurz in den Raum. »Zieh Julius wieder an! Wir laufen schnell nach Hause! Ich kümmere mich um Tom«, ruft er mir zu. Dann ist er wieder weg.

Also packe ich alles hektisch wieder zusammen. Michael versucht Tom, der mittlerweile außer sich ist, aus dem Gastraum zu zerren.

»Ich habe Hunger … das ist wichtig … Meine Pizza ist wichtiger als Julius … ich VERHUNGERE!« Immer wieder werden seine Worte durch ein verzweifeltes Schluchzen unterbrochen. Ich bin nur froh, dass ich, ohne ins Lokal zurückzumüssen, durch die Eingangstür nach draußen gelange. Dort steht unser Kinderwagen, in den ich Julius unsanft hineinlege, und ich marschiere strammen Schrittes in Richtung unseres Hauses. Ein paar Sekunden später holen mich Michael und Tom ein. Wir versprechen Tom hoch und heilig, dass wir nachher eine Pizza bestellen – sobald wir Julius versorgt haben. Zusätzlich darf er noch zwei Folgen »Shaun das Schaf« schauen.

Er verhandelt hoch auf drei, dann ist Ruhe. Zufrieden und erhobenen Hauptes rennt er die wenigen Meter voraus.

Zu Hause angekommen setzt Michael erst einmal Tom vor dem Fernseher ab, und ich flitze mit Julius nach oben ins Bad, wo sich unser Wickelplatz befindet. Julius reagiert noch immer nicht. Die Augen hat er geöffnet, und er schmatzt monoton mit dem Mund. Ist er noch im Anfall? Michael stößt zu uns, und wir starren nun beide auf unseren Sohn, wie er seltsam abwesend und schlaff vor uns auf der Wickelauflage liegt.

»Komm, wir geben ihm jetzt das Valium«, meint Michael.

»Okay«, sage ich und schnappe eines der Medikamente, das griffbereit im Regal liegt.

Ein paar Minuten nach der Gabe wird Julius Blick klarer, und er verzieht sogar die Mundwinkel zu einem leichten Lächeln. Jetzt sind wir uns sicher: Der Anfall ist vorüber.

Ich nehme Julius auf den Arm, drücke ihn an mich, streichle über seine weichen Haare, massiere sanft seine kleinen Ohren, und meine Tränen kullern in seinen speckigen Nacken. Mein armer Kleiner.

»Komm jetzt, wir müssen zu Tom«, meint Michael und fasst mich zart am Arm.

Ich atme ein paarmal tief ein, wische mit dem Ärmel meines Pullovers mein Gesicht trocken, und dann gehen wir gemeinsam zu Tom ins Wohnzimmer, der vertieft in den Fernseher schaut und uns nicht einmal wahrnimmt.

Eine halbe Stunde später stehen zwei große Kartonpackungen eines Pizzaservices vor uns auf dem Tisch. Es läuft bestimmt schon die sechste oder gar siebte Folge von »Shaun das Schaf«, aber das ist mir egal. Ganz entfernt nehme ich wahr, wie der kleine Knethund in unserem Wohnzimmer über den Bildschirm hüpft und mit seiner Trillerpfeife die kugelrunden weißen Tiere dirigiert. Wie oft haben wir alle aus vollem Herzen über diese Sendung gelacht. Heute fühlt es sich an, als würden meine beiden Mundwinkel mit einem Stahlseil und schweren

Bleikugeln nach unten gezogen. Selbst ein zaghaftes Lächeln erscheint völlig unmöglich. Ich versuche aus Rücksicht auf Tom ein Stück Pizza hinunterzuwürgen. Dabei weiß ich nicht, ob ich in den Teig oder in den Pappkarton beiße. Ich schmecke nichts.

Wie soll man unter diesen Umständen weiterleben? Wir werden das Haus nicht mehr verlassen können. Wir können nicht mehr essen gehen, nicht mehr in den Urlaub fahren, nicht mehr spazieren gehen. Wir werden nur noch auf der Hut und in Panik vor einem neuen Anfall sein.

Wie bin ich nur in diese gnadenlose Ringkampfarena gekommen? Ich habe das Gefühl, die Schläge prasseln nur so auf mich ein. Ich bin der brutalen Prügel dieser unbekannten Macht hilflos ausgeliefert. Ich bin k.o. Bitte, irgendjemand muss das weiße Handtuch für mich werfen!

Julius schläft den ganzen Abend friedlich, und wir beschließen erst am Montag in die Klinik zu unserem Neurologen zu fahren, um die weitere Behandlung abzuklären.

Gleich am Sonntagvormittag hat Julius den nächsten Anfall. Auf der Krabbeldecke liegend zuckt er plötzlich ein paarmal mit den Armen und den Beinen, bevor dann jegliche Spannung aus seinem Körper weicht. Nach ein paar Minuten öffnet er die Augen.

Michael und ich starren ihn wieder verzweifelt an und fragen uns erneut: Ist der Anfall vorbei? Wir haben keine Ahnung. Wir können es nicht erkennen. Er zuckt nicht mehr, seine Körperspannung ist wieder vorhanden. Aber er wirkt seltsam abwesend.

»Wir fahren jetzt in die Klinik! Die sollen ein EEG schreiben«, ruft Michael, und ich packe blitzschnell alles zusammen und verfrachte Tom ins Auto.

Im Krankenhaus wird Julius von einer sehr jungen, schlanken Frau im weißen Kittel untersucht. Sie sieht hübsch aus und trägt eine dieser großen Hornbrillen, die jetzt so modern sind. Ich muss auf ihren Ausweis stieren, den sie an ihrer Hosentasche befestigt hat. »Assistenzärztin« steht dort tatsächlich. Ist das möglich? Sie könnte eine Freundin von Charlotte sein, denke ich nur. Ich kann ihr nicht vertrauen.

»Sie müssen ein EEG schreiben! Wir wissen sonst nicht, ob er noch im Status ist!«, rufe ich im Befehlston.

»Wir können heute kein EEG schreiben, heute ist Sonntag«, meint die Assistenzärztin.

»Wie bitte? Dann müssen wir sofort nach Stuttgart fahren.« Ich bin fast außer mir.

»Dort können sie sonntags auch kein EEG schreiben. Das läuft in allen Kliniken nur unter der Woche.«

In der Zwischenzeit hat eine ältere Dame, ebenfalls im weißen Kittel, den Untersuchungsraum betreten. Sie hört kurz unserer lauten Unterhaltung zu.

»Selbst wenn wir heute ein EEG schreiben könnten, könnte es niemand auswerten. Unser Neurologe ist sonntags nicht im Haus. Guten Tag, ich bin hier die Oberärztin«, sagt sie dann.

»Das gibt es doch nicht!«, rufe ich entrüstet über diese wohl mittelalterlichen Zustände.

»Doch das gibt es«, meint die Oberärztin schnippisch. »Wenn wir den Eindruck haben, Ihr Sohn krampft noch, dann werden wir ihm ein Notfallmedikament geben. Ohne vorher ein EEG zu schreiben. Aber ich finde, er sieht momentan sehr entspannt aus. Ich denke nicht, dass er etwas braucht. Oder? Was meinen Sie?«, fragt sie uns.

»Ich weiß es nicht. Er wirkt immer noch so abwesend.« Michael schüttelt den Kopf.

Plötzlich nehme ich die Gespräche nur noch gedämpft und wie von weit weg wahr. In meinem Kopf beginnt es seltsam zu rauschen. Ich starre Julius an, wie er regungslos auf der grünen Behandlungsliege liegt. Sein Blick ist tot, seine Augen wirken gespenstisch leer.

»O Gott!«, schreie ich, drücke meine beiden Hände auf mein Gesicht und breche in Tränen aus.

»Was haben Sie denn jetzt?«, fragt mich die Oberärztin kühl und verdutzt.

»Ich bin schuld«, hauche ich in einem geisterhaften Ton.

»Darum geht es doch jetzt gar nicht! Wir müssen die Epilepsie Ihres Sohnes in den Griff kriegen. Das ist die Aufgabe und die Fragestellung! Darum geht es jetzt!«, meint die Oberärztin bestimmend.

Nein. Für mich geht es ab jetzt um etwas anderes.

Ich falle.

In genau diesem Augenblick. Nicht körperlich, wie bei der Physiotherapeutin. Nein, mein Sturz ist dieses Mal nach außen hin nicht sichtbar und vor allem nicht nachvollziehbar. Ein Fausthieb der Schuld hat mich soeben getroffen. Ich stürze betäubt und besinnungslos in eine kranke Gedankenwelt. Dort drehe ich mich wie im Karussell um die Überzeugung meiner Schuld, verliere die Orientierung, drohe zusammenzubrechen.

Das Karussell hält nicht an und lässt mich nicht aussteigen. Letztendlich wechseln nur die Figuren, auf denen ich sitze. Mal sind es die Bauchschmerzen, die ich zu locker genommen habe, dann der Urlaubsflug, den ich hätte vermeiden sollen, zu viel Anstrengung, oder die selbsttönende Bodylotion, die ich einmal während der Schwangerschaft aufgetragen hatte und der ich von Anfang an nicht über den Weg getraut habe. Irgendetwas hat Julius schwer geschädigt.

In meinem Bauch!

Und: *Ich* wollte noch ein Kind. Julius verdankt sein Leben, sein Schicksal, sein Leid meiner Beharrlichkeit, meinem Kinderwunsch.

Ich muss mit Julius in der Klinik bleiben. Michael fährt mit Tom nach Hause. Wie ein Phantom richte ich meine Liege für die Nacht, lege mich darauf. Ich wasche mich nicht, putze mir nicht die Zähne, rede kein Wort mehr mit dem Pflegepersonal. Meine Gedanken drehen sich ununterbrochen im Kreis, wie

Kugeln beim Roulettespiel. Ich bin schuld. Ich bin schuld. Ich bin schuld.

Am Montag beginnen zahlreiche Untersuchungen. Sie schreiben mehrmals am Tag ein EEG, sie entnehmen Julius Hirnwasser und verschiedene Blutproben.

Julius hat täglich einen Anfall, manchmal auch zwei. Sie kommen Schlag auf Schlag. Kein Anfall endet von allein, sondern jeder in einem Status Epilepticus.

Wenn ich die rote Klingel an meinem Bett drücke, kommt sofort eine kurzatmige Schwester angerannt, auch wenn nur gerade mal wieder der Monitor fälschlicherweise piepst. Die ganze Station ist wegen uns in Alarmbereitschaft. Julius wird einen ganzen Tag an ein Langzeit-EEG angeschlossen. Er muss dafür eine Haube mit unzähligen dünnen bunten Kabeln über den Kopf ziehen. Ich muss an die gruseligen Poster der Tierschutzorganisationen denken, auf denen Affen mit irgendwelchen Apparaten auf dem Schädel und mit tieftraurigen Augen abgebildet sind.

Ein kompletter Anfall wird dabei aufgezeichnet, dadurch wird ersichtlich, dass so ein Ereignis bei Julius unbehandelt um die 50 Minuten dauert.

Wir bleiben über eine Woche in der Klinik. Ich verlasse das Bett in dieser Zeit nur, wenn wir zu den Untersuchungen müssen. Julius liegt neben mir. Er schläft die meiste Zeit. Er hat so viele Medikamente bekommen, dass er nicht einmal mehr zum Essen oder Trinken wach wird. Ich habe auch keinen Appetit mehr. Also fasten wir erst mal beide.

Mein Analytiker ist zu dieser Zeit im Urlaub, und ich habe keine Therapiestunden. Der Neurologe aus der Klinik ordnet an, dass mich schnellstens die Krankenhauspsychologin besuchen müsse. Ich sei in einem desolaten Zustand, teilt er Michael sorgenvoll mit. Die Worte der Psychologin prallen wie Gummibälle an meinem Körper ab. Sie erreicht mich nicht. Sie kann meine Gedankengänge nicht nachvollziehen, und ich kann ihre nicht verstehen.

Katharina aus der Frühfördergruppe kommt mich nach ein paar Tagen und dann regelmäßig mit Lisa besuchen. »Du bist nicht schuld! Das ist Quatsch! Niemals können Bauchschmerzen in der Schwangerschaft so etwas auslösen«, predigt sie mir geduldig jeden Tag.

Ich kann es nicht annehmen und bin trotzdem dankbar, diese Sätze zu hören. Katharinas Anwesenheit tut mir gut; bei ihr breche ich mein selbstzerstörerisches Schweigen.

Wir legen uns zusammen in Julius' und mein Bett, essen gemeinsam mein Krankenhausessen und die Schokolade, die sie mitgebracht hat. Wir berichten uns von unserem bisherigen Leben, unseren Vorstellungen vom Kinderkriegen, von der Mutterrolle und von unserer Fassungslosigkeit über das, was eingetreten ist.

Nach neun Tagen darf ich mit Julius die Klinik verlassen, um am nächsten Morgen einen Beratungstermin in einer großen genetischen Ambulanz in Ulm wahrnehmen zu können. Die Ärzte der Uniklinik hatten ihre Kollegen von der Genetik vor Ort bereits bei meinem Aufenthalt im November hinzugezogen. Aber sie haben bis heute keine Idee, was für eine Erkrankung Julius haben könnte. Wir müssen Untersuchungen abwarten, die bis zu einem Jahr dauern können, sagen sie. Mit der Aussicht auf wenig Erfolg. Deshalb haben Michael und ich beschlossen, uns in einem anderen großen genetischen Institut in Ulm eine zweite Meinung einzuholen. Den Termin haben wir bereits vor mehreren Wochen vereinbart.

Claudi kommt am Nachmittag zu mir in die Klinik, um mich abzuholen. Sie packt meine und Julius' Kleider in die Tasche, dann geht sie mit ihm zusammen ein letztes Mal zur Blutabnahme. Ich fühle mich nicht mehr in der Lage, das Bett zu verlassen. Als sie mit Julius wieder das Zimmer betritt, blicke ich sie an. »Ich weiß nicht, wie es weitergehen soll, Claudi«, sage ich völlig verzweifelt.

Claudi bekommt feuchte Augen. »Ich weiß, Gabi.« Sie setzt sich mit Julius im Arm auf mein Bett. »Es wird aber weitergehen! Weil es weitergehen muss. Irgendwie! Du musst an Tom denken«, erwidert sie leise und weint.

Wir bekommen ein erstes Langzeitmedikament für Julius verschrieben und Notfallmedikamente für die Anfälle. Claudi nimmt das Rezept vom Neurologen entgegen. Sie zwingt mich, mein Auto auf dem Parkplatz des Krankenhauses stehen zu lassen.

»Auf keinen Fall lasse ich dich in diesem Zustand nach Hause fahren. Das brauchst du nicht einmal zu denken! Keine Chance! Du bist nicht fahrfähig! Du fährst in meinem Auto mit«, sagt sie resolut.

Ich protestiere. Ich bin davon überzeugt, dass mein Verhalten völlig adäquat ist. Schließlich bricht soeben mein Leben zusammen. Trotzdem kann man dann noch Auto fahren.

Aber Claudi lässt nicht mit sich reden. In unserem Dorf halten wir an der Apotheke, und sie besorgt dort die verschriebene Arznei. Ich bleibe im Auto sitzen und starre aus dem Fenster. Ich kenne hier jede Straßenbiegung, jeden Baum, jedes Haus. Ich bin hier aufgewachsen und habe so viele Jahre meines Lebens in dieser Gegend verbracht. Heute kommt mir der Anblick völlig fremd vor. Ich bin endgültig aus dieser Welt herausgefallen.

Kurz nachdem wir zu Hause ankommen, trifft auch Michael ein, und Claudi geht los, um Tom vom Kindergarten abzuholen.

Michael macht uns etwas zu essen. Ich weiß nicht, was, es interessiert mich auch nicht. Als Claudi mit Tom zur Tür hereinkommt, spüre ich sofort die Verunsicherung meines großen Sohnes. Er hält Abstand zu mir und auch zu Julius, will uns nicht mal begrüßen.

Claudi beschließt, den Abend über bei uns zu bleiben und

sich um Tom zu kümmern. Ich bin froh darüber, weil es mir ein klein wenig das Gefühl gibt, nicht völlig allein zu sein. Trotzdem kann ich nichts anderes tun, als wortlos auf dem Sofa zu liegen.

In der Nacht habe ich die erste Panikattacke.

Meine Brust wird zunehmend durch einen unsichtbaren, immer enger werdenden breiten Gürtel zusammengequetscht. Ich muss die Luft zum Atmen konzentriert und mit aller Anstrengung in meine Lunge saugen. Es wird immer schwieriger und schwieriger. Mein Pulsschlag erhöht sich, wie ich das nur von einem Sprint beim Halbmarathon kenne. Dabei sind es keine normalen Herzaktionen mehr, die ich wahrnehme. Es handelt sich um Schläge eines Vorschlaghammers, es ist, als wollte sich mein Herz selbst zertrümmern. Mein Kehlkopf hat sich in ein starkes, stramm gezogenes Gummiband verwandelt, das einen schmerzfreien Schluckvorgang verhindert. Meine Muskeln gehorchen mir nicht mehr. Wie ferngesteuert drehe und wälze ich mich im Bett hin und her, nicht mal für den Bruchteil einer Sekunde kann ich ruhig liegen. Unter diesem Druck wird mein Körper in Kürze implodieren, denke ich. Dabei sehe ich nur ein Bild vor mir: ein Pflegebett, in dem Julius liegt. Ich pflege ihn Tag und Nacht.

Am frühen Morgen wecke ich Michael und berichte ihm, mittlerweile völlig entkräftet, von meinen Schmerzen und Körpergefühlen. Wie lange kann mein Herz diese Hammerschläge noch aushalten?

Ich muss sofort eine von den Tabletten gegen die Panik einnehmen, befiehlt er mir. Ich nehme alles, wenn nur dieser Zustand aufhört! Ich schlucke diese kleine weiße Pille, der ich kaum eine Wirkung zutraue.

Doch schon nach kurzer Zeit wird alles leichter. Mein Herz findet einen ruhigen Rhythmus, und meine Lunge wird mit ausreichend Sauerstoff versorgt. Was allerdings bleibt, ist der Kloß in meinem Hals. Er quält mich noch einige Wochen lang.

»Das ist, weil du die Situation nicht *schlucken* willst«, sagt Michael.

Ich beginne an diesem Morgen zusätzlich mit einer niedrigen Dosis des von Moni verschriebenen Antidepressivums, um überhaupt wieder klar denken zu können.

Wir bringen Tom in den Kindergarten und brechen nach Ulm auf. In dem genetischen Institut wird Julius von zwei Ärztinnen wieder einmal untersucht und fotografiert. Auch sie sind sich sicher, dass Julius irgendeinen noch nicht bekannten genetischen Defekt hat. Nie und nimmer sei bei ihm in der Schwangerschaft etwas schiefgelaufen, teilen sie mir mit. Das beruhigt mich ein klein wenig. Immerhin scheinen sich die Ärzte beider Institute einig zu sein. Allerdings vermuten auch sie, dass eine konkrete Krankheitsdiagnose womöglich erst in ein paar Jahren zu stellen wäre. Die genetische Wissenschaft sei noch nicht so weit. Zu viele Gene seien noch unerforscht. Und sein Krankheitsbild passe zu keinem der ihnen bekannten Syndrome, geben sie zu.

Auf der Heimfahrt geht es mir ein wenig besser.

»Wir schaffen das, Gabi. Wir sind gesund, und wir haben uns. Aber du musst diese Schuldgefühle ablegen. Sonst gehst du kaputt! Ich mache mir so große Sorgen um dich«, sagt Michael.

Ich kann ihm heute sogar ein bisschen glauben.

Am Nachmittag rufe ich Julius' Tagesmutter Kathrin an. Michael hatte ihr während unseres Krankenhausaufenthaltes nur mitgeteilt, dass es Julius nicht gut gehen würde und er erst einmal nicht zu ihr kommen werde. Ich berichte ihr von seinen Anfällen und habe große Sorge, dass sie unter diesen Umständen Julius nicht mehr betreuen möchte.

Aber es ist keine Frage für sie. Sie wird Julius weiterhin beaufsichtigen. »Hey, ich bin Kinderkrankenschwester. Ich kann mit so was umgehen«, sagt sie überzeugend.

Ich könnte ihr vor Dank um den Hals fallen. Ab kommenden Montag nehme ich wieder regelmäßig meine Therapiestunden wahr.

»Ich bin schuld«, erzähle ich sofort meinem Analytiker.

»Sie sind krank«, meint er.

»Nein! Stellen Sie sich doch vor, was in meinem Bauch passiert ist! Das kann ich nie in meinem Leben wiedergutmachen!«

»Das ist die Depression«, antwortet er.

»Nein, das ist die Wahrheit«, weiß ich.

In der kommenden Zeit bin ich wöchentlich, manchmal auch mehrmals in der Woche, in der Epilepsieambulanz unseres Kreiskrankenhauses. Unser Neurologe hat uns zugesagt, Julius ambulant einzustellen. Er steht mit der Kinderabteilung der Uniklinik in Verbindung, und von dort kommen die Behandlungsvorschläge, die er vor Ort umsetzen möchte. Bereits das erste Medikament scheint recht schnell eine Besserung zu bringen. Julius hat zwar weiterhin Anfälle, aber sie kommen seltener. Zum Glück reagiert er auf das Medikament nicht mit Nebenwirkungen. Das Ziel sei allerdings eine Anfallsfreiheit, meint unser Neurologe.

Man schlägt ein zusätzliches Medikament vor. Davon beginnt Julius mit Kopf und Armen zu zittern; seine ohnehin großen Koordinationsprobleme verschlechtern sich rapide. Also setzen wir dieses Medikament wieder ab und erproben ein neues.

Wir gewöhnen uns daran, im Falle eines Anfalls ein Notfallmedikament zu verabreichen, die Valiumrektiole.

Wenn wir ab jetzt das Haus verlassen, heißt es nicht mehr: »Hast du die Kaffeemaschine ausgemacht?« und: »Hast du den Haustürschlüssel?« Es gibt nur noch eine Frage: »Haben wir Valium dabei?« Und sowieso haben wir überall Valium deponiert. Im Regal neben der Wickelkommode, in der Küche in der Besteckschublade, im Kinderwagen, in der Windeltasche, in beiden Autos, im Fahrradanhänger. Selbst unsere Tagesmutter hat ab jetzt immer eine Valiumpackung in der Handtasche, auch wenn Julius nicht bei ihr ist. Wir holen das Valium in Großpackungen aus der Apotheke.

Nach wie vor endet jeder Anfall, auch mit den neuen Langzeitmedikamenten, unbehandelt in einem lebensbedrohlichen Status Epilepticus. Der Tod ist unser neues Familienmitglied.

Michael und ich machen uns über das Unvorstellbare Gedanken. Was machen wir, wenn Julius stirbt? Was mache ich, wenn ich allein mit den Kindern bin und Julius morgens tot im Bett liegt? Was sage ich zu Tom? Wie gehe ich damit um, wenn Julius bei einem Anfall stirbt und Tom ist dabei? Wie würde sich Julius tot anfühlen? Wann setzt die Totenstarre ein? Wird er blau sein? Traue ich mich, ihn tot überhaupt anzufassen?

Uns wird klar, dass wir Tom über Julius' Zustand aufklären müssen. Bis jetzt haben wir ihn, wenn Julius einen Anfall hatte, vor den Fernseher gesetzt. Tom sollte nichts mitbekommen. Viel zu grausam erlebten wir den Anblick des krampfenden Julius. Das können wir einem Fünfjährigen nicht zumuten, dachten wir.

Jetzt erklären wir Tom, dass Julius eine Art Blitzgewitter im Kopf hat.

»Weißt du, Tom, manchmal, wenn Julius so zuckt, da leuchten die Blitze in seinem Kopf ganz wild. Wie bei einem Gewitter eben. Aber es tut nicht weh. Julius bekommt von alldem nichts mit«, sagen wir.

»Wenn er das nächste Mal ein Blitzgewitter hat, dann kannst du dabei sein. Vielleicht kannst du Julius' Hand halten. Was meinst du?«, frage ich Tom.

»Au ja! Mama, klar, ich kann helfen! Ich bin doch sein großer Bruder«, meint Tom bestimmt.

Dann legt er sich zu Julius auf die Krabbeldecke, dreht ihn zu sich auf die Seite. Julius lacht ihn an. »Gell, Julius, ich bin da. Musst keine Angst haben«, sagt Tom tröstend zu ihm.

»Du bist ein toller großer Bruder«, meine ich.

Ich sehe den beiden zu, wie sie sich hin und her wälzen, höre die glucksenden Laute von Julius, die Tom animieren, noch wilder mit ihm zu toben.

»Und du bist ein toller kleiner Bruder«, sage ich.

Es ist so schön, dass du bei uns bist, Julius, denke ich im Stillen.

Samstag, 5. April 2014

Vielleicht steht die Antwort in den Sternen?

Schon seit Längerem türmen sich auf meinem Bücherstapel auch Berichte über Astrologie. Ich suche nach Erklärungen für unseren Schicksalsschlag. Wenn es keine medizinische Begründung gibt, vielleicht handelt es sich dann um ein transzendentales Ereignis?

Heute ist ein angesehener Astrologe in Stuttgart zu Gast und bietet Beratungsgespräche an. Den Termin habe ich über ein Yogazentrum erfahren, das sich gleich neben der Praxis meines Analytikers befindet. Immer und immer wieder schlich ich vor meiner Therapiestunde um die Eingangstür, ehe ich mich dann eines Tages endlich traute einzutreten. Nachdem ich meine Schuhe ausgezogen und ein paar tiefe Atemzüge der Räucherstäbchenluft eingeatmet hatte, kam eine freundliche Dame auf mich zu und drückte mir auf meine Nachfrage hin einen Flyer mit den aktuellen Seminaren in die Hand. Ich las. Sollte ich vielleicht das Meditieren beginnen? Oder könnte ich durch die regelmäßige Teilnahme am Kundalini-Yoga-Kurs wieder einen harmonischen Einklang meines Geistes mit meinem Körper erreichen? Die Analyse half mir momentan nicht. Meine Fehde mit dem Schicksal war so schwerwiegend, dass ich mir keine Aussöhnung auf einem natürlichen Wege vorstellen konnte.

Vielleicht musste ich meiner ganzen Situation verstärkt auf der metaphysischen Ebene begegnen.

Und dann sah ich diesen Termin für einen Wochenend-

Workshop in Astrologie. Vielleicht war alles ganz einfach? Vielleicht hatte alles eine schlichtweg kosmische Ursache? Womöglich standen während meiner oder Julius' Geburtsstunde Mars und Venus in einer so ungünstigen Konstellation, dass ein anderer, weniger tragischer Lebensverlauf gänzlich unmöglich war? Ich meldete mich an.

Die Ausschreibung versprach viel. Unter anderem Antworten und Lösungen für »menschliche Sorgen«.

Interessiert lausche ich im ersten Teil des Seminars am Freitagabend den Erklärungen des kahlköpfigen Mannes mit dem durchtrainierten Körper und bin fasziniert von seinen Erzählungen über diese jahrtausendealte Wissenschaft. Ich versuche zum ersten Mal in meinem Leben, mich mit meinem Karma auseinanderzusetzen, und bin gespannt, was mich in der Einzelberatung am nächsten Tag erwartet.

Er ist sehr gut vorbereitet. Die Astrologen heutzutage scheinen mit der Zeit zu gehen. Ich bin erstaunt, dass mich der Meister hinter einem aufgeklappten Laptop sitzend empfängt. Ich weiß nicht, irgendwie hätte ich eher handschriftliche Aufzeichnungen, Fernrohre und Winkelmesser erwartet.

Es geht mit meiner Geburt los, und ich erfahre, wie die Planeten an jenem 4. April zueinander standen.

»Erkennen Sie da irgendetwas Besonderes?«, will ich wissen.

Er erklärt mir noch einmal die Konstellation.

»Ich meine, ist da etwas Außergewöhnliches zu sehen?«, frage ich weiter.

Aber seine Antwort klingt nach einer gewöhnlichen Lage im Makrokosmos zu jener Zeit.

Wir kommen zu den aktuellen Geschehnissen.

»Lebst du in Konflikten mit deinem Partner?«, fragt mich der Astrologe.

»Ja, vielleicht. Schon irgendwie«, antworte ich zögerlich und hoffe, keine Beziehungskrise gedeutet zu bekommen.

»Du hast das Gefühl, deine Bedürfnisse nicht durchsetzen zu können?«, bohrt er weiter.

»Na ja, im weitesten Sinne vielleicht. Ja«, teile ich ihm mit.

»Dein Partner ist beruflich stark eingebunden.«

»Ja, das stimmt.«

»Du hast das Gefühl, zu Hause zu kurz zu kommen. Fühlst dich allein gelassen mit den zwei Kindern? Stimmt das?«, will er wissen.

Ach, denke ich, wenn es nur das wäre! Probleme von der Stange! Klar, man sieht mir die Katastrophe nicht an. Ich verneine und kläre ihn über unsere wahre Familiensituation auf.

Er schaut mich danach mit seinen großen Augen an, und sein bestürzter Blick verrät mir, dass er damit niemals gerechnet hätte.

»Oh, ah«, meint er dann nur und atmet tief ein und aus.

Ich bin verunsichert, weil ich scheinbar mit der Schilderung unseres Schicksalsschlages sogar einen Astrologen aus der Fassung bringen kann. Wobei sich ein solcher doch mit viel gewichtigeren Dingen, dem Universum, auseinandersetzt. Auf jeden Fall steht für mich fest, dass in meinem Aszendenten wohl keine existentiellen Tragödien vorherzusehen waren.

Unverständliche Dinge murmelnd vertieft sich der Fachmann in seine Sternbilder, die ihm das Computerprogramm anzeigen. Er versucht vermutlich, die von mir dargelegten Dinge irgendwie universal einzuordnen.

»Nein ... die Venus, ja gut, die Position, da ist alles möglich. Verrückt, da weiß man oft nicht ... das kann alles bedeuten ... das zeigt mir, in dieser Planetenkonstellation, da muss man mit allem rechnen ... aber trotzdem ... da lag ich ziemlich falsch ...«, stottert er entschuldigend.

Er schüttelt immer wieder den Kopf und blickt dabei auf den Bildschirm seines Laptops. Dann räumt er technische Fehler ein. Am Ende will er nicht einmal Geld für seine Beratungsstunde. So bedauernswert bin ich also. Von mir, von uns, kann man nichts mehr fordern. Offenbar haben wir im Leben schon genug bezahlt.

Nach diesem Termin stelle ich zu Hause zuerst einmal alle astrologischen Bücher in den Schrank zurück.

Ein paar Tage später bade ich die Jungs. Tom sitzt bereits in der Wanne und spritzt mit Pistole und Gießkanne im Bad umher. Nach einer Weile will ich Julius zu ihm legen. Tom breitet bereitwillig seine Arme aus, und Julius nimmt darin wild strampelnd Platz. Er wedelt im Wasser unkontrolliert mit Armen und Beinen und gibt krächzende Laute von sich. Ich stelle wieder einmal fest, dass seine Bewegungen für ein über ein Jahr altes Kind einfach sonderbar sind.

»Mama, Julius ist ja kein normaler Mensch«, sagt Tom dann.

»Wie meinst du das denn?«, frage ich ihn interessiert.

»Na, er sieht ja schon aus wie einer, aber er ist es nicht!«

»Sondern?«

»Julius ist ein Autoirdischer!«, ruft er, völlig begeistert von dieser Erkenntnis.

»Aha«, meine ich nur. »Du meinst, er ist ein Außerirdischer?« Ich erinnere mich, dass wir vor einigen Tagen eine Folge »Shaun das Schaf« angeschaut haben, in der die Schaffamilie Besuch von einem außerirdischen Wesen hatte. Die Sendung scheint Tom inspiriert zu haben.

»Er ist halt nicht grün. Na ja«, meint er dann doch zweifelnd.

Stille.

»Mama, aber du bist doch nicht autoirdisch! Normale Menschen können keine Autoirdischen auf die Welt bringen«, stellt Tom fest und patscht vor lauter Ärger über diese Unschlüssigkeit mit den Händen ins Wasser. »Mama, wir sind alle Autoirdische«, sagt er dann und wirkt tief beeindruckt von dieser

Feststellung. Ich muss lachen. Wie schön! Ich lache über diese Aufklärung und darüber, dass wohl auch Tom nach übernatürlichen Lösungen sucht.

Wir müssen beginnen, mit der Epilepsie zu leben

Eine Woche später, mittlerweile ist es Mitte April, bade ich Julius wieder. Dieses Mal ohne Tom, der auf dem Sitzsack in seinem Zimmer hockt und lieber eine CD hören möchte. Julius liegt nass vor mir auf der Wickelkommode und strampelt wie wild mit seinen nackten Beinchen. Ich schnappe mir das Handtuch und reibe ihn trocken. Julius fängt an vor Freude zu quietschen. Ich küsse seine weiche Haut der Oberschenkel, puste in die speckige Falte seiner Kniebeuge. Julius jodelt fröhlich. Ich liebkose seinen Bauch, seinen Hals, seine Wangen, die mit einem zarten Flaum bedeckt sind, und vergesse alles um mich herum. Aufessen vor Liebe könnte ich ihn.

Dann wird Julius steif. Stocksteif. So als ob von jetzt auf gleich die Totenstarre eingesetzt hätte. Schlagartig.

»Michael! Michael!«, rufe ich. Zum Glück ist es Abend, und ich bin nicht allein. Ich vernehme sofort trampelnde Schritte, die die Treppe hochrennen. Michael und ich rasen mittlerweile sofort los, wenn wir unsere Namen hören. Keiner von uns würde auf die Idee kommen, erst noch »Was ist?« zu fragen.

Michael holt das Valium, und dann kommt auch Tom ins Badezimmer gelaufen. Er greift nach Julius' Hand, streichelt sie, so wie wir es vor Kurzem mit ihm besprochen haben, während wir Julius das Medikament verabreichen. Es sieht wie immer unheimlich aus, wie Julius so daliegt, den Kopf und den Blick starr nach links oben gerichtet.

»Mama! Ich weiß, was mit meinem Bruder jetzt los ist!«, ruft Tom.

»Ja, was denn?«, frage ich nach.

»Mama, Julius ist doch ein Autoirdischer! Und jetzt hat er bestimmt gerade Kontakt zu seinem Planeten«, sagt Tom.

»Vielleicht! Ja, das kann sein«, meine ich.

Beim nächsten Termin in der Epilepsieambulanz darf Tom dabei sein. Während der Untersuchung erleben die Ärzte und wir einen beeindruckenden Anfall auf dem EEG-Monitor. Schwarze, wilde Zacken, wo eben noch ruhige Linien liefen. Tom steht staunend mit offenem Mund vor dem Bildschirm.

»Mama, das ist aber ein starkes Gewitter«, meint er.

Ich kaufe ein Buch für Geschwister von epilepsiekranken Kindern und beginne, Tom immer wieder daraus vorzulesen.

Während wir versuchen, Julius' Epilepsie zu behandeln und seine Anfälle zu unterbrechen, arbeite ich in meinen eigenen Therapiestunden an den Schuldgefühlen, an meinem Hader mit dem Schicksal, an meiner Wut, meiner Trauer, meiner Depression. Gleichzeitig probieren Katharina, Bettina, Sabina und ich bei unseren Freitagstreffen in der Frühfördergruppe, uns langsam mit und in unserer neuen Behindertenwelt zurechtzufinden.

Dazu dürfen wir mittlerweile den Vorraum zeitlich unbegrenzt nutzen, was dazu führt, dass wir häufig erst am Nachmittag die Einrichtung der Diakonie mit unseren Kindern verlassen.

Bei unseren Zusammenkünften besprechen wir nicht, in welchen pädagogisch modernen, mehrsprachigen Kindergarten unsere Kleinen einmal gehen sollen, wann sie das erste Musikinstrument erlernen müssen oder ob sie später besser Ärzte, Ingenieure oder Juristen werden sollen. Wir heulen, lachen und schweigen bei unseren Unterredungen und wissen dabei sicher: Unsere Kindern werden keine Genies.

Nein, wir diskutieren über die Beantragung einer Pflegestufe, über die Aufnahme unserer Töchter und Söhne in einem Sonderkindergarten für Behinderte, über den Umgang mit dem Therapiestuhl und dem Rehabuggy.

Dabei geht es uns weniger darum, zu klären, wie wir die bürokratischen Hürden überwinden. Viel wichtiger erscheint uns, uns damit auseinanderzusetzen, wie wir unsere inneren Hürden bezwingen.

»Dieser Therapiestuhl sieht so furchtbar aus! Gestern Abend saßen Michael und ich auf dem Sofa und wollten noch fernsehen. Ich konnte nicht auf den Bildschirm schauen. Ständig musste ich diesen riesigen Stuhl anstarren«, erzähle ich bei einem Freitagstreffen, nachdem der Sitz für Julius vom Orthopädiegeschäft geliefert wurde.

»Hat der keine Rollen?«, fragt mich Katharina.

»Doch!«

»Dann würde ich ihn abends einfach in den Flur hinausschieben«, sagt sie.

»Oh, ich habe mir gestern diesen Kindergarten für Körperbehinderte in Schorndorf angeschaut«, erzählt Sabina leise.

»Echt? Schon?«, frage ich.

»Ja, mit zwei Jahren können sie dort aufgenommen werden. Ihr solltet euch auch so langsam überlegen, wohin eure Kleinen gehen sollen.«

»Und? Wie war es?«, will Katharina wissen.

»Ja, schon schön«, meint Sabina etwas verhalten. »Aber, ach, ich weiß auch nicht … Es ist einfach schwer zu akzeptieren, dass wir diesen Weg weitergehen müssen. Diesen Weg in die Behindertenwelt!«

»Ja. O ja!« Katharina, Bettina und ich nicken und wissen sofort, was Sabina meint.

»Schorndorf ist aber weit«, meine ich.

»Es geht eigentlich«, antwortet Sabina.

»Da bist du ja den ganzen Tag mit dem Auto unterwegs«, stelle ich fest.

»Die Kinder werden doch abgeholt! Da müssen wir nicht hinfahren. Sie werden geholt und gebracht«, erklärt uns Sabina.

»Oh …«, meine ich nur.

»Ja, da fährt das Rote Kreuz. Du kennst doch sicherlich diese Kleinbusse! Die sieht man doch immer wieder durch die Gegend fahren«, klärt uns Sabina weiter auf.

Mein Kopf wird plötzlich so schwer. Ich spüre meinen Magen, wie er beginnt, sich zusammenzuziehen.

Klar kenne ich diese Busse! Schon als Kind habe ich diese Fahrzeuge mit ihrem nicht übersehbaren blauen Behindertenaufkleber häufig auf der Straße gesehen. Drin saßen immer mir fremd vorkommende, seltsam verdrehte Gestalten, die gruselige Grimassen zogen. Irgendwie wollte ich immer gar nicht so genau hinschauen. Zum Glück ging mich das nichts an, dachte ich damals. Und schon waren die Busse auch wieder aus meinem Gedächtnis verschwunden. Und in so einem Bus soll demnächst mein Sohn sitzen? Und die anderen werden von außen den Blick kurz auf ihn richten, um ihn dann, in einem kurzen Anflug von Ekel und Abneigung, wieder von ihm abzuwenden?

Meine Augen werden feucht. Mein kleiner, süßer Schatz. Ich kann dich nicht davor bewahren, denke ich und drücke Julius an mich. »Es tut mir so leid«, flüstere ich ihm ins Ohr.

»Das wird hart«, sage ich dann laut zu den anderen.

»Was?«, fragt mich Bettina.

»Wenn das erste Mal der Bus vor unserer Tür hält«, sage ich.

Die anderen nicken, und es herrscht kurz ein betretenes Schweigen.

»Das ist doch alles einfach unglaublich! Nach wie vor kommt es mir so vor, als würde ich alles nur träumen. Geht euch das auch so?«, will ich wissen.

»Klar«, murmeln alle und nicken einstimmig.

»Wisst ihr, ich habe begonnen, alles aufzuschreiben. All die Dinge, die uns widerfahren, seit Julius auf der Welt ist, unser Leben, das wir zur Zeit führen, die Gefühle, die er in mir auslöst«, sage ich.

»Echt?«, rufen die anderen interessiert.

Ich nicke.

»Oh, das will ich aber lesen«, meint Sabina.

»Ich weiß nicht. Vielleicht später einmal? Mal schauen, was daraus wird«, sage ich lächelnd.

In diesem Moment kommt mir ein Gedanke. Vielleicht könnte ich eine Website erstellen? Eine ganz persönliche Seite mit kurzen Texten von mir und mit Bildern von Julius und uns? Könnte eine solche Seite ein würdiger Platz sein, um dort meine Gedanken, meine Erfahrungen, unser Leben mit unseren Freunden und Bekannten zu teilen? Vielleicht. Allerdings habe ich keine Ahnung, wie man so etwas macht.

Wieder zu Hause, krame ich das Volkshochschulprogramm aus unserem Zeitungsständer. Tatsächlich, es gibt Kurse dazu. »So erstellen Sie ihre eigene Website«, lese ich. Da melde ich mich an! Ist doch super, denke ich. Dann blättere ich das Heftchen weiter durch und schlage die Rubrik »Literatur« auf. Ich durchstöbere die Seminarangebote.

»Erzählendes und autobiografisches Schreiben. Die eigene Geschichte in Worte fassen« Na, das ist doch genau das, was ich brauche! Da melde ich mich auch an! Ich fülle sofort die kleine Anmeldekarte aus und beschließe, sie noch heute persönlich bei der Volkshochschule unserer Nachbargemeinde abzugeben.

Kaum ist am Abend Michael zur Tür hereingekommen, überfalle ich ihn gleich mit meinen Neuigkeiten.

»Bald werde ich abends und an den Wochenenden wieder an Seminaren teilnehmen«, strahle ich.

»Wie? Willst du deine Ausbildung am analytischen Institut wieder aufnehmen?«, fragt er mich verdutzt.

Ich lache. »Nein, ich mache verschiedene Volkshochschulkurse. Der erste beginnt Ende Mai und geht über drei Abende.

Es ist ein Computerkurs. Ich will lernen, wie man eine eigene Homepage erstellt«, berichte ich stolz.

»Ach, mal wieder was ganz Neues?«, meint Michael mit einem spöttischen Lächeln und drückt mir einen liebevollen Kuss auf den Mund.

»Ja, und dann werde ich noch einen Kurs in ›Kreativem Schreiben‹ belegen. Das ist eine Wochenendveranstaltung! Ich erstelle eine Website und schreibe über unser Leben. Vielleicht wird aber auch ein Buch daraus, mal sehen«, sage ich fröhlich.

»Ja, ist ja schön, wenn du alles aufschreibst. Das macht die Sache für Tom später sicherlich einmal leichter, wenn er alles nachlesen kann«, meint Michael.

»Vielleicht wird es sogar mal veröffentlicht«, sage ich.

»Ach, Gabi, das will doch keiner lesen! Dieses Drama!«

Michael zieht sich die Jacke aus und hängt sie an unsere Garderobe.

Wer weiß, denke ich.

»Und, was essen wir zu Abend?«, fragt Michael, überlegt kurz und meint dann: »Ich bin heute so früh dran und habe keine Mails mehr zu erledigen. Ich würde gerne etwas für uns kochen! Wie wäre es mit etwas Thailändischem?«

»Au ja! Gerne!«

Ich folge Michael in unser Esszimmer. Dort begrüßt er Julius, der in seinem Therapiestuhl sitzt und mit seiner linken Hand seinen Greifling hin und her bewegt.

»Na, mein Kleiner«, meint er und küsst ihn auf die Wange. Ich kann deutlich sehen, wie sich in diesem Moment Julius' Mundwinkel fröhlich nach oben verziehen, und ein warmes Gefühl durchströmt meinen Körper.

Michael wendet sich mir zu. »Ich bin ja froh, wenn du beginnst, wieder am Leben teilzunehmen, und Dinge findest, die dir Freude bereiten. Mach das! Es wird auch wieder die Zeit kommen, in der du deine Ausbildung zur Therapeutin fortführst.

Aber so lange es nicht geht, freut es mich sehr, wenn du andere Dinge entdeckst.«

Tom kommt aus seinem Zimmer nach unten gerannt. »Haaallooo Papa!«, schreit er und klammert sich wie ein Äffchen um die Beine von Michael. »Hey, Tom.« Michael verstrubbelt zärtlich mit beiden Händen die wuscheligen Haare seines Sohnes. »Na, hast du Lust, mit mir etwas zum Essen vorzubereiten? Ich habe einen Mordshunger!«

»Au ja, was machen wir?«

Ich setze mich zu Julius an den Küchentisch und beobachte, wie die zwei im Kühlschrank nach geeigneten Zutaten für unser Abendessen suchen.

Michael hat recht, geht es mir durch den Kopf. Ich entdecke zur Zeit tatsächlich ganz neue Seiten in mir. Kreative Seiten. Und ich verspüre eine große Lust, diese Seiten genauer zu betrachten. Sie nach und nach auszupacken. Wie kleine, wertvolle Geschenke, die bis jetzt irgendwo gut verhüllt und versteckt in meinem Inneren an einem abgelegenen Ort lagen. Ich möchte sie erfühlen, ausprobieren, sie benutzen, mit ihnen etwas erschaffen. Spielerisch, kindlich. Mit einer anspruchslosen Leichtigkeit, ohne genaues Ziel, ohne Druck und ohne zu wissen, was letztendlich dabei herauskommt. Irgendetwas verändert sich momentan in meinem Inneren, bemerke ich.

Am Herd zischt es, und ein scharfer Duft von angebratenen Zwiebeln steigt mir in die Nase.

»Magst du auch ein Glas Wein?«, ruft mir Michael zu.

»Gerne«, antworte ich. Während Michael den Korkenzieher in die Flasche dreht, rührt Tom fleißig mit dem Holzlöffel in der Wokpfanne herum. Glucksend fließt der Rotwein in zwei große, rund gewölbte Kristallgläser, die ich Michael einst zum Geburtstag geschenkt habe. Ich stehe auf, laufe durch die Küche, schnappe mir eins von den Gläsern und verschwinde wieder an den Küchentisch. Gedankenverloren streiche ich mit dem Daumen und dem Zeigefinger an dem zarten, glatten Stiel des vor mir stehenden Kelches auf und ab.

Die Schuldgefühle lassen nach, denke ich. Ja, das ist es. Akzeptiere ich langsam, dass Julius so ist, wie er ist? Nämlich völlig anders, als ich ihn erwartet habe? Vielleicht. Auf jeden Fall habe ich verstanden, dass seine Behinderung viel schwerer sein wird, als wir es befürchtet hatten. Und selbst mir ist mittlerweile klar, dass ich so viel in der Schwangerschaft gar nicht hätte falsch machen können.

Ich lege den Bauch des Weinglases sachte in meine rechte hohle Hand, führe ihn zu meinem Mund, lege den dünnen Rand langsam auf meiner Unterlippe ab. Blumig-holziger Geruch breitet sich in meiner Nase aus, noch bevor der erste Schluck des Alkohols meine Zunge und meinen Gaumen benetzt.

»Deine Schwäche wird irgendwann einmal deine Stärke sein.« Das hat vor langer Zeit einmal eine enge Kollegin und Freundin zu mir gesagt. Bin ich etwa langsam dabei, an diesen schmerzhaften Erfahrungen zu wachsen? Lerne ich daraus und damit? Sind das Zeichen eines, nein, meines Entwicklungsprozesses? Julius ist Julius. Ich liebe ihn, und ich werde mit ihm leben, ganz genauso, wie er ist. Mein Glück und meine Zufriedenheit werde ich nur in mir finden. Und genau dort muss ich nachschauen. Ich brauche dafür nicht akribisch in Krankenakten zu stöbern, ich muss keine Diagnoseberichte lesen oder nach neuen Untersuchungsmethoden forschen. Es wird nicht abhängig davon sein, ob Julius jemals läuft oder spricht.

Ich erschrecke ein klein wenig, als Tom einen dampfenden Teller vor mir auf den Tisch stellt.

»Wow, lecker. Sieht gut aus«, lobe ich.

»Ich habe die Paprika geschnitten«, sagt Tom stolz.

»Na dann. Bin ich mal gespannt, wie es schmeckt.« Ich rücke meinen Stuhl zurecht und blicke die beiden Köche erwartungsvoll an.

Nähorgien

Am Wochenende haben Tom und ich vor, Charlotte in Augsburg zu besuchen. Sie hat vor einigen Monaten begonnen, dort zu studieren. Wir wollen ihre neue Bleibe, ihre Fünfer-WG, Altbau, begutachten. Michael bleibt mit Julius daheim. Tom und ich hausen an diesen zwei Tagen zwischen Bierkisten, Kleiderbergen und Möbeln vom Trödelmarkt. Tom geht mit den Studentinnen auf den Flohmarkt, an die Uni und in angesagte Kneipen. Abends fahren wir mit der Straßenbahn zum billigen Italiener, um ein paar Nudeln zu essen, und wieder zu Hause, spielen wir alle zusammen noch eine Runde »Uno«. Beim Zubettgehen gibt mein Sohn lautstark bekannt, dass er ab jetzt bei seiner großen Schwester wohnen will! Ich kann ihn gut verstehen. Wie gerne würde ich ab und zu selbst wieder in diese Studentenwelt eintauchen.

An diesem Wochenende habe ich aber auch einige Stunden Zeit für mich, die ich mit Lesen und mit einem Stadtbummel verbringe.

In der Innenstadt von Augsburg komme ich an einem kleinen Laden vorbei. Dort sind wunderschöne handgenähte Kissen ausgestellt. Die Stoffe, die verwendet wurden, sind entzückend. Kleine weiße Punkte auf einem maigrünen Hintergrund, verknüpft mit einem bunten, romantischen Blumendruck. So etwas sollte man selber machen können, denke ich. Nähen sollte ich können! Das würde mir bestimmt Spaß machen!

Am Sonntagnachmittag treten wir unter dem Protest von

Tom die Heimreise an. Und am Abend, die Kinder schlafen schon, stöbere ich im Internet.

»Michael, was würdest du sagen, wenn ich eine Nähmaschine kaufen würde?«

»Hey, super. Ich wollte schon immer eine Frau, die meine Socken stopfen kann. Das finde ich endlich mal eine absolut praktische Idee.« Er lacht schallend.

»Ernsthaft jetzt! Meinst du, ich kann das lernen?«, frage ich.

»Ja klar! Das ist endlich mal was ... ja, wie soll ich sagen ... etwas Handfestes! Dein bester Vorschlag, seit ich dich kenne! Ich hätte auch noch ein paar Hemden, an denen die Taschen aufgegangen sind«, neckt er mich.

»Ha ha«, antworte ich nur.

Doch noch am selben Abend bestelle ich in einem günstigen Onlinehandel eine ganz einfache Nähmaschine.

Am nächsten Morgen, Julius habe ich bereits zu Kathrin gebracht, fahre ich los zu meiner Analysestunde. Dabei komme ich an einem großen Stoffladen vorbei und beschließe, später noch dort hineinzugehen.

Glücksgefühle überkommen mich, als ich die vielen bunten Rollen erblicke, die mit unterschiedlichen Textilien bewickelt sind. Was man damit alles nähen könnte! Shirts für die Kinder, Röcke, Vorhänge, Kuscheltiere. Ich vergesse mich und die Zeit in dem farbigen Traumland der unbegrenzten Nähmöglichkeiten. Dann fällt mir Julius ein. Mist! Ich komme zu spät.

Ich kaufe ein paar Meter Stoff, um daheim meine ersten Versuche starten zu können.

In den nächsten Tagen richte ich mir in unserem Schlafzimmer einen kleinen Arbeitsbereich ein. Michael hilft mir, einen alten Tisch aus dem Keller nach oben zu holen. Ich suche alle Bastelartikel zusammen, die völlig chaotisch in Toms Spieleschrank herumliegen, und packe sie in verschiedene Körbe, in schöne Schachteln und Einmachgläser. Diese ordne ich stilvoll um meine neue Näh- und Schreibecke herum an. Ich erschaffe für mich eine kleine, sichere und schöne Insel in unserem wilden Alltagsozean.

Dank YouTube erlerne ich recht zügig den Unterschied zwischen einem Steppstich und einem Zickzackstich. Nach einer Woche ist am Sonntag in der Früh mein erster Kissenbezug fertig.

»TOOOOM!«, rufe ich.

»Ja«, antwortet mein Sohn und kommt gleich angerannt.

Ich halte das Kissen wie einen gewonnenen DFB-Pokal in die Höhe.

»Oh, hast du das gemacht?«, fragt er mich und macht große Augen.

»Ja«, sage ich und gebe bei YouTube ABBAs »The winner takes it all« ein. Dann werfe ich das Kissen in die Luft, schnappe Julius, der auf dem Sitzsack neben meinem Arbeitstisch gemütlich vor sich hin brabbelt, setze ihn auf meinen Hüftknochen, schlinge meinen linken Arm um ihn, mit der rechten Hand drehe ich den Lautsprecherregler bis zum Anschlag auf, und dann tanzen wir drei wild durch das Schlafzimmer, hinaus auf den Flur, und dabei kreische ich: »I don't wanna talk … about things we've gone through, though it's hurting me. Now it's history …«

Danach gibt es kein Halten mehr: Ich nähe Röcke, Taschen, Kindershirts, Mützen, Kleider und Hosen. Die Kombination der verschiedenen Materialien lässt mein Herz höher schlagen. Ich häkele Blütenaccessoires zu den unterschiedlichsten Entwürfen und beziehe Knöpfe mit den restlichen Stoffstücken. Ab jetzt geht Julius an seinen betreuten Tagen schon viel früher zu Kathrin, sodass ich an diesen Morgen noch ein paar Stunden Zeit zum Nähen oder Schreiben habe. Und am Abend, wenn der Kinderlärm verstummt ist, kann man noch lange die Nähmaschine in unserem Hause rattern hören.

Es dauert nicht lange, da haben sich mein Stoffvorrat und die Anzahl meiner Schnittvorlagen bereits drastisch vergrößert.

Nachdem unser Besuch bei Charlotte schon wieder einen guten Monat her ist, hat Michaels große Tochter beschlossen, mit einer Mitfahrgelegenheit am Wochenende zu uns zu kommen. Da sie das letzte Stück von Stuttgart aus mit der S-Bahn zurücklegen muss, hole ich sie am Freitagabend mit Tom und Julius im Auto von unserem kleinen Dorfbahnhof ab. Ich steige aus und warte am Bahnsteig auf sie. Bereits von Weitem sehe ich meine »Stieftochter«, die sich mit ihrem vollbepackten Rucksack auf den Schultern energisch die Treppen der Unterführung zu mir hochbewegt. Ihre braune Lockenmähne hängt ihr wild ins Gesicht, die graue Strickjacke baumelt offen über ihre schwarzen Leggings. Wir drücken uns, und da kommt auch schon Tom aus dem Auto gerannt, um seine große Schwester zu begrüßen.

»Ich muss dir daheim gleich was zeigen«, sage ich und drängle zur Heimfahrt. Ich fühle mich wie ein aufgeregtes Kind, das es nicht erwarten kann, bis es den Eltern etwas Selbstgemachtes präsentieren darf.

Zu Hause hat Charlotte gerade noch Zeit, sich ihre Stiefeletten auszuziehen, Tom das mitgebrachte Überraschungsei in die Hand zu drücken, Julius aus dem Maxi-Cosi zu nehmen, bevor ich sie dann die Treppen hoch in mein »Reich« schleppe und ihr aufgeregt die dort herumliegenden Stoffprojekte vorführe.

»Schau! Die Mützen! Eine mit Stern und die andere mit einem Segelschiff! Süß, oder?« Ich halte ihr die roten und blauen Jerseykappen unter die Nase. »Und das ist eine Hose für Tom – mit rotem Ringelbündchen! Goldig, gell?« Ich drücke ihr das Teil in die Hand. »Und dort auf dem Bett die Kissenbezüge! Schau mal! Das ist doch ein toller Blumenstoff, oder?« Ich öffne meinen Kleiderschrank. »Warte, ich zieh noch schnell den bunten Sommerrock an. Den habe ich schon weggeräumt. Aber der ist heute erst fertig geworden! Er hat ein Jerseybündchen! Total bequem.« Ich schnappe mir den entsprechenden Kleiderbügel und beginne meine Jeans auszuziehen. »Du kannst solange im Kinderzimmer die bunte Wimpelkette bewundern. Die habe ich aus den ganzen Resten zusammengenäht«, schwatze ich dabei eifrig weiter.

Da höre ich Michael die Treppe hochsteigen. Er ist von der Arbeit nach Hause gekommen und macht sich wohl auf die Suche nach dem Rest der Familie. In der Tür zum Schlafzimmer erblickt er seine Tochter und schließt sie in die Arme.

»Schön, dass du da bist«, meint er.

Ich ziehe den Rock zurecht und blicke an mir herunter, ob er richtig sitzt. Dabei nehme ich aus den Augenwinkeln heraus wahr, wie Charlotte ihren Vater besorgt anschaut und mit ihrem Kopf kurz in meine Richtung nickt. Dann sagt sie ihm etwas ins Ohr. »Papa, ist das noch normal?«, höre ich sie leise murmeln.

Michael blickt mich an und zuckt lässig mit den Schultern.

»Na, ist doch besser, als wenn sie zu trinken anfangen würde, oder?«, meint er lautstark, und wir müssen lachen. »Kommt, wir gehen nach unten. Ich nehme dir Julius ab. Wo ist Tom?«, fragt Michael und schnappt seinen kleinen Sohn aus den Armen von Charlotte.

»Tom ist wahrscheinlich in seinem Zimmer und baut etwas aus dem Überraschungsei zusammen«, erwidere ich. »Ich bleib noch kurz hier und räume auf.«

»Alles klar«, höre ich Michael sagen. Das Schloss der alten Zimmertür rastet unsanft hinter ihm ein, dann ist es still im Raum. Ich setze mich an meinen Schreibtisch. Betrachte meine darauf stehende schlichte weiße Nähmaschine mit ihren rosafarbenen mechanischen Drehknöpfen. Im halbhohen Regal auf dem Boden daneben habe ich meine Stoffschätze sorgsam aufeinandergestapelt. Zwei fröhlich bunte Türme sind entstanden. Dann richten sich meine Augen auf den neuen Rock, den ich noch immer trage. Ich habe dafür zwei verschiedene Materialien verwendet. Meine flache Hand gleitet über das feine ozeantürkisfarbene Cordgewebe. Die streichenden Berührungen hinterlassen eine sichtbar dunklere Spur auf den samtigen Längsrippen. Mit dem rechten Zeigefinger fahre ich die Steppnaht am unteren Drittel des Kleidungsstückes entlang. Sie verbindet den Cordstoff mit einem rosafarbenen Baumwolltuch, das mit einem üppigen, ja fast wilden und grellen Blumenmuster bedruckt ist. Wunderschöne Farben, denke ich. Ich muss lächeln. Wirken meine Nähorgien tatsächlich seltsam auf andere?, überlege ich mir. Es ist so anders. Es ist, als ob mir die Trauer und die Arbeit mit ihr neben all den Schmerzen auch eine ungeheure Kraft verleihen. Dabei weiß ich nicht, ob diese Kraft meine Kreativität speist oder ob es eher andersherum ist. Denn das Tun regt mich an, ja beflügelt mich. Es scheint eine Fülle an gestalterischen Möglichkeiten in mir zu stecken, und diese auszuprobieren erfordert keine große Anstrengung. Nein, es stärkt mich. Und wenn ich Stoffteile aneinandernähe, dann ist es im Grunde genau dasselbe, wie wenn ich verschiedene Wörter zu Sätzen verknüpfe. Manchmal trenne ich Nähte auf, lösche Absätze, verziere mit Bordüren oder mit Buchstaben. Ich forme, ich ordne, ich füge zusammen. Was? Vielleicht mich? Auf jeden Fall fühle ich mich so lebendig dabei. Was geht in mir vor?

Es ist, als ob ich mich momentan treiben lassen kann. Wie ein Floß auf dem offenen Meer. Sich treiben zu lassen ist nicht anstrengend. Weil man keine Richtung vorgeben und nirgends ankommen muss.

Vielleicht sitze ich auf so einem Floß. Bei ruhigem Wetter kann ich den zartschimmernden Kräuselbewegungen der Wasseroberfläche zuschauen und meine Füße ins kühle Nass strecken. Ich kann die großen vorbeiziehenden Schiffe beobachten und den sanften Wind im Gesicht fühlen. Manchmal überholt mich ein laut kreischendes Motorboot, das schnell ans Ufer gelangen will. Dann schwankt mein Floß ein wenig.

Ist es stürmisch, lege ich mich lieber flach auf den Boden. Ich versuche im Geist und mit meinem Körper dem Rhythmus der Wellenbewegungen zu folgen. Wird es zu heftig, tauche ich hinab und schaue, was es alles auf dem Meeresboden zu entdecken gibt.

Früher wäre ich wahrscheinlich viel zu sehr damit beschäftigt gewesen, mein Boot in eine bestimmte Richtung zu lenken. Da gab es so viele Kommandos, die ich zu befolgen hatte. »Sei fleißig!« – »Setz dir Ziele!« – »Sei brav und anständig!« – »Mach es den anderen recht!« Ich hatte gar keine Zeit, oder besser, kein Recht dazu, andere, kreative Seiten in mir auszuleben.

Jetzt tue ich das einfach. Weil all meine bisherigen Pläne und Seekarten vom Meer verschluckt wurden. Alles ist offen, denn das Meer ist weit. Wohin die Wellen des Lebens mich noch schaukeln werden, wird sich zeigen.

Da fällt mir etwas auf: Für Julius habe ich noch nichts genäht. Wenn ich ehrlich bin, dann ist es wegen dieses Bildes. Immer wieder sehe ich es vor meinem inneren Auge: Ich werfe ein buntes Mützchen auf einen kleinen Holzsarg, der in einem frisch ausgehobenen Grab liegt.

Ich schlüpfe wieder in meine Jeans, packe alle Nähprojekte, die wild auf dem Bett herumliegen, zusammen und lege sie behutsam, wie kleine Kostbarkeiten, auf den Schreibtisch. Dann mache ich mich auf den Weg nach unten zu den anderen.

Nach unserem entspannten Wochenende geht der Alltag wieder los. Dienstagnachmittag bringe ich Tom in seine Klavierschule, bei der ich ihn vor einiger Zeit angemeldet habe. Es ist ein besonderer Musikkurs, die Eltern sind immer mit dabei. Von Anfang an konnte ich auch Julius mitbringen, der die Stunde meistens brav und leise auf meinem Schoß oder seiner Krabbeldecke verbringt. Es ist jedes Mal ein schöner Termin für mich. Es bereitet mir Freude, mit beiden Kindern gemeinsam Musik zu machen oder der Lehrerin am Klavier zuzuhören.

Seit Kurzem merke ich allerdings, dass mich etwas in dieser Runde traurig und nachdenklich stimmt. Und ich weiß auch genau, was es ist. Die Mutter, die bei jedem Treffen neben mir sitzt, ist schwanger. Mittlerweile kann man die Wölbung unter ihrer Kleidung deutlich erkennen. Und seither kann ich nicht mehr Toms Finger auf der Keyboardtastatur beobachten, sondern ertappe mich laufend dabei, wie ich Carolin, so heißt die quirlige Schwangere aus Berlin, auf den Bauch starre.

Der Anblick schmerzt mich heute so sehr, dass ich sogar mit dem Gedanken spiele, den Kurs zu beenden. Muss ich mir denn diese Qual antun? Gabi, das ist Unsinn, sage ich mir. Schwangere wird es immer und überall geben. Und ich denke an die Gutachterin des Medizinischen Dienstes, die vor Kurzem wegen Julius' Pflegestufe einen Hausbesuch bei uns machte und sichtlich kurz vor ihrem Entbindungstermin stand. Dann an die Sonderpädagogin aus der Sehfrühförderstelle, die sich bei unserem letzten Treffen in den Mutterschutz verabschiedet hat. Ich weiß noch genau, wie ich mich bei dieser Zusammenkunft gekränkt fragte, ob Schwangere überhaupt in so einem Job, der einen solch engen Kontakt mit Müttern von behinderten Kindern erfordert, tätig sein dürften. Als Suchtberaterin könnte ich mir während der Therapiestunde mit einem Alkoholiker doch auch kein Gläschen Wein einschenken, überlegte ich mir.

Aber was ist mit all den Schwangeren, die mir tagtäglich auf der Straße begegnen? Ich kann doch nicht vor all diesen Frauen davonlaufen!

Und schließlich gibt es ja Katharina, Sabina und Bettina. Du bist doch nicht allein, sage ich mir, und dabei fällt mir ein, dass ich morgen Abend mit den dreien verabredet bin.

Am nächsten Tag bin ich um 16 Uhr frisch geduscht und schick gemacht. Sobald Michael nach Hause kommt, werde ich zu unserem Mädelsabend aufbrechen. Ich will Julius noch etwas zu essen geben und hole den Mixer aus der Schublade, um die Käsespätzle vom Mittag zu pürieren. Schon seit Längerem haben wir beschlossen, dass Julius das Gleiche wie wir zu essen bekommen soll. Auch wenn er nach wie vor nicht kauen und nirgends abbeißen kann. Ich muss daran denken, wie lustig es Tom findet, Pfannkuchen, Spargel oder indisches Curry zu Mus zu vermanschen. Bei den Weißwürsten mit Brezeln hatte er kichernd noch einen Löffel süßen Senf in den Mixbecher getan. »Tun wir auch einen Schluck Bier rein?«, fragte er zum Schluss.

Ich hänge Julius und mir ein Geschirrtuch um den Hals. Noch immer ist die Nahrungsaufnahme eine nervenzehrende und schwierige Aktion. Das hat sich auch durch den neuen Therapiestuhl nicht verbessert, in dem Julius eigentlich sicher und gut gestützt sitzen sollte. Sein Kopf wackelt trotzdem unkontrolliert hin und her, und es verlangt viel Übung, im richtigen Moment den Löffel in die richtige Öffnung zu bugsieren.

Es klingelt an der Haustür. »Ich gehe!«, ruft Tom aus seinem Zimmer.

»Okay!«, rufe ich erleichtert zurück.

Dann stehen Tom und Mira, ein Freundin von ihm aus unserer Nachbarschaft, bei mir im Esszimmer.

»Hey, Mira«, sage ich.

»Hallo, Gabi«, antwortet sie freundlich.

Mira kommt näher und betrachtet mit großen Augen Julius in seinem Stuhl.

»Boah«, ploppt es laut aus ihrem Mund. »Hat Julius einen neuen Stuhl bekommen?«

»Ja«, antworte ich.

»Ist der aber coooool«, meint sie.

»Ja?« Ich bin verdattert.

»Totaaaaal! Mannoooo, als ich klein war, gab es solche Stühle noch nicht«, meint die Neunjährige.

»Komm, Mira, wir gehen schaukeln«, sagt Tom, und schon sind die zwei in unserem Garten verschwunden.

Später sitzen wir Frühfördermädels, Behindimamas oder Löwenmuttis, wie wir uns nennen, in einer Bar draußen unter großen Sonnenschirmen auf klapprigen Holzstühlen. Den ganzen Tag über waren es heute fast 30 Grad, und noch immer ist zum

Glück keine Abkühlung zu spüren. Vor uns stehen vier bunte Cocktails, bestückt mit glitzernden Fähnchen, Kiwischeiben und Limettenspalten.

»Heute hauen wir unser Pflegegeld auf den Kopf!«, ruft Katharina, erhebt ihr Glas; wir stoßen schwungvoll an und brechen in lautes Gelächter aus. Der junge Kellner grinst und prostet uns mit einem imaginären Glas zu. Ich blicke in die Runde, in drei fröhliche Gesichter.

Kein Mensch würde hier und heute erraten, was uns vier verbindet. Was würde dieser flirtende Ober wohl sagen, wenn er hören würde, dass zu Hause unsere schwerbehinderten Kleinkinder in genau diesem Augenblick von unseren Männern gepflegt werden? Was würde uns sein Blick mitteilen, wenn wir ihm erzählen würden, dass der zweijährige Lennart wahrscheinlich jetzt gerade seine Sondennahrung angehängt bekommt, der eineinhalbjährige Julius womöglich momentan einen Valiumrausch ausschläft oder die einjährige Lisa auf Grund ihrer Spastik soeben umgelagert werden muss?, frage ich mich. Niemand ahnt, welch enge Schicksalsbande uns vereinen.

Während Cocktail eins und zwei teilen wir die aktuellen Sorgen. Beim dritten Cocktail allerdings sind wir bei Geschichten aus unserem ersten Leben angelangt. Dem Leben ohne Kinder.

»Könnt ihr euch vorstellen, dass ich mit fünfzehn Jahren beim Guns-N'-Roses-Konzert in Stuttgart über den Zaun geklettert bin?«, fragt Katharina kichernd. »Ich habe mir dabei die Jeans von oben bis unten aufgerissen!«

Wir lachen. Doch, das können wir uns vorstellen.

»Und ein paar Monate später bin ich mit meiner Freundin nach Italien getrampt. Eine Woche lang! Im ganzen Land waren wir unterwegs.« Katharina schüttelt grinsend den Kopf. »Und wisst ihr, was ich meinen Eltern gesagt habe?« Sie schaut uns mit großen Augen an. »Ich habe ihnen gesagt, dass ich mit Constanze, so hieß meine Freundin, für eine Woche lang nach Konstanz in die Jugendherberge fahren würde. In die *Jugendher-*

berge!« Wir hören ihr konzentriert zu. So konzentriert, wie es eben in einem leicht benebelten Zustand geht. »Das Beste daran war, dass meine Eltern uns noch zum Bahnhof brachten. Und als meine Freundin und ich im Zug saßen, haben sie uns zum Abschied nachgewinkt.« Katharinas Stimme wird immer lauter, die Tonlage immer höher. »Sie haben gewinkt!«, ruft sie. »Und wir, wir haben ganz brav zurückgewinkt.« Mit ihrer rechten Hand wedelt sie langsam hin und her, um uns den genauen Winkvorgang zu demonstrieren. »Und jetzt kommt's!« Sie schlägt übermütig mit der Faust auf den Tisch, köstlich amüsiert über ihre damalige Aktion und beschwipst vom Piña Colada. »Aber wir, wir sind in Stuttgart einfach wieder ausgestiegen«, gluckst sie.

Darauf müssen wir erst einmal anstoßen.

»Mit achtzehn Jahren habe ich mir einen alten knallroten Peugeot 106 gekauft«, beginne ich mit einem erhobenen Zeigefinger zu erzählen. »Mit zwei Freundinnen bin ich gleich damit in eine Autolackierwerkstatt gefahren. Dort haben wir so lange mit dem Mechaniker geschäkert, bis er uns umsonst einige Gläser mit farbigem Lack befüllt hat … Marmeladegläser von meiner Mama«, gackere ich. »Und am Abend haben wir das Auto in der Dunkelheit unter einer Straßenlaterne mit riesigen bunten Blumen bemalt.« Ich fasse mir, selbst staunend über dieses halbwüchsige Ausleben meiner kreativen Ader, mit einer Hand an die Stirn. »Kennt ihr noch die Prilblumen? Diese Aufkleber, die es früher auf dem Spülmittel gab?«, frage ich die drei. »Ich sah wahrscheinlich aus wie eine ehemalige Spüli-Vertreterin in ihrem alten Dienstfahrzeug.«

Auch darauf müssen wir anstoßen.

»Na ja, mit diesem, wie ihr euch sicherlich vorstellen könnt, völlig unauffälligen Auto bin ich mit drei Freunden nach Holland gefahren. Ich muss dazu sagen, die Freunde mit ihren langen Rastazöpfen sahen ungefähr genauso unauffällig aus wie mein Auto.« Ich lache, fahre mir mit der Hand durch die

Haare und klemme eine Strähne hinter das Ohr. »Drei Tage habe ich dort verbracht ... na ja, ich kann mich an keinen einzigen mehr erinnern«, druckse ich leise herum. »Aber wisst ihr was? Jetzt kommt's!« Ich erhebe erneut meinen Zeigefinger. »An der Grenze haben sie uns wegen des Verdachts auf Cannabisschmuggel stundenlang festgehalten. Wie Schwerverbrecher! Mich! Könnt ihr euch das vorstellen? Das war 1994! Ich dachte damals, das bricht mir mein berufliches Genick«, sage ich. Mein Blick wird starr und wandert zurück in die Vergangenheit. In Gedanken sehe ich mich neben meinem quietschbunten Auto stehen, mehrere Polizeibeamte um mich herum, einige stöbern drin in den Polsterritzen, andere wühlen im Kofferraum.

Da überfällt mich eine wahrscheinlich vom Alkohol induzierte Melancholie.

Auch das sind wir, kommt mir in den Sinn. Auch das ist unser Leben, auch das sind unsere Geschichten. Wir sind eben nicht nur Mütter von behinderten Kindern.

Nachts um halb eins werden wir von Mark, unserem mittlerweile vertrauten Kellner, auf die Schließung des Lokals hingewiesen. Der Taxifahrer wird uns sicher nach Hause bringen.

»Wisst ihr ...«, beginnt Katharina auf der Rückbank des Autos mit einem leisen Schniefen, »allein für solche Momente und für unsere Freundschaft hat sich alles gelohnt.« Dann kommen ihr wirklich die Tränen, und ich drücke sie fest an mich.

Ein paar Tage später ...

Ich bin mit Julius allein zu Hause und zum ersten Mal dabei, ein Kleidungsstück für ihn zu nähen. Eine Jerseyhose aus blauem Stoff, der mit kleinen weißen Sternchen bedruckt ist.

Der Tod schreckt mich nicht mehr, schließlich gehört er bei jedem Menschen dazu. Nicht nur bei Julius.

Julius liegt in seinem Gitterbettchen neben mir. Ich habe den tragbaren Spielebogen aus dem Wohnzimmer über ihm platziert, sodass er sich auch hier oben in meiner Kreativstube mit seinem roten Holzmännchen amüsieren kann. Auf einmal höre ich ein monotones Stöhnen und drehe mich sofort zu Julius. Ich sehe seinen Kopf, der starr zur linken Seite gedreht ist. Automatisch laufe ich ins Badezimmer, um das Valium zu holen. Routiniert verabreiche ich ihm das Notfallmedikament.

Julius Zustand verändert sich nicht. Zehn Minuten lang stehe ich an seinem Bett, knete sanft seine Händchen und beobachte ihn angestrengt. »Sie können im Notfall auch zwei Rektiolen hintereinander verabreichen«, höre ich unseren Neurologen sagen und krame in unserer Medikamentenbox im Schlafzimmerschrank nach einer weiteren Packung. Dann öffne ich erneut Julius' Windel und gebe ihm ein zweites Klistier.

Leider läuft mir einiges von der durchsichtigen und ziemlich dünnflüssigen Substanz über die Hände und über Julius' Oberschenkel. Mist! Hoffentlich kommt genügend von dem Medikament in seinem Körper an.

Wohl nicht, denn nach weiteren 10 Minuten ist Julius immer noch völlig abwesend und starr.

Kurzerhand beschließe ich, eine dritte Rektiole zu geben, die allerdings ebenfalls nicht zu wirken scheint. Jetzt bekomme ich Panik. Was tun?

Ich schnappe Julius, renne zum Auto, schnalle ihn in seinen Kindersitz und düse los in die Klinik. Ich parke im Halteverbot genau vor dem Eingang unseres Krankenhauses und sprinte mit dem Maxi-Cosi unter dem Arm in die Ambulanz. Eine Krankenschwester, die Julius bereits kennt, nimmt uns in Empfang.

»Julius ist immer noch im Anfall, trotz Notfallmedikamenten«, japse ich kurzatmig.

»Der Neurologe ist heute nicht im Haus«, teilt mir die Schwester mit einem entschuldigenden Blick mit.

»O nein!«, rufe ich verzweifelt. Ich weiß genau, was das zu bedeuten hat. Kein anderer Arzt hier kennt sich mit Epilepsie aus, geschweige denn kann ein EEG auswerten.

»Ich rufe die diensthabende Ärztin«, sagt die Krankenschwester und läuft zum Telefon.

Ein paar Minuten später kommt die mir bereits bekannte Oberärztin zur Tür der Ambulanz herein.

Sie betrachtet Julius, der schlapp und abwesend im Maxi Cosi hängt.

»Was meinen Sie? Meinen Sie, dass er noch im Anfall ist?«, fragt sie mich.

»Ich weiß es nicht. Wahrscheinlich. Aber er hat bereits drei Valiumrektiolen von mir bekommen«, antworte ich.

»Oh! Na, dann ist es ja klar, warum er so benommen ist. Wir werden ihn überwachen müssen«, meint sie.

Nein, bloß nicht hierbleiben, denke ich und sage in einem ziemlich bestimmten Ton: »Aber nur bis heute Abend!«

»Auf keinen Fall! Natürlich müssen Sie über Nacht bleiben. Wir müssen Ihren Sohn an den Monitor anschließen«, raunzt die Oberärztin.

Niemand ahnt, was ein Aufenthalt im Krankenhaus für mich bedeutet.

Freiheitsentzug.

Knast.

Strafvollzug.

Aber darum geht es nicht.

Ich telefoniere mit Claudi, die Tom vom Kindergarten abholt und ihn so lange betreut, bis Michael von der Arbeit nach Hause kommt. Nach einer schlaflosen Nacht in meiner Klinikzelle schaue ich am nächsten Morgen in das Gesicht unseres Neurologen.

Julius' Vitalzeichen sind in Ordnung, sein Blick ist wach und er wirkt anfallsfrei.

»Die Einstellungsphase ist hart«, sagt der Arzt und blickt verständnisvoll in meine müden Augen. »Es kann dauern, bis wir ein geeignetes Medikament gefunden haben. Manchmal hat man Glück, und das erste eingesetzte Mittel wirkt. Manchmal muss man sehr viele ausprobieren. Es ist aber noch zu früh, das jetzige wieder abzusetzen. Momentan würde ich auch an den Notfallmedikamenten nichts ändern. Lassen Sie uns erst einmal abwarten, einverstanden?«

Ich nicke.

»Sie können nach Hause gehen, wenn Sie mir versprechen, sofort wiederzukommen, wenn es Ihrem Sohn schlechter geht.«

Ich nicke.

»Geben Sie die Hoffnung nicht auf! Wir sind erst am Anfang.«

Ich nicke.

Der Arzt verlässt den Raum, und ich bleibe mit Julius und meinen Gedanken zurück.

Hoffnung! Was für ein unsinniges menschliches Konstrukt. Wie oft habe ich diesen Satz seit Julius' Geburt schon gehört? Ich solle hoffen, nicht aufgeben, glauben. Und? Wie viele Male musste ich die Hoffnung inzwischen begraben? Ich frage mich: Wie viele Leben hat eine Hoffnung? Meine ist schon so viele Tode gestorben. Wie oft stand ich an ihrer Gruft, blickte auf sie, auf zerstörte Lebensträume und vernichtete Zukunftspläne hinunter. Grabbeigaben. Aber sie scheint unerbittlich, beharrlich und zäh, die Hoffnung. Immer wieder steht sie auf, kommt aus dem dunkelsten Loch gekrochen, mit einer nicht enden wollenden Kraft. Doch für was? Und warum? Nur damit ich sie unter Schmerzen wieder verscharren kann? Nein! Die Hoffnung ist eine gemeine Täuschung. Sie führt mich in die Irre.

Ich ziehe Julius an und verabschiede mich von den Schwestern auf der Station.

Computerkurs und Blaulicht

Zwei Tage später bin ich mit Julius auf dem Weg zu Kathrin. Ich trage ihn in ihre Wohnung, lege ihn auf dem Boden ab und sehe, wie er beginnt zu krampfen.

Ich gebe ihm Valium. Einmal. Und ein zweites Mal. Nichts verändert sich. Also packe ich den immer noch krampfenden Julius ein und fahre in die Klinik. Ich parke wieder im Halteverbot und renne wieder los in die Ambulanz. Man rennt viel mit einem epilepsiekranken Kind, schießt es mir durch den Kopf.

Heute ist unser Neurologe im Haus. Er ordnet ein EEG an, diagnostiziert einen Status Epilepticus und spritzt Julius ein weiteres Medikament in eine seiner kleinen Venen.

»Scheinbar wirkt das Notfallpräparat nicht mehr. Vielleicht hat sich der Körper bereits daran gewöhnt, vielleicht hat sich auch die Epilepsie verändert«, meint er.

Nach ein paar Stunden gehe ich mit Julius und einem Stapel neuer Arzneimittelrezepte nach Hause. Bei einem Anfall müssen wir Julius ab jetzt eine Substanz in die Nase sprühen.

Als Michael am Abend nach Hause kommt, erkläre ich ihm auf die Schnelle den Umgang mit dem neuen Notfallmedikament. Ich habe es eilig, denn in einer Viertelstunde beginnt der letzte Teil meines Website-Seminars in der Volkshochschule, und ich werde ohnehin schon zu spät kommen. »Aber du wirst ihm heute sicherlich nichts mehr geben müssen. Bei der Menge, die er schon bekommen hat. Er hat den ganzen Tag verschlafen. Und du siehst es ja, er schläft immer noch tief und fest«, teile ich Michael mit, schnappe meine Laptoptasche, drücke ihm und Tom einen schnellen Kuss auf die Wange und verschwinde aus der Haustür.

Ich freue mich auf den Kurs und auf eine Runde mit Menschen, die keine Ahnung von unserem aktuellen Leben haben. Als eine von zehn anderen ganz gewöhnlichen Teilnehmerinnen und Teilnehmern werde ich mich drei Stunden lang mit langweiligen und völlig unspektakulären Themen wie »Templates«, »online-CMS« und »FTP-Konfiguration« beschäftigen. Dinge, von denen ich zuvor noch nie etwas gehört habe.

Als ich den abgedunkelten Raum betrete, sitzen meine Kurskollegen zwischen einer Unmenge an Kabeln, Computertürmen und Druckergeräten an ihren Bildschirmen und scheinen bereits in dem neuen Programm zu arbeiten. Mist! Den schwierigsten Teil des Abends habe ich wohl verpasst, denke ich: das Starten und Installieren der benötigten Software.

»Ah, Frau Noack. Schön, dass Sie da sind«, begrüßt mich der Leiter. »Bitte melden Sie sich an, speichern und entpacken das Programm und starten dann den Browser. Sie wissen ja jetzt, wie das geht. Wir warten auf Sie, dann können wir alle zusammen weitermachen.«

»Klar, mach ich«, antworte ich cool und selbstsicher, die Rolle einer erfahrenen IT-Administratorin spielend. Dabei habe ich keine Ahnung, wovon der Seminarchef eigentlich redet.

Zumindest weiß ich, wo sich der »Start-Knopf« des PCs befindet, aber schon wenige Arbeitsschritte später öffnen sich Fenster auf meinem Bildschirm, die mir absolut fremdartig erscheinen. In englischer Sprache werden die dazugehörigen Befehle angezeigt, aber genauso gut hätten die Entwickler dieses Programms auch chinesische Schriftzeichen verwenden können.

»Ähm, Entschuldigung …«, melde ich mich mit erhobener Hand. »Ich bräuchte doch noch einmal Ihre Hilfe«, sage ich zuckersüß lächelnd und zwinge mich, das genervte Augendrehen meines rechten Sitznachbarn zu ignorieren.

»Ich helfe Ihnen«, meint der Chef und setzt sich neben mich. »Oh, was haben Sie denn da gemacht?«, fragt er mich, und am liebsten würde ich ihn bitten, doch leiser zu reden. »Na, da müssen wir noch einmal von vorne anfangen«, stellt er fest.

Zehn Minuten später meint er, dass sich der PC wahrscheinlich völlig aufgehängt hat. »Wir müssen ihn ganz herunterfahren«, erklärt mir der Leiter kopfschüttelnd. Mein Sitznachbar äußert seinen Unmut nun auch auditiv, indem er tief einatmet und dann ganz langsam und mit aufgeblähten Backen die Luft nach draußen bläst.

Fast eine halbe Stunde später schlägt sich unser geduldiger Kursleiter mit der Hand auf den Oberschenkel und ruft in die verbrauchte, stickige Luft des Zimmers: »So, Frau Noack ist jetzt auch drin! Es kann losgehen!«

Genau in diesem Augenblick klingelt mein Handy.

Vor Schreck zuckt mein ganzer Körper zusammen. Der Kursleiter, der immer noch neben mir sitzt, blickt mich an, und ich deute zaghaft mit einem Finger auf mein Mobilgerät, das vor uns auf dem Tisch vibriert und eine leise, blecherne Melodie von sich gibt.

»Oh, da muss ich kurz rangehen«, sage ich mit lieblicher Stimme.

Ich drücke auf die Taste mit dem kleinen grünen Hörer. Sofort tönt Michaels laute Stimme in mein Ohr. »Julius ... Anfall ... neues Medikament ... ich kann den Anfall nicht durchbrechen ... Notarzt, komm sofort heim ...«, höre ich ihn aufgeregt schreien.

Mit einem einzigen Mausklick beende ich das eben erst so mühsam installierte Programm.

»Ich muss gehen«, sage ich dann, schnappe meine Tasche, blicke nicht nach links und schon gar nicht nach rechts und laufe ungefähr zehn Schritte zur Tür, die mir wie ein ganzer Kilometer vorkommen.

Ich drücke auf das Gaspedal und missachte jegliche Geschwindigkeitsbegrenzung. Ob man in unserem Fall bei einem Strafzettel wegen überhöhten Tempos wohl ein ärztliches Attest einreichen kann? Ich bin ja im Einsatz, überlege ich mir. Michael und ich haben in den letzten Wochen bereits mehrere Hundert Euro an unseren Landkreis überwiesen. Wir haben es oft eilig. Dann passiere ich unsere Ortseinfahrt. Alles wirkt so friedlich. Die Männer haben Feierabend, laufen mit ihren Aktentaschen in den Händen nach Hause, die Sonne scheint, alles ist grün und bunt. Ich biege um die Ecke in unsere Wohnstraße ein. Genau vor unserem Haus steht ein blau blinkender Rettungswagen, ein kleineres, aber nicht unauffälliger beleuchtetes Notarztfahrzeug daneben. Sie versperren die Durchfahrt, sodass einige Nachbarn nicht zu ihren Häusern fahren können und am Straßenrand parken. Das mache ich auch, und dann renne ich wieder los. Tom kommt mir entgegengesprungen und ruft: »Mama, die sind bei uns! Die sind bei uns! Ich will mitfahren! Dieses Mal will ich vorne mitfahren!«

Julius liegt verkabelt und umringt von Rettungssanitätern im Innern des Wagens. »Dann fahren wir jetzt los«, meint einer von den Herren in rot-weißer Uniform, als er mich erblickt. »Machen Sie sich keine Sorgen, Ihrem Sohn geht es schon wieder besser. Er atmet, und sein Kreislauf ist stabil«, teilt er mir mit.

Michael und ich beraten kurz und beschließen, dass er mit Julius in die Klinik fahren wird.

Als der ganze Spuk vorüber und unsere Sackgasse wieder von der gewohnt beschaulichen Atmosphäre umgeben ist, sitze ich mit Tom und einem Nachbarskind auf unserem Sofa. Besser gesagt, ich sitze, und die zwei springen aufgeregt hin und her. Sie erzählen mir gleichzeitig, wie sie beide den Krankenwagen in unsere Hofeinfahrt gewinkt haben, wie die Notärzte in unser Haus rannten, und sie berichten mir von den großen Koffern und den vielen Spritzen der Sanitäter. Ich krame unser Geschwisterbuch hervor und lese ihnen vor, wie »Lisa« die

Anfälle ihres Bruders beschreibt: »Meine Eltern bleiben ganz ruhig, sie kennen das schon und wissen, dass so ein Anfall immer nur ein paar Minuten dauert. Dann ist alles wieder vorbei.« Na ja, denke ich nur und erinnere mich an die vielen Krämpfe von Julius, die ich bis jetzt erlebt hatte. Manche haben mit einem Schrei begonnen, manche mit Zuckungen, einige Male ist er nur leblos in sich zusammengesunken, manchmal lag er einfach starr da. Aber kein Einziger endete von allein. Jeder führte in einen Status Epilepticus. Ich lese weiter vor: »Manchmal müssen Mama und Papa ihm eine Medizin geben, damit er wieder wach wird.« Auch das scheint bei uns anders zu verlaufen. Was, wenn auch das zweite Notfallmedikament nicht wirkt? Was dann?, frage ich mich.

Zum Glück ist unser Kreiskrankenhaus überfordert und am heutigen Tag völlig überfüllt. Da sie uns und vor allem Julius dort mittlerweile kennen, er einen stabilen Kreislauf hat und Michael auf seinen Arzttitel hinweist, dürfen beide mit einem weiteren Kreissparkassen-Krankenwagen-Giraffenstofftier die Klinik verlassen.

Draußen ist es bereits dunkel, als sie bei uns zur Tür hereinkommen. Ich schaue auf die Uhr, denke an meinen Volkshochschulkurs und daran, dass er nun auch für die anderen Teilnehmer zu Ende gegangen ist. Dann lege ich mich mit Julius auf das Sofa und kuschele mich eng an ihn. Ich liebe ihn doch so sehr. Warum muss es so schwer sein – für ihn und für uns?

Segelwoche

»Können wir denn unter diesen Umständen segeln gehen?«, fragt mich Michael ziemlich ratlos. Nächste Woche soll unser »Törn« auf der »Seeschwalbe« losgehen.

»Ehrlich gesagt, ich weiß es nicht. Was, wenn wir weit draußen sind und Julius einen schlimmen Anfall hat?«, frage ich mich.

»Na ja, wir müssen natürlich alle möglichen Notfallmedis mitnehmen. Ich habe mir bereits alle Krankenhäuser mit einer Kinderneurologie in der Nähe des Segelhafens notiert. Dort müssten wir dann möglichst schnell hinfahren, wenn wir alleine nicht mehr klarkommen«, sagt Michael.

»Ich rede noch einmal mit den Ärzten darüber«, beschließe ich.

»Natürlich fahren Sie. Keine Frage! Wenn was ist, können Sie mich auch anrufen. Ich schreibe Ihnen genügend Medikamente auf. Dieser Urlaub ist wichtig für Sie. Denken Sie auch an Ihren großen Sohn, der freut sich bestimmt sehr auf diese Woche«, meint Julius' Neurologe.

Und wie der sich freut, denke ich. Seit Wochen ist Tom dabei, Seemannsknoten zu knüpfen und Segelkommandos zu lernen.

Wir segeln, beschließen Michael und ich.

Eine Woche später fahren wir mit einem klapprigen Handwagen riesige Taschen und Boxen, vollgestopft mit Bettzeug und Lebensmitteln über den schmalen Holzsteg des Segelhafens Gohren zu unserem Boot.

»Was habt ihr denn vor?«, fragt uns nichtsahnend die angeheiterte Männergruppe vom Nachbarschiff.

»Ihr habt ja sogar einen Mixer dabei!«, ruft einer der dreien belustigt, als er beim Einräumen hilft und meine kompletten Braun Multiquick Stabmixer Gerätschaften in einer der Küchenkisten entdeckt.

»Ich glaub, zum Essen kommen wir zu euch rüber!«, johlt daraufhin ein zweiter. Dann prostet er uns mit einer Flasche Bier zu.

Ich muss lachen, denn ich gehe mal davon aus, dass pürierte Spaghetti mit Tomatensoße nicht gerade ihren Geschmack treffen würden. Wenn die Jungs von nebenan wüssten, was wir sonst noch alles im Gepäck haben, kommt mir in den Sinn, als ich kurz darauf Unmengen an Valiumpackungen, Luminalampullen, Kanülen und Spritzen in die engen Ablagen der Kajüte quetsche. Hoffentlich werden wir nicht von der Wasserschutzpolizei kontrolliert, die würden uns glatt für Drogenschmuggler halten.

Es grenzt für uns an ein Wunder, aber Julius hat in dieser Woche keinen einzigen Anfall. Wir segeln bei strahlendem Wetter und einer leichten Brise sechs Tage lang den Bodensee rauf und runter. Wir erleben mitten auf dem See traumhafte Sonnenuntergänge, springen von unserer Badeplattform vom Schiff aus direkt ins Wasser, spielen im Hafen bei Kerzenschein an Deck Uno, erschaudern eines Abends beim Wellengang eines Gewitters. Julius schläft mit Tom in der vorderen Koje, sicher eingebettet in ein großes Stillkissen. Michael und ich belegen die hintere. Tagsüber liegt Julius mittschiffs in der Plicht und scheint das Piratenleben zu genießen.

Wir sind glücklich, zutiefst glücklich und beschließen, dass dieser Urlaub der schönste ist, den wir bis jetzt erlebt haben. Vielleicht will sich das Schicksal mit uns versöhnen.

Kinderfragen

Es ist ein heißer Tag, einer der letzten Julitage 2014. Tom ist mit einem Freund rutschen, und ich wate mit Julius im Arm langsam durch das erfrischende Wasser des Nichtschwimmerbeckens in unserem Freibad. Dabei muss ich an den heutigen Vormittag denken. Michael und ich hatten einen Termin im genetischen Institut der Universität, bei dem sie uns das Ergebnis ihrer Analysen mitgeteilt haben. Über achthundert Gene haben sie unter die Lupe genommen. Und sie haben nichts gefunden. Keine Auffälligkeiten und keinen Hinweis auf eine erbliche Erkrankung.

»Aber das heißt, wir können Ihnen und Ihrem Sohn leider nicht weiterhelfen. Es bleibt unklar, was ihm fehlt«, teilte uns die freundliche Ärztin mit.

Nach einer bedrückten Schweigeminute meinte Michael plötzlich: »Na ja, können Sie uns zumindest die Frage beantworten, ob Julius einmal Abitur machen kann?«

Ich muss schmunzeln, als ich an den entsetzen Ausdruck der Genetikerin denke. »Ja ... also ... es ist so ... ähm«, begann sie zu stottern.

»Kleiner Scherz«, meinte Michael. »Nein, eigentlich hatte ich gehofft, Sie könnten uns sagen, ob wir einen Aufzug ins Haus bauen müssen oder nicht«, erklärte er plötzlich traurig.

Aber das konnte die Ärztin natürlich auch nicht.

Nach diesem Treffen habe ich beschlossen, zur Ablenkung mit den Kindern schwimmen zu gehen.

Mittlerweile hat sich eine Schar kleiner Mädchen im Wasser um Julius und mich versammelt. Sie springen immer wieder kopfüber vor uns ins kalte Nass und schauen neugierig auf Julius, der seltsame Bewegungen mit seinen Armen vollführt.

»Den habe ich hier schon öfter gesehen«, sagt eine, den Blick auf Julius gerichtet.

»Ja, wir sind ab und zu im Freibad«, sage ich.

»Ist der *behindert?*«, fragt ein anderes Mädchen.

»Ja, das ist Julius, und er ist behindert«, antworte ich.

»Ist der dann krank?«, will nun ihre Freundin wissen.

»Ja, er ist krank«, bestätigte ich.

»War der schon einmal beim Arzt?«, fragt das erste Mädchen mit einer besserwisserischen Stimme.

»Oh ja ... schon sehr oft«, sage ich und muss schmunzeln. Julius verdreht die Augen, sein Blick ist wie so oft nach links oben gerichtet.

»Vielleicht musst du mit ihm mal zum Augenarzt?«, meint die kleine Dame kritisch zu mir.

»Tja, da waren wir auch schon«, entgegnete ich lächelnd.

Die Kinder hüpfen fröhlich im Wasser auf und ab. Sie kichern.

»Wie heißt der noch mal?«

»Julius«, sage ich.

Dann nehmen zwei von ihnen, weiterhin springend, beide Händchen von Julius und patschen sie vergnügt ins Wasser. Julius grinst und gluckst. Ich beginne mit den Kindern im Takt zu hopsen, schließe die Augen, höre das lustige Platschen unserer Körper im Wasser, spüre die kühlen Spritzer auf meinem Gesicht und lache. Was für ein wunderschöner Moment.

Auf dem Nachhauseweg machen wir einen kleinen Umweg, um uns in der Eisdiele zum Abschluss des Tages noch etwas Süßes zu gönnen. Bei den immer noch heißen Temperaturen müssen wir uns am Tresen anstellen. Vor uns wartet eine Frau, die vorsichtig an einem Kinderwagen rüttelt. Mein Blick wandert in die Babyschale auf den kleinen, vielleicht vier oder fünf Monate alten Säugling. Der rosa Body und die Spielsachen lassen schnell erkennen, dass es sich um ein Mädchen handelt. Wie in Trance beobachte ich die Kleine, die ihre nackten Beinchen in die Höhe reißt. So weit, dass sie sogar mit ihren Zehen die bunten Holzfiguren, die an einem Band über ihrem Köpfchen baumeln, wild zum Schwingen bringt. Wow, wie fit und sportlich, staune ich in Gedanken. Als ob das Baby erkannt hätte, dass es bewundert wird, umfasst es nun als Zugabe noch geschickt seine Füßchen und schaukelt im Wagen hin und her. Wie eine Zirkuskünstlerin, denke ich. Eintritt könnte die Mama von mir verlangen, so fasziniert mich diese Vorführung. Ich schaue zu Tom, der ebenfalls mit weit aufgerissenem Mund in den gleichen Kinderwagen starrt.

»MAMMMAAA! Wow, siehst du das?«, ruft er plötzlich. »Wie die die Beine hochnimmt!« Dann dreht er sich zu Julius im Buggy um und meint aufgeregt: »Schau mal, Julius, so musst du das machen!« Er zeigt mit dem Finger auf den Säugling. »Da kannst du dir ein Beispiel nehmen«, sagt er lachend und feuert dann die Sportlerin an. »Toll, super machst du das!«, ruft er begeistert. Die Mama dieses Wunderkindes schaut uns verdutzt an, lächelt und verlässt mit ihrer Eiswaffel in der Hand die Manege. Dann sind wir an der Reihe und bestellen unsere Eiskugeln.

Grenzen

Am nächsten Morgen sitzen Tom und ich am Frühstückstisch. Julius spielt fröhlich glucksend unter seinem Spielbogen.

»Bevor du in den Kindergarten gehst, musst du noch die Kaulquappen füttern«, sage ich zu meinem Sohn.

Tom nickt und mampft sein Brot weiter.

Er hat die Tiere letzte Woche im Teich seines Opas gefangen und mit nach Hause genommen. Jeden Tag stehen wir nun vor dem Gefäß in unserem Garten und beobachten die Verwandlung dieser Amphibien. Mittlerweile sind bereits kleine Füßchen an den grauen Körpern zu erkennen. Fasziniert warten wir seither darauf, dass endlich Frösche aus den seltsamen Lebewesen entstehen.

Ich schaue zu Julius. Seine Arme zucken rhythmisch. »Blitzgewitter!«, rufe ich und laufe zur Krabbeldecke. Tom springt in die Küche und holt die dort deponierte kleine, wieder verschließbare Plastiktüte. In der haben wir alle nötigen Utensilien zusammengepackt: Ampulle, Spritze, Kanüle, Desinfektionsmittel, Tupfer.

»Müssen wir ihn jetzt etwa richtig spritzen?«, stöhnt Tom und übergibt mir das Tütchen.

»Ja, das müssen wir wohl«, erwidere ich.

Keine Arznei scheint bei Julius zu wirken. Weder die Langzeitmedikamente noch die Notfallpräparate mildern die Unwetter in seinem Gehirn.

»Wir könnten es mit einem Betäubungsmittel versuchen.

Das müssten Sie allerdings im Notfall intramuskulär verabreichen«, hat der Neurologe uns mit einem skeptischen Gesichtsausdruck bei unserem letzten Besuch erklärt.

Natürlich habe ich als Krankenschwester vor zwanzig Jahren ab und an Patienten Medikamente in den Muskel injiziert. Aber das waren Erwachsene! Wie macht man es bei einem Kind? Und dazu noch beim eigenen? Wie tief muss ich die Nadel in die Haut bohren? Ich weiß nicht, ob ich das kann. Vielleicht ist hier meine Grenze erreicht?, fragte ich mich.

»Sie schaffen das! Sie sind doch vom Fach«, sagte der Arzt zuversichtlich und gab seiner Assistentin Anweisungen, das komplette Equipment für mich zusammenzustellen. Und ich wusste mal wieder, dass ich im Grunde gar keine Wahl hatte.

Nun ist es so weit.

Ich breche das Glas der Ampulle entzwei und ziehe das Medikament auf. Eigentlich ist Spritzen doch ganz einfach, beruhige ich mich. Ich stecke die Kanüle auf, desinfiziere Julius' Haut und steche zu, ohne lange zu überlegen. Besser gleich vom Sprungbrett springen, als noch lange in den Abgrund starren, sage ich mir.

Julius fängt an zu brüllen und zu strampeln. Noch im Anfall kämpft er wie ein Löwe gegen die Schmerzen in seinem Bein. Mir entgleitet sein Fuß, der Oberschenkel zappelt mit der Nadel durch die Luft. Ich versuche den Kolben zu erwischen, drücke erneut fest darauf, aber er bewegt sich nicht. Die Arznei ist zu dickflüssig für die zarte Kanüle.

»Mir reicht es jetzt, ich rufe die 112!«, brüllt Tom und schiebt seinen Stuhl vor den Küchenschrank, auf dem sich das Telefon befindet.

»Nein, ich habe alles im Griff!« Mit diesen Worten versuche ich mehr mich zu besänftigen als meine beiden Söhne.

Ich renne nach oben, hole unsere Medikamentenbox und stöbere darin hektisch nach einer neuen, größeren Injektionsnadel. Was würden wir eigentlich machen, wenn Michael kein

Arzt wäre und wir mittlerweile nicht wie eine Notfallambulanz ausgestattet wären?

»Aber noch einmal guck ich nicht zu! Ich gehe nach oben. Du spritzt erst, wenn ich oben bin, okay?« Tom gibt mir aufgebracht Anweisungen.

»Klar, geh, ich schaff das hier.«

»Mama, gell, heute macht Julius einen langen Besuch auf seinem Planeten«, stellt er noch fest, bevor er sich umdreht und die Treppe hochtrampelt.

»Ja, einen sehr langen«, flüstere ich ihm leise hinterher.

Es ist ein lautes »Okay, bin oben« zu hören, und ich steche ein weiteres Mal kräftig und entschlossen zu. Ich funktioniere, bin so konzentriert, dass ich hören kann, wie die Kanüle die feine Haut und die straffe Fettschicht durchdringt, bilde ich mir ein. Der kleine Plastikhohlraum leert sich langsam.

Es dauert nur ein paar Minuten, dann bewegt Julius seinen Kopf, und seine Augen schauen zu mir. Sachte nehme ich ihn auf den Arm, wiege ihn hin und her und küsse sein Köpfchen.

»Du bist wieder auf der Erde gelandet, mein süßer Kleiner«, flüstere ich ihm zu. Ich schaue auf meine Uhr. Eine Dreiviertelstunde ist vergangen.

Mittlerweile ist es fast schon halb zehn, ich rufe nach Tom, der sich nun beeilen muss, um noch rechtzeitig in den Kindergarten zu kommen.

Die Kaulquappen haben wir ganz vergessen.

Metamorphose, drei Wochen später

Ich blicke gespannt in die Tiefe des Eimers. Die Fische, die Tom auch aus dem Teich geholt hat, haben sich versteckt und sind nicht zu sehen. Aber noch ein paar wenige Kaulquappen bewegen sich fast schwebend im Wasser. Einige ihrer Kollegen hatten bereits Froschfüße bekommen; wir haben sie in einem nahe gelegenen Tümpel ausgesetzt.

Meine eigene Entwicklung kommt mir in den Sinn. Durchlebe ich nicht ebenfalls eine Metamorphose? Bin ich nicht auch eine andere geworden? Ich denke an mein altes Leben, an meine Ziele, meinen Job, das Studium und die geplante Praxiseröffnung. Und jetzt? All das, was mir früher einmal so wichtig erschien, hat momentan keinerlei Bedeutung für mich. Ich weiß nicht, in was oder in wen ich mich letztendlich verwandeln werde, ich habe weiterhin keinen Plan. Derzeit treibe ich noch immer in meinem Leben umher, so wie die Kaulquappe vor mir im Wasser.

»Willst du nicht wenigstens wieder stundenweise anfangen zu arbeiten?«, fragte mich Claudi vor ein paar Tagen, als wir abends bei unserem Italiener saßen. Früher, vor Julius' Geburt, haben wir uns dort fast wöchentlich getroffen und über unsere Lebenspläne gesprochen.

»Nein«, habe ich geantwortet. »Meine Aufgabe ist erst mal klar.«

»Ja, schon. Aber du musst doch auch mal raus und ab und an etwas anderes sehen«, sagte sie betreten.

»Mit ›Aufgabe‹ meine ich nicht nur die Pflege von Julius. Ich muss an mir arbeiten. An meinen Einstellungen und den Gefühlen in mir, die mich immer wieder daran hindern, mein Leben so anzunehmen, wie es ist. Das braucht Zeit, viel Zeit«, sagte ich und dachte daran, wie anstrengend und mühsam es ist, dreimal die Woche auf der Couch meines Therapeuten zu liegen und den Dingen ins Auge zu blicken, die mein Bewusstsein bisher verdrängt hat. Gleichzeitig erlebe ich diese Arbeit an mir als eine unglaubliche Bereicherung, als eine Chance, irgendwann wirklichen Frieden in mir finden zu können. Denn es gibt Anteile in meinem Inneren, die versuche ich mit einer gewissen Anstrengung gut und sicher verschlossen zu halten. Wie Flaschengeister. Sie könnten gefährlich sein, sehr gefährlich, sagt sich wohl mein Unbewusstes. Aber Julius hat den Stöpsel gezogen, die Gespenster haben sich ausgebreitet, und ich muss mich mit ihnen auseinandersetzen.

Da ist diese tiefe Überzeugung, verantwortlich zu sein. Für alles. Für Julius' Erkrankung, für Toms Entwicklung, für unsere Partnerschaft. Dann die Schuldgefühle. Das Gefühl, versagt zu haben, Fehler zu machen, vielleicht anderen zu schaden. Die Angst vor meiner eigenen womöglich zerstörerischen Wut. Dann sind da diese ganzen Erwartungen, die ich habe. An mich und vor allem auch an meine Mitmenschen. Außerdem diese unstillbare Sehnsucht nach dem großen Glück und die Vorstellung, es zu finden, wenn ich mich nur genügend anstrengen würde. Und das langsame Erwachen in der Realität.

»Das Leben ist nicht strahlend weiß oder tiefschwarz, Frau Noack«, meinte mein Analytiker in einer der letzten Stunden. »Das Leben ist grau. Aber mit dieser Farbe kennen Sie sich nicht so gut aus.«

Nein. Noch nicht. Vielleicht kann ich es lernen. Ich will es versuchen, dachte ich. Aber ich kannte im Leben immer nur ganz oben oder unten – Dirty Dancing oder Melodram.

»Weißt du, Claudi, ich habe gar nicht mehr das Gefühl, *weg* oder *raus* zu müssen. Das erste Mal in meinem Leben will ich hierbleiben. Hier. Bei mir. Komisch, oder?«, meinte ich und drehte meine Spaghetti auf die Gabel.

»Oh, das klingt schon wieder so kompliziert«, sagte Claudi lächelnd.

»Ja, das ist es auch. Aber jetzt, wo ich rausfalle aus dieser Welt, aus diesem normalen Rahmen, jetzt ist es irgendwie so, als ob ich mich auch frei fühle. Frei genug, um die Dinge zu machen, die ich früher niemals getan hätte. Zumindest nie ohne bestimmte Ziele. In die Analyse gehen, schreiben, lesen, nähen. Ich mache sie einfach«, erklärte ich ihr an diesem Abend.

Nun betrachte ich eine Kaulquappe, wie sie mit ihren neuen Beinchen anfängt zu wedeln. Es ist schwer, den anderen meine sich verändernde Gefühlswelt und meinen Entwicklungsprozess zu erläutern, merke ich. Vielleicht will ich es auch noch gar nicht. Vielleicht weiß ich aber auch, dass viele es gar nicht nachvollziehen können. Ich hätte es doch früher auch nicht gekonnt.

Ein gesellschaftlich angesehener Job, wohlgeratene Kinder, eine schicke Wohnung oder besser ein hübsches Häuschen, reichlich Urlaube. Es besser als die anderen haben. Und vor allem: Anerkennung. Diese Ziele kenne ich doch selbst nur zu gut.

Und jetzt? Von außen betrachtet mag mein Leben momentan ziemlich schrecklich aussehen. Manchmal ist es das auch. Aber viel öfter ist es genau das Gegenteil.

Alle können es auf den ersten Blick sehen: Wir sind nicht perfekt. Deshalb brauche ich auch nicht mehr danach zu streben.

Ich kann und will meinen Blick nach innen richten.

Die Kaulquappe winkelt die Beine an, und mit energischen Stößen gleitet sie unter die Steine. »Eure Entwicklung läuft allerdings sicher sehr viel weniger schmerzhaft ab als meine«, flüstere ich ihr zu.

Die Sorgen um Julius sind schwer. Sehr schwer, denke ich. Sie sind wie die Steine im Kübel, die wir als Unterschlupf für die Fische hineingelegt haben. Sie sind immer da, ich trage sie stets bei mir. Auf der anderen Seite ist es aber auch ganz klar so, dass sie mich durch ihr Gewicht die Tiefe des Lebens spüren lassen, bemerke ich.

»Heute Abend werdet auch ihr in die Freiheit entlassen«, sage ich leise in den Wasserkübel und denke an morgen, an meine bevorstehende Gefangenschaft. Sie kommt unerwartet und ungeplant.

»Jetzt würde ich Ihnen raten, in die Uniklinik zu fahren, damit ihr Sohn dort stationär eingestellt werden kann«, sagte vorhin unser Neurologe, als ich mit dem krampfenden Julius bei ihm war. Die Anfälle werden immer häufiger und sind mittlerweile nicht mehr beherrschbar.

Selbst das intramuskulär verabreichte Betäubungsmittel kann sein vom Gewittersturm aufgewühltes Gehirn im Notfall nicht mehr beruhigen.

Die letzten drei Wochen der Sommerferien haben begonnen, und wir hatten eigentlich vor, alle gemeinsam an die Nordsee zu fahren. Nun wird Michael mit Tom dort alleine Urlaub machen. Michael. Auch unsere Partnerschaft verändert sich, denke ich.

»Wenn wir das durchstehen, kann uns nichts mehr trennen«, hat er mir gestern Abend gesagt. Und es stimmt, oft fühlen wir uns zutiefst verbunden. Aber es gibt auch Momente, da packt uns das Entsetzen. Das Entsetzen über die Schwere der Erkrankung unseres gemeinsamen Sohnes. Und dieses Entsetzen lässt keine Nähe zu.

Ich streue ein wenig Fischfutter auf die Wasseroberfläche und gehe ins Haus, um meinen Koffer zu packen.

Diebstahl

Ich trage Toms Namen und unsere Adresse in die entsprechende Spalte der Karteikarte ein. Drinnen toben bereits fröhlich die Kinder, und Michel aus Lönneberga grinst uns freundlich von der Wand aus an. Solange Michael, Julius und ich nach einem geeigneten Wandregal für das Kinderzimmer Ausschau halten, darf sich Tom im Kinderparadies vergnügen. Dann schlendern wir beide mit Julius im Kinderwagen die Flure des schwedischen Möbelhauses entlang, und ich hänge ein wenig meinen Gedanken nach.

Erst vor ein paar Tagen bin ich mit Julius aus der Uniklinik entlassen worden. Die Ärzte haben verschiedene Medikamente an ihm ausprobiert und eine erneute MRT seines Schädels durchgeführt. Zum Glück verlief diese sehr viel weniger dramatisch als die erste kurz nach seiner Geburt. Aber sie brachte keine neuen Erkenntnisse. Im Inneren von Julius' Gehirn ist nichts zu erkennen, was die Schwere seiner Epilepsie erklären könnte.

Wie schön es mal wieder ist, hier die hübschen Möbel und die stimmungsvoll eingerichteten Zimmer zu betrachten, denke ich. Nach dieser langen Zeit in einer ungemütlichen Klinikzelle packe ich heute gerne für zu Hause ein paar neue Dekoartikel in den Wagen.

Es waren vier harte Wochen. Ich wusste oft nicht, ob es Julius wegen seiner anhaltenden Anfälle so schlecht ging oder ob seine körperliche Schwäche zu den Nebenwirkungen all der Medikamente gehörte.

Wobei auch jetzt, nach dem Klinikaufenthalt, noch keine Besserung seines Gesundheitszustandes zu erkennen ist. Sein Lachen ist selten geworden, seine fröhlichen Laute sind kaum noch zu hören. Aber wir sind wieder draußen. Vielleicht geht es ihm zu Hause bald wieder besser.

Nach einer guten Stunde holen wir Tom ab und gehen zum Abschluss Köttbullar und Pommes essen. Julius schläft.

Michael verstaut meine Handtasche in der Ablage des Kinderwagens. Wir brauchen schließlich für die Tabletts und die Kinder freie Hände. Ich schiebe den Buggy und werfe ab und zu einen Blick nach unten in das Gepäcknetz, aber alles sieht sicher und gut verstaut aus. Aus dem Lautsprecher ertönt die Aufforderung an die Kunden, sich zum Ausgang zu begeben. Das Möbelhaus schließt bald. Ich packe noch schnell ein paar Kerzen ein, und dann laufen wir alle zusammen zügig zur Kasse.

Wir sind an der Reihe. Michael legt unsere Waren auf das Band, ich bücke mich, um meinen Geldbeutel aus der Tasche zu holen.

Wo ist sie? Wo ist meine Handtasche?

»Man hat mir gerade meine Handtasche geklaut!«, rufe ich und blicke ringsum in verdutzte Kundengesichter.

»Das gibt es nicht! Die ist weg!«, rufe ich.

»Schau erst noch mal überall nach«, ermahnt mich Michael leise.

»Quatsch, die ist gestohlen!«, schreie ich.

»Die müssen sofort die Ausgänge schließen und die Überwachungskameras anschauen«, meint der coole Typ hinter mir. Stimmt, denke ich. Das ist heutzutage sicherlich Standard.

»Sie müssen sich da vorne bei einem unserer Service-Mitarbeiter melden. Ich kann Ihnen da leider nicht weiterhelfen«, meint die Dame an der Kasse überfordert.

Ich renne los und suche den entsprechenden Herrn.

»Und was soll ich da jetzt machen?«, meint dieser verblüfft.

»Ich weiß es nicht. Haben Sie so was noch nicht erlebt?«, frage ich.

»Nein. Ich nicht«, sagt er.

»Meine komplette Handtasche ist weg. Da ist alles drin! Alles!«, rufe ich. »Die ganzen Medikamente unseres Sohnes«, füge ich an, um die Ungeheuerlichkeit dieses Vorgangs dramatisch zu unterstreichen. »Er ist schwer epilepsiekrank! Da ist eine Ampulle Luminal und eine Kapsel Chloraldurat drin!« Als ob ein Möbelverkäufer Ahnung von Pharmazie hätte!

»Soll ich den Notarzt rufen?«, fragt der Mitarbeiter erstaunt gelassen.

»Nein, das jetzt auch wieder nicht.«

»Ich rufe mal einen Mitarbeiter vom Sicherheitsdienst«, sagt er und hält sich sein tragbares Telefon ans Ohr.

»Gute Idee«, meine ich.

»Kann mal jemand zu den Kassen kommen? Da wurde eine Handtasche geklaut. Die Dame ist ziemlich aufgebracht«, murmelt er in den Hörer.

Wie bitte? Ziemlich aufgebracht? Wie verhält man sich denn sonst, wenn einem so etwas passiert? Oh, entschuldigen Sie bitte, dürfte ich Sie kurz mal stören? Ich habe da eine Frage. Gerade eben hat doch anscheinend ein Mensch meine Handtasche mitgenommen. Was meinen Sie? Kann man da irgendetwas machen?

Stellt er sich das vielleicht so vor?, überlege ich mir.

Es ist mir unerklärlich, dass *uns* das passiert. Wir Eltern eines behinderten Kindes sollten vor solch einem niederträchtigen menschlichen Verhalten verschont bleiben, kommt mir in den Sinn. Was für ein Quatsch, Gabi, höre ich eine Stimme in mir sagen. Als ob uns Julius vor weiterem Unrecht schützen würde.

Ein paar Minuten später kommt ein etwas dynamisch wirkender Mann zu uns geeilt, und ich keife weiter.

»Sollen wir gemeinsam die Flure durchgehen? Vielleicht ist die Tasche rausgefallen?«, schlägt er mir beruhigend vor.

»Nein, die ist GESTOHLEN! Nix rausgefallen!«, sage ich übertrieben betont.

Ich sehe, wie der gemütliche Mitarbeiter von vorhin auf uns zugerannt kommt. Er hält etwas in der Hand und wedelt damit wild umher. Es ist braun. Es ist meine Handtasche.

»Die habe ich gerade da drüben in der Ecke gefunden!«, keucht er, von seinem Sprint völlig außer Atem.

Blitzschnell werfe ich einen Blick hinein, aber natürlich ist klar, welcher Anblick mich erwartet. Der Geldbeutel ist weg. Aber der Schlüsselbund ist noch da. Und die Medikamente. Ich bin erst mal erleichtert und schaue nicht genauer nach.

Dann folge ich dem kompetenten Sicherheitsmitarbeiter zur Infotheke und lasse dort telefonisch meine Scheckkarten sperren. Parallel dazu rufen wir die Polizei, die uns allerdings mitteilt, dass sie erst später kommen kann. Es sei gerade viel zu viel los.

Ich weiß nicht, in den Fernsehkrimis wirkt das alles immer irgendwie spritziger, denke ich und mutmaße, meinen Geldbeutel nie mehr wiederzusehen.

Mittlerweile leert sich das Möbelhaus, die Putzfrauen beginnen mit den Wischmops die Böden um uns herum zu reinigen. Wir warten draußen weiter. Julius ist inzwischen aufgewacht und bewegt seinen Kopf im Wagen hin und her. Du Armer, denke ich. Hast nun den ganzen Abend im Buggy verbracht. Ich nehme ihn auf den Arm, setze mich auf den Gehweg und gebe ihm den Rest seines Milchfläschchens zu trinken. Julius scheint es aber gut zu gehen, er saugt zum Glück ein paarmal kräftig. Wer weiß, wie lange das hier noch dauert. Tom klettert an den Eisenstäben herum, die die Abstellplätze der Einkaufswagen begrenzen. Die Dämmerung bricht herein, und endlich sehe ich einen Polizeiwagen die Parkeinfahrt hochfahren. Das müssen sie sein! Ich lege Julius zurück in den Kinderwagen und winke das Auto eifrig herbei.

»Was ist passiert?«, ruft einer der zwei jungen, lässig wirkenden Polizeibeamten mit einer tiefen Stimme.

Erneut schildere ich den für mich unglaublichen Sachverhalt.

Tom stiert die beiden mit großen Augen an.

Die zwei aber schauen zuerst auf Julius, dann mit einem wohlwollenden Blick auf mich. Mitleidsbonus, denke ich.

Dann schnappt Tom meine Tasche, öffnet sie und hält sie den Polizisten unter die Nase. »Da! Leer! Das waren DIEBE«, ruft er.

Ich weiß nicht mehr genau, warum, aber ich greife in diesem Moment nach meinem Schlüsselanhänger. Der ist anders als sonst. Irgendwie leichter, denke ich. Fehlt da ein Schlüssel? Natürlich! Der Zweitschlüssel von Michaels teurem Auto aus Untertürkheim wurde vom Anhängerring getrennt.

Jetzt kriege ich Panik.

»Das Auto ist weg! Die haben auch noch das Auto mitgenommen«, rufe ich völlig außer mir. Ist es nicht eine Leichtigkeit, mit dem erbeuteten Schlüssel die Parkreihen durchzugehen und nach dem Drücken der Öffnungstaste auf die blinkende Antwort des dazugehörigen Autos zu warten?

Mein Herz rast. Wir sitzen hier ohne Fortbewegungsmittel, mit vollem Einkaufswagen, und ich habe keine Identität mehr.

Michael sprintet sofort mit dem Einkaufswagen los zur Parkgarage.

»Das Auto ist weg«, nuschle ich noch einmal leise.

»Jetzt malen Sie doch nicht gleich den Teufel an die Wand! Es muss nicht gleich der Worst Case eintreffen«, meint einer der zwei wirklich sehr sympathischen Männer.

Ha! O doch, denke ich! Bei uns schon! Bei uns trifft immer der schlimmste Fall ein. Wir haben kein Glück mehr. Wenn etwas schiefläuft, dann richtig. So ist das bei uns. Die fetten Jahre sind vorbei, weiß ich. Aber das kann ich dem jungen Herrn so nicht mitteilen. Also schweige ich.

»Jetzt nehmen wir erst mal die ganzen Formalien auf«, sagt er dann und schlägt sein Notizbuch auf.

»Ich kann mich nicht konzentrieren! Die haben unser Auto geklaut«, stammle ich.

»Wie ist Ihr Name?«, beginnt er zu fragen. »Wann sind Sie geboren? Haben Sie einen Beruf erlernt? Üben Sie einen Beruf aus? Wie heißt Ihr Mann?«

»Der kommt so lange nicht«, ich blicke ihn mit ängstlichen Augen an.

»Das ist doch ein gutes Zeichen. Der räumt bestimmt die Sachen in den Kofferraum«, meint nun der andere Gesetzeshüter.

»Vielleicht haben die Täter ihm eins über die Rübe gezogen«, sage ich.

»Okay, ich gehe mal nach unten, nachschauen!«, sagt er kurzerhand.

Aber in diesem Moment sehe ich die bekannte silberfarbene Motorhaube auf uns zufahren! Nein, was sind wir für Glückspilze! Unser Auto! Es ist noch da! Wie ist das Leben schön! Das Schicksal meint es gut mit uns! Ist es nicht erstaunlich, wie schnell sich Sichtweisen ändern können?, denke ich. Plötzlich haben wir kein Pech mehr, weil sie mir den kompletten Geldbeutel mit allen Unterlagen, die man für ein Leben in Deutschland benötigt, gestohlen haben. Nein, es ist ganz anders. Wir sind die Gewinner, weil sie das Auto nicht gefunden haben!

Tom steht immer noch angespannt neben mir und gafft die voll bepackten Gürteltaschen des Polizisten an. Sie befinden sich schließlich genau auf seiner Augenhöhe.

Während ich weiterhin die Fragen des einen Polizisten beantworte, beginnt Tom ein Gespräch mit dem anderen.

»Ist das eine Pistole?«, erkundigt er sich.

Der Polizist nickt cool.

»Ist die echt?«

»Klar!«

»Hast du schon mal damit auf Menschen geschossen?«

»Nein!«

»Warum nicht?« Die beiden scheinen sich gut zu verstehen.

Nach einer Weile schaue ich wieder zu Tom, der mittlerweile Handschellen an den Handgelenken trägt und mit einem Schlagstock herumfuchtelt.

Eigentlich fehlt jetzt nur noch die Feuerwehr bei uns zu Hause. Dann hat Tom alle Notfallberufe aus nächster Nähe kennengelernt, denke ich.

»Komm, du darfst zum Schluss noch das Blaulicht anschalten, okay?«, meint der junge Mann in Uniform lächelnd, fasst Tom freundschaftlich an der Schulter und führt ihn zum Einsatzwagen.

Kurze Zeit später erstrahlt der riesige Parkplatz in einem grellen Blau. Im Inneren des Wagens strahlt unser Sohn nicht weniger auffällig.

»Heute kann er bestimmt gut schlafen«, meint der Polizist mit einem Kennerblick zu mir.

Na ja, ich bin mir da nicht so sicher, denke ich.

»Am besten, Sie stellen Ihr Auto ab jetzt in die Garage. So lange, bis Sie die Schlösser ausgetauscht haben. Schließlich kennen die Ihre Adresse und haben den Autoschlüssel«, raten uns die zwei beim Abschied.

Sie haben recht. Es wäre problemlos möglich, das Auto von unserer Hofeinfahrt zu entfernen! Allerdings haben wir keine Garage. Was sollen wir tun?, überlegen wir auf dem Nachhauseweg.

»Ich hab eine Idee«, rufe ich. »Wir stellen das Babyphon unter die Karosserie und das Empfangsgerät auf unseren Nachttisch. Dann hören wir alles.« Sollen sie nur kommen, die Verbrecher! Wir haben es sonst mit einem ganz anderen Gegner zu tun. Wer mit dem Schicksal kämpft, fürchtet sich nicht mehr vor ein paar irdisch idiotischen Handtaschenklauern. Als wir in der Dunkelheit die Geräte deponieren, fühle ich mich ein bisschen wie in einem Abenteuer der TKKG-Gang.

»Was machen wir eigentlich, wenn sie kommen?«, fällt Michael im Bett ein.

Wir überlegen. Schreien?

»Wir könnten die Spielzeugpistole von Tom laden und ein paar Warnschüsse aus dem Fenster abfeuern.« Ich bin begeistert von dieser grandiosen Idee.

»Na, bleib mal auf dem Boden. Da geht vielleicht jetzt ein wenig die Fantasie mit dir durch«, antwortet Michael. »Wir machen einfach die Lichter an. Das wird die Gangster dann schon erschrecken.«

Wie langweilig, denke ich.

Aber sie kommen nicht, die Banditen.

Kreißsaalführung

Drei Tage nach dieser Kriminalgeschichte sitze ich mit Julius im Auto auf der Fahrt in unser Kreiskrankenhaus. Allerdings wollen wir dort nur einen Besuch machen. Einen Besuch! Wie ungewöhnlich, denke ich. Sonst sind wir immer als Patienten dort.

Katharinas Tochter Lisa isst seit einigen Tagen nichts mehr und brüllt stundenlang. Die Ärzte sind, wie so oft bei unseren Kindern, ratlos. Nun bekommt sie in der Klinik Infusionen und verschiedene Untersuchungen. Ich habe frisch gebrühten Milchkaffee und ein paar Zeitschriften für Katharina dabei.

Das Radio läuft, die aktuellen Nachrichten aus der Politik werden durchgegeben. Da fällt mir mein Traum der letzten Nacht ein. Es ist etwas Seltsames darin geschehen: Angela Merkel war schwanger! Aber noch viel merkwürdiger erschien mir, dass dieser Umstand gar nichts Besonderes war. Nicht für mich und auch nicht für den Rest der Bevölkerung. Man hat sich nur gefragt, völlig wertfrei, ob dies wohl noch auf natürlichem Wege geklappt hat oder doch über eine künstliche Befruchtung. Wie komme ich denn bloß darauf?, überlege ich mir. Meine Kinderwunschfantasien scheinen wirklich abnorme Formen anzunehmen. Möglicherweise käme mir eine erneute eigene Schwangerschaft genauso bizarr vor wie die einer Frau Merkel. Allerdings hätte ich wohl, wenn es dann so wäre, die Hoffnung auf eine wohlwollende Akzeptanz meiner Umwelt – so deute ich auf die Schnelle mein nächtliches Hirngespinst.

Die Sonne scheint noch immer wie im Hochsommer, obwohl bereits Mitte September ist. Es dauert nur ein paar Minuten, da sehe ich schon das Klinikgebäude. Immerhin darf ich heute ganz offiziell, dank unserer neu erworbenen »Parkerleichterungskarte«, meinen Wagen auf dem Behindertenparkplatz direkt am Eingang platzieren. Ich blicke auf das blaue Blechschild mit dem Rollstuhlfahrer und muss lächeln, weil ich mich an Toms Aussage erinnere: »*Wir* dürfen da jetzt parken, denn *wir* haben ja auch einen *Behinderten*, gell, Mama?«, meinte er gestern stolz, als ich mit ihm und Julius im Auto beim Einkaufen vor so einer Tafel Halt machte.

Wie ein Spielzeugauto kommt mir mein alter, dreitüriger Peugeot allerdings auf der großen, weiß markierten Fläche vor. Bald werde ich ein angemesseneres Fahrzeug darauf abstellen müssen. Irgendetwas Behindertengerechtes und Parkplatzangepasstes, denke ich. Wir haben für Julius einen speziellen Rehabuggy bei der Krankenkasse beantragt, und den werde ich unmöglich in meinem mickrigen Kofferraum unterbringen können. Es ist dringend an der Zeit, nach einem neuen Fahrzeug für mich zu schauen, und dann werde ich Abschied nehmen müssen von meiner alten Kiste, überlege ich wehmütig. Ganz schön viele Dellen und Beulen hat sie abgekriegt in den letzten zwei Jahren. Genau wie wir. Ich schmunzle. Meine Blechschadenbilanz seit Julius' Geburt ist in der Tat beeindruckend. Ein demolierter Kotflügel, als ich gedankenverloren bei einer roten Ampel auf meine Vorderfrau geknallt bin. Ein zerquetschtes Rücklicht, als ich, noch aufgebracht nach einem Anfall von Julius, zu Claudi fahren wollte und das Auto unseres Nachbarn übersehen hatte. Und dann diese schreckliche Verfolgungsjagd, als wir übers Wochenende zum Wandern nach Bayern wollten! Schon auf der Hinfahrt hatte Julius Atemnot bekommen, und wir mussten den Notarzt alarmieren. Michael begleitete unseren nach Luft schnappenden Sohn im Rettungswagen, und ich habe ziemlich aufgewühlt und mit Tom auf dem Rücksitz versucht, dem leuchtenden Blaulicht hinterherzujagen. In der Münchner Innenstadt haben sie mich abgehängt. Ich war total verzweifelt und wusste plötzlich überhaupt nicht mehr, wo ich mich befand. Ich hielt an, um mich zu erkundigen, und beim Rückwärtsausparken prallte ich gegen eine Betonmauer.

Das war allerdings mit Michaels Auto.

Dabei bin ich doch zwanzig Jahre lang unfallfrei durchs Leben gefahren! Meine eigene Überzeugung, dass an mir eine brillante Rennfahrerin verlorengegangen ist, stelle ich mittlerweile selbst in Frage.

Katharina kommt mir auf der Station bereits entgegengelaufen. Mit der einen Hand schiebt sie den Kinderwagen, mit der anderen den Infusionsständer.

»Komm, wir gehen noch ein wenig spazieren. Mir fällt die Decke auf den Kopf«, meint sie.

»Klar! Gerne«, sage ich.

Der Aufzug ist defekt. »Da müssen wir wohl laufen. Ist ja nur ein Stockwerk«, sagt Katharina. Im Treppenhaus stelle ich die Bremsen an Julius' Wagen fest und helfe zunächst Katharina. Sie hievt ihren Buggy mit Lisa darin die Stufen hinunter, und ich trage den Infusionsständer hinterher. Eine etwas wacklige Angelegenheit. Da kommt eine Krankenschwester eilig von oben auf uns zugesprungen. »Warten Sie! Ich helfe Ihnen! Nicht dass noch was passiert!«, ruft sie. Katharina und ich tauschen einen kurzen Blick. Als die Pflegerin im unteren Stockwerk verschwunden ist, müssen wir lachen.

»Dass nichts passiert«, wiederholt Katharina. »Was soll passieren? Ach, irgendwie lebt es sich auch leicht, wenn das Kind schon einen Hirnschaden hat.« Wir müssen loslachen.

Dann trotten wir draußen auf dem Vorplatz hin und her, und Katharina schlürft meinen mitgebrachten Kaffee.

»Weißt du, was mich echt nervt?«, beginnt sie zu erzählen. »Vorhin hat uns meine Tante besucht. Sie hat mir von einer Freundin berichtet, die wohl damals ein extremes Frühchen auf die Welt gebrachte hatte. Und heute, meinte meine Tante, würde dieses Frühchen Biologie studieren. Alles könne doch noch werden, wolle sie mir damit sagen.« Katharina schüttelt energisch den Kopf. »Ich kann das nicht mehr hören!«

Ich nicke und denke an die vielen Schilderungen, die ich in den letzten Monaten zu hören bekam. Von Kindern, die erst mit vier Jahren auf den Beinen waren und nun in der Basketballmannschaft spielen. Von schwer Epilepsiekranken, die gerade Abitur machen, oder von Kindern, die nach lebensbedrohlichen Hirnblutungen kurze Zeit später wieder Fahrrad fuhren.

»Ich weiß«, antworte ich. »Warum ist es so schwer, unsere Kinder so zu akzeptieren, wie sie nun mal sind? Wie sollen wir denn im Hier und Jetzt leben, wenn wir auf solche Wunder hoffen?«

Ich kann sehen, wie Katharina ihre Lippen zusammenpresst und ohne etwas zu sagen leicht mit ihrem Kopf schüttelt. Sie schaut zu Lisa in den Wagen. Schweigend laufen wir nebeneinanderher.

Wieso halten wir Menschen das durchaus Mögliche denn für absolut unmöglich?, überlege ich beim Gehen weiter. Wir können doch alle jederzeit erkranken, unsere Kinder können Unfälle haben, und unsere Beziehungen können scheitern. Gehören Krankheit und Leid nicht zum Leben? Wie die Sonne zur Erde, die Blüte zum Stängel oder das Licht zum Schatten? Aber für Leid scheint in unserer Gesellschaft wenig Platz zu sein. Wir wollen es verhindern. Um jeden Preis. Ist das nicht völlig sinnlos und widersprüchlich?

»Wahrscheinlich ist es doch so, dass die Menschen glauben, man kann nur ein gutes Leben führen, wenn man gesund ist und kein Leid erfährt, oder?«, sage ich und blicke Katharina an.

»Dann dürfte aber nur ein sehr kleiner Teil der Menschheit glücklich sein«, antwortet sie mit einem leicht scharfen Unterton. »Erst vorhin habe ich hier in einer Krankenhauszeitschrift gelesen, dass jeder dritte Deutsche an Krebs erkrankt!«

»Na ja, außerdem kenne ich genügend gesunde Menschen, die sehr, sehr unglücklich sind.«

»Tja, so einfach scheint das mit dem Glück nicht zu sein«, meint Katharina. Sie trinkt schwungvoll den letzten Schluck aus dem Kaffeebecher, um diesen dann aufrecht in die Kinderwagentasche zu stellen, die am Schiebebügel des Wagens hängt. Im Beutel scheint sie eine kleine Packung Gummibärchen gefunden zu haben, denn sie hält ein knisterndes Tütchen ihrer Tochter vor die Nase. Diese strahlt sofort. Ich beobachte, wie sich fast gleichzeitig Katharinas Mundwinkel zu einem tiefgründigen Lächeln verziehen.

So schrecklich aussichtslos ist es doch auch nicht mit dem Leid, sage ich mir im Stillen, während ich den beiden zuschaue. Nein, verhindern können wir das Leid nicht. Aber wir können es überwinden. Ja, das muss so sein. Genau diese Erfahrung mache ich doch gerade. Es braucht allerdings seine Zeit. Manchmal sehr viel Zeit.

Wir wissen alle nicht, wie wir in ein, zwei, fünf oder zehn Jahren über manche Dinge denken werden, auch über unsere Schicksalsschläge. Traurig machen sie wahrscheinlich dann immer noch. Aber diese Trauer wird letztendlich zu einem Teil unseres Lebens werden. Sie wird neben der Freude, dem Glücklichsein, dem Lachen einen sicheren Platz in uns haben. Diese ganzen Gefühle überhaupt spüren zu können und wahrzunehmen – bedeutet das nicht zu leben?

»Du, Gabi, wir müssen zurück. Die Infusion ist leer.« Katharina reißt mich aus meinen Gedanken.

»Ah ja. Klar!«, meine ich, und wir schlendern in Richtung Eingangshalle.

Als wir im großen Foyer der Klinik stehen, erschrecke ich plötzlich. Eine riesige Menschenmenge kommt auf uns zu. Ich erkenne sie. Hundert, nein, gefühlte tausend Schwangere rollen mit ihren dicken Bäuchen an uns vorbei. Kleine, große, alte, junge, dicke, dünne. Sie plaudern, lachen und halten dabei Händchen mit ihren etwas unsicher wirkenden Männern. Kreißsaalführung! Ich erinnere mich an das Plakat an der Eingangstür.

Das Schicksal kann so boshaft sein! Es ist eine Schwangerenparade, und wir sind mittendrin. Nein, Fähnchen können wir nicht schwingen! Wir könnten nur mit dem Infusionsständer wackeln, überlege ich mir spöttisch.

Katharina beugt sich zu mir herüber. »Sicherlich haben sie vorhin im Vorlesungssaal so Fragen gestellt wie: ›Bieten sie auch Unterwassergeburten an?‹ oder: ›Darf man zur Entbindung auch eigene Musik und Duftöle mitbringen?‹«, flüstert sie mir zu.

»Vielleicht auch: ›Kann ich mein Baby sofort nach der Geburt an meiner Brust anlegen?‹«, erwidere ich sarkastisch.

Wir lachen.

Ein etwas bitteres Lachen, denn wir waren doch auch einmal so. Es ist schön, nicht allein diesen Umzug zu betrachten, denke ich und schaue Katharina von der Seite an.

Es ist der Aufprall. Er ist es, der uns zusammenschweißt. Auch sie hat ihn erlebt. Diesen dumpfen, knallharten Schlag, wenn der Körper auf den steinharten Zementboden knallt. Das Leben zerfetzt.

In diesem Augenblick spürt man die gnadenlose Macht und die Willkür des Lebens, man blickt seiner mickrigen Existenz ins Auge und wird sich seiner Einsamkeit bewusst.

Bei uns war es dieser Moment, als sie uns sagten, dass das Gehirn unseres Kindes Löcher hat wie ein Schweizer Käse, dass Teile davon nicht einmal angelegt sind oder bald wie ein Hefeteig aufgehen werden.

Nein, wir sind bei diesem Aufprall nicht gestorben. Aber die Narben erinnern uns daran und schmerzen einfach immer mal wieder.

Autokauf

Ich stiere auf den Bescheid der Krankenkasse. Unser Antrag auf eine »Rehakarre« sei genehmigt, schreiben sie. Rehakarre! Was kommt uns denn da für ein Transportmittel ins Haus? Was für ein Begriff! Hört sich an wie »Schubkarre«, denke ich. Sonst finden die Institutionen doch auch immer angenehme Beschreibungen für therapeutische Hilfsmittel. »Sitzschale«, »Positionierungshilfen«, »Therapieliege« usw. Vielleicht legen sie ab jetzt keinen Wert mehr auf eine beschönigende Ausdrucksform, überlege ich mir und schiebe den Brief zur Seite. Egal wie man diese Karre nun nennt, sie passt auf jeden Fall nicht in meinen vierzehn Jahre alten Kleinwagen. Am Wochenende müssen wir uns unbedingt auf die Suche nach einem neuen Auto für mich machen.

»Komm, Tom, wir müssen los!«, rufe ich.

Wir sind spät dran, und Julius wartet bereits im Auto. Es ist Dienstagabend und wieder an der Zeit, gemeinsam Musik zu machen. Aber ich habe heute ein seltsam mulmiges Gefühl und keine Lust auf den Klavierkurs, bemerke ich.

Tom kommt die Treppe hinuntergelaufen und zieht sich trödelnd die Schuhe an. »Beeil dich doch. Wir kommen zu spät«, sage ich genervt. Kurze Zeit später eilen wir die Treppe zu unserem Musikraum hoch. Tom trägt seine Notentasche in der Hand, ich Julius auf dem Arm. Bestimmt haben die anderen schon angefangen, denke ich.

Wir öffnen die Tür, und es zeigt sich ein ungewohntes Bild.

Niemand sitzt wie üblich auf dem Stuhl hinter seinem Keyboard, sondern alle haben sich in der Mitte versammelt, lachen, staunen, reden wild durcheinander. Was ist denn heute los?, überlege ich mir. Dann höre ich ganz zartes Babygeschrei. Und zucke kurz zusammen.

Plötzlich sehe ich das Neugeborene. Sofort ist mir klar, dass Carolin entbunden und ihr Baby zur Musikstunde mitgebracht hat.

Auch wir laufen in die Mitte und betrachten den Winzling. Der Kopf ist wohlgeformt, die Augen stehen parallel, er bewegt die Ärmchen und Beinchen physiologisch korrekt. Er ist gesund, das sehe ich auf den ersten Blick. Die frischgebackene Mama strahlt ihr Töchterchen im Kinderwagen an. Ihre Backen glühen.

»Herzlichen Glückwunsch«, murmele ich.

Carolins Augen leuchten wie die Venus in der Abenddämmerung.

»Die Kleene ham wer toll hingekriegt, wa?«, meint sie.

Ich schlucke. »Ja, das habt ihr …«, flüstere ich. Wenn man es so betrachtet, dann haben Michael und ich Julius wohl nicht so gut hinbekommen, spekuliere ich.

Unsere ehrgeizige Klavierlehrerin bittet uns, endlich die Plätze einzunehmen, damit wir beginnen können. Ich bin froh, als ich endlich die fröhlichen Akkorde auf ihrem Klavier zu hören bekomme.

Am Samstagmorgen entdecke ich in der Zeitung eine Werbeanzeige für den »günstigsten Hochdachkombi Deutschlands«. Mehmet Scholl ist darauf abgebildet und wird mit den Worten zitiert: »Mir ist ein Auto wichtiger als ein Status-Symbol.« Wie passend, denke ich. Meine Ansprüche an ein Auto haben sich in den letzten zwei Jahren radikal verändert. Es muss praktisch sein. Danach kommt lange nichts. Und dann kommt noch einmal praktisch. Für so viel Praktikabilität muss ich nicht viel Geld ausgeben.

»Was meinst du, Michael? Wie findest du das?«, frage ich meinen Mann und halte ihm die Zeitung unter die Nase.

»Lass uns nachher da mal hinfahren. Wir schauen es uns einfach an«, antwortet er.

Eine Stunde später stehen wir vor dem Ausstellungsfahrzeug. Und da kommen mir doch Zweifel. Ich muss an das kleine, prahlerische silberne Modellauto – ein Cabriolet – denken, das noch immer als Erinnerung auf meinem Regal im Schlafzimmer steht. Ein sehr guter Freund hatte es mir zu meinem dreißigsten Geburtstag geschenkt. Meine Freunde kannten meine Liebe zum Autofahren. »Bald kannst du dir ein großes kaufen«, meinte er damals lächelnd und spielte auf meinen festen, mittlerweile gut bezahlten Job an.

»Ich weiß nicht, Michael«, meine ich zögerlich. »Sieht das nicht doch ein wenig arg behindert aus?«

Michael blickt mich schlagartig an. »Wir *sind* behindert«, sagt er laut und lacht. »Wieso soll es dann nicht auch danach aussehen?«

Okay, er hat recht, denke ich. Und tatsächlich würde Julius' Karre ausgeklappt in den Kofferraum passen! Da hätte sogar noch eine zweite Platz! Wer weiß, vielleicht muss ich ja irgendwann einmal einen Freund von Julius mitnehmen.

Das Wochenende nutze ich, um noch ein wenig über den Autokauf nachzugrübeln. Doch bereits am Montag steht mein Entschluss fest. Materielle Entscheidungen fälle ich seit Julius' Geburt rasend schnell. Gleich in der Früh fahre ich mit Julius wieder zum Autohändler.

»Ich möchte ein Auto kaufen«, tröte ich dem nächstbesten Verkäufer in die Ohren. Dessen Augen beginnen zu strahlen. »Selbstverständlich! Nehmen Sie doch bitte Platz!« Er verweist mich mit einer entsprechenden Handbewegung in einen kleinen Nebenraum, der nur durch Plexiglasscheiben vom übrigen Verkaufsraum abgetrennt ist. Julius stelle ich im Kindersitz neben meinem Stuhl ab. Eigentlich ist er mittlerweile schon viel zu groß für diese Babyschale, aber darin ist der Transport so praktisch, denke ich und betrachte seine Beinchen, die weit über den Rand der Schale hinausragen.

Der Autohändler nimmt hinter einem Schreibtisch Platz, der mit bunten Prospekten und Flyern, in verschiedenen Plastikständern steckend, so vollgestellt ist, dass ich mich zunächst etwas mühevoll auf dem Platz gegenüber in eine geeignete Position mit Blickkontakt bringen muss. Beim Setzen rückt sich der korrekt gekleidete Herr die Krawatte zurecht und öffnet sogleich sachkundig an seinem PC das notwendige Bestellprogramm. Ich starre auf unzählige Werbeplakate für Autos, Reifen und Versicherungen an den Wänden. Dann entdecke ich ein kleines grünes Benjaminipflänzchen vor mir auf dem Tisch, das vergeblich versucht, eine heimelige Atmosphäre in dem nach Gummi und Motorenöl riechenden Kabuff zu erzeugen. »Welches Modell hätten Sie denn gerne?«

»Das, das da vorne steht.« Ich zeige mit dem Finger auf den Wagen.

»Ah, den Hochdachkombi! Welche Farbe?«

»Schwarz!«

»Mit Schiebetüren beidseits?«

»Ja, bitte!«

»Mit Einparkhilfe?«

»Unbedingt!«

»Möchten Sie eine Dachreeling?«

»Nee, brauch ich nicht!«

»Möchten Sie das Klang-und-Klima-Paket?«

»Das hört sich gut an – das nehme ich!«

»Wie sieht es mit Winterbereifung aus?«

»Brauch ich auch.«

Der Autohändler kann sein schnelles Glück kaum fassen. Geht es ihm zu schnell? Plötzlich beendet er sein eifriges Tippen und erhebt sich. Er blickt mich kurz an: »Einen Moment bitte«, und verlässt das kleine, ungemütliche Plexiglasbüro.

Ein paar Minuten später kommt er mit einem kleinen Stoffbärchen, das in eine knittrige Zellophanfolie eingewickelt ist, wieder. Damit wedelt er vor Julius' Augen umher. Julius ist ziemlich unbeeindruckt und schaut in die entgegengesetzte Richtung.

»Darf er das schon haben?«, fragt der Autohändler und blickt mich verunsichert an.

Wie meint er das denn? Mir ist nicht bewusst, dass Plüschtiere einer Altersbeschränkung unterliegen. Ich nicke und nehme dem verkaufseifrigen Mann sein Präsent ab.

Sogleich geht der Bestellvorgang weiter.

»Ein Sicherheitstrennnetz zum Kofferraum wäre sinnvoll!«, rät er mir.

O ja! Nicht dass die Rehakarre bei einem Zusammenstoß nach vorne schießt und uns dann noch die Schädel zertrümmert, denke ich.

»Ja, bitte mit Netz«, sage ich bestimmt.

Keine Viertelstunde später ist die Bestellung abgeschlossen. Ich verhandele nicht, stelle keine Fragen. Ich brauche dieses Auto, es ist praktisch, es ist günstig.

»Wie wollen Sie bezahlen? Bar oder auf Kredit?«

»Bar!« Ich kann es an seinen Augen sehen. Ganz genau. Er zweifelt. Es *muss* einen Haken geben, denkt er.

»Dann brauche ich jetzt nur noch Ihren Personalausweis«, meint er und lächelt gezwungen.

O nein! Ein kurzer, heftiger Krampf durchfährt meinen Unterbauch. Daran hatte ich überhaupt nicht gedacht! Ich bin ja noch immer identitätslos. Erst vor Kurzem habe ich den neuen Ausweis beantragt, und dieser wird mir erst in einigen Wochen zugeschickt. Das kommt nicht gut! Gar nicht gut! Nicht in dieser Situation.

»Oh … nein … ja, das ist so … Oh …«, beginne ich zu stottern. Selbst mir ist klar, dass ich genau in diesem Moment meine Glaubwürdigkeit verloren habe.

Es wäre ja auch zu schön gewesen, rast es dem charmanten Händler bestimmt durch den Kopf.

»Wissen Sie, man hat mir meinen Geldbeutel gestohlen. Ich habe momentan keine Ausweispapiere«, versuche ich selbstsicher zu erklären.

Aber es ist hoffnungslos, wie ich deutlich am herablassenden Blick, an der tiefer werdenden Atmung und an der zunehmenden Körperspannung des mir gegenübersitzenden Mannes feststellen kann. Er fühlt sich bestätigt. Wahrscheinlich eine manische Psychiatriepatientin, der vorsorglich Pass und sonstige Papiere entzogen wurden, damit sie sich und ihre Angehörigen nicht in den finanziellen Ruin stürzt, denkt er sicherlich.

»Also, dann lege ich die Bestellung jetzt einmal zurück. Sobald Sie Ihren Ausweis haben, kommen Sie einfach noch mal vorbei.« Er verabschiedet sich mit einem verständnisvollen Grinsen von mir.

»Ja, das mache ich ganz bestimmt«, sage ich, schnappe Julius und laufe hoch erhobenen Hauptes zum Ausgang.

Wochenendausflug

Ich liege am Ufer im Gras auf unserer ausgebreiteten Decke. Julius neben mir scheint die grünen Blätter zu beobachten, die sich raschelnd über seinem Kopf hin und her bewegen. Noch immer ist das Wetter sommerlich, und so haben wir an diesem letzten Septemberwochenende beschlossen, einen Kurztrip an den Chiemsee zu unternehmen. Mit meinen Fingern streichle ich sanft Julius rechtes Händchen, und er umfasst meinen Daumen. Immer dann, wenn ein warmer Luftstoß unsere Körper streichelt, reißt Julius vor Begeisterung die Augen auf und lacht. Er liebt den Wind. Ich muss daran denken, wie Michael und ich im Hochsommer mit ihm auf dem Arm in den Garten gerannt sind, sobald sich ein Gewitter mit heftigen Windböen ankündigte. Julius quietschte vor Freude.

Mein Blick gleitet hinüber zu Tom, der am See versucht, Steinchen über das Wasser springen zu lassen. Und dann hoch zu den mächtigen Felsmassiven am Horizont, die von feinen Wolkenfäden umkreist werden. Ich könnte weinen vor Glück. Ich sauge diese wunderschönen Eindrücke wie die Luft zum Atmen in jede einzelne Zelle meines Körpers ein. Ich habe verstanden, dass dies einzigartige Geschenke des Lebens sind.

Was hat sich verändert, frage ich mich? Wir sind doch auch vor Julius' Geburt oft an den See gefahren. Und auch früher lag ich im Gras und blickte auf die Berge. Aber damals, damals war es etwas Selbstverständliches.

Ich drücke Julius einen dicken Schmatzer auf seine weiche

Wange. Wie sehr ich ihn liebe, denke ich. Mit all seinen Schwächen, Anfällen und Behinderungen. Wahrscheinlich ist dies die wichtigste Erfahrung in meinem Leben, überlege ich mir. Diese Erkenntnis, eine Liebe in mir zu tragen, die an nichts gebunden zu sein scheint, die keine Erwartungen mehr kennt und keine Leistung fordert. In so einem Moment könnte ich es in die Welt hinausbrüllen: Unser Sohn ist behindert! Ja und? Was heißt das schon? Er ist unser Sohn, und wir lieben ihn. Ist es nicht das, was wir alle wollen? Geliebt und angenommen werden. Bedingungslos. Mit all unseren Makeln.

Michael kommt auf uns zu. Er hält zwei Plastikbecher in den Händen. »Na, wo bist du mit deinen Gedanken?«, meint er und hält mir einen Kaffee hin.

»Hier. Bei uns«, sage ich und nehme freudig das warme Getränk entgegen.

Hüttenwanderung

Schwitzend versuche ich, den Kinderwagen über den holprigen Weg zu schieben. Nach dem gemütlichen Seetag gestern wird heute zu unserer Lieblingshütte im Chiemgau gewandert, haben wir entschieden. Allerdings hatte ich keine Lust darauf, Michaels Vorschlag zu folgen und die betonierte Fahrstraße entlangzulaufen. Lieber wollte ich die Geländefähigkeit des Buggys testen. Allerdings wird jetzt der Pfad immer steiniger und die Furchen immer tiefer. Das habe ich mir leichter vorgestellt, denke ich, schweige aber, um die anderen zwei und auch mich nicht zu demotivieren. Als der Hang auch noch an Steile gewinnt, scheint ein Vorankommmen kaum noch möglich.

»Sollen wir hier Halt machen?«, fragt Michael.

»Nein, geht schon!«, erwidere ich keuchend, drehe den Wagen um und beginne, die Karre hinter mir herzuziehen.

»Ich weiß nicht, da kommen wir doch nicht hoch, Gabi.«

»Wieso? Das geht schon«, erwidere ich trotzig.

Beim nächsten Graben hebe ich den ganzen Wagen in die Luft und trage ihn ein paar Meter. »Auch nicht anders als bei uns vor der Haustür! Da schleppe ich ihn doch auch die Treppen hoch«, sage ich eigensinnig zu Michael, der mittlerweile nur noch entnervt mit dem Kopf schüttelt.

Ich spüre eine Wut in mir, die wie der Spinat bei Popeye wirkt und Extrakräfte mobilisiert.

Michael appelliert an meine Vernunft. »Gabi, kapier doch endlich, dass bestimmte Dinge nicht mehr möglich sind!«, ruft er mir von vorne aus zu, als er sieht, wie der Buggy hin und her wackelt.

Nein, ich will da hoch, denke ich starrköpfig. »Wir sind so kurz vor dem Ziel. Noch eine Kehre, dann können wir die Altkaseralm sehen. Ich will dort Marillenknödel essen. Auf die freue ich mich schon die ganze Zeit!«, rufe ich ihm zu.

»Hier geht es doch überhaupt nicht mehr ums Wandern! Du willst die Realität nicht wahrhaben«, faucht Michael.

»Vielleicht, mir egal. Du hast nur keinen Biss! Wo ein Wille …!« Meine Stimme wird leiser. Ich bin außer Atem.

»Mama, ich will auch nicht mehr laufen! Immer das blöde Wandern! Ich hab Hunger«, fängt Tom nun auch noch an zu motzen.

War ja klar, dass die Männer zusammenhalten! Ich werde es also alleine schaffen müssen, denke ich mir.

Als das Gefährt jedoch am nächsten Dreckloch gefährlich schwankt, ergreift mich die Sorge. Nicht dass Julius auf Grund meiner Sturheit noch etwas passiert.

Ich gebe auf.

Michael und Tom suchen zufrieden ein trockenes Plätzchen auf der Wiese, breiten ihre Jacken zum Draufsitzen aus und räumen das Vesper aus dem Rucksack. Tom beißt genüsslich in eine mitgeschleppte Wurst.

Ich setze mich still daneben und fühle mich besiegt. Das ist mal wieder eins von diesen frustrierenden Erlebnissen, überlege ich mir. Eins, bei dem ich mir wie der Hase am Zaun eines Stalles vorkomme. Mit den Vorderfüßen buddle und buddle ich ohne Unterlass am Boden, um mir die ersehnte Freiheit zu verschaffen. Ich schaue nicht nach links und nicht nach rechts, will die zweifelnden Stimmen aus der Ferne nicht hören, werde getrieben von einer großen Sehnsucht und dem Verlangen, Schranken zu überwinden, um glücklich zu sein. Erschöpft ruhe ich mich aus, betrachte mein erreichtes Werk und stelle entmutigt fest, dass sich nichts verändert hat. Ich erkenne, dass der Boden nicht aus weicher Erde besteht, sondern aus unzerstörbarem Beton. Meine ganze Anstrengung scheint umsonst gewesen zu sein. Genau in diesen Momenten frage ich mich, wofür es diese verdammten Grenzen im Leben gibt. Ist es unser menschliches Schicksal und unsere Aufgabe, sie anzuerkennen, oder müssen wir nicht den Mut entwickeln, sie zu sprengen? Aber noch viel wichtiger scheint mir die Frage zu sein, woher oder wie ich wissen soll, wann die Zeit für das eine oder das andere reif ist?

Ich schließe den Reißverschluss meiner Fleecejacke. Der Wind ist kalt hier oben. Tom hat die Uno-Karten ausgepackt und spielt mit Michael die erste Runde. Als Tisch dient ihnen ein Felsen, der vor sehr langer Zeit wahrscheinlich unter einem Riesendonner von ganz oben ins Tal rauschte. Ich will mich nicht geschlagen geben, denke ich. Vielleicht habe ich nur an der falschen Stelle gegraben? Vielleicht muss ich es einfach ein paar Meter weiter erneut versuchen?

Das Leben ist grau, sagt mein Therapeut. Ich will, dass mein Grau rosa Punkte hat oder maigrüne Streifen oder vielleicht sogar beides.

»Wir brauchen zum Wandern einen anderen Wagen für Julius«, sage ich. »Einen mit größeren Rädern. Und wenn möglich, müssen wir ihn ziehen können, nicht schieben. Wenn wir wieder zu Hause sind, werde ich mich auf die Suche danach machen!«

Ein paar Tage nach unserem Wochenendausflug laufe ich mit einem breiten Grinsen durch die Gegend. Ich habe meine neue, glänzende, makellose Identitätskarte am Tresen des Bürgerbüros im Rathaus unseres Dorfes abgeholt. Danach bin ich schnurstracks zum Autohaus gefahren.

»Ich möchte die Bestellung meines neuen Autos abschließen«, sagte ich zum Autohändler, zückte blitzartig meinen Ausweis, lächelte und klapperte ein paar Mal mit meinen Augendeckeln.

Gutachten

Mittlerweile haben wir Mitte Januar im Jahr 2015. Seit fast einem Jahr versuchen wir nun, Julius' Epilepsie zu behandeln, aber ohne Erfolg. Es ist schwer zu akzeptieren, dass heutzutage, bei all dem medizinischen Fortschritt, noch immer ein nicht geringer Teil der kindlichen Epilepsien medikamentös nicht zufriedenstellend einstellbar ist. Julius leidet wahrscheinlich unter dem sogenannten Lennox-Gastaut-Syndrom, einer besonders schweren Form der Epilepsie, die in der Mehrzahl der Fälle schlichtweg nicht behandelbar ist. Aber letztendlich ist diese Diagnose auch nur eine Beschreibung seiner Symptome. Sie hat keinerlei Bedeutung. Was Julius fehlt und warum er so schwer krank ist, kann uns niemand sagen.

Heute hat sich eine Dame vom Medizinischen Dienst der Krankenkasse angekündigt, um sich persönlich vor Ort einen Eindruck von Julius und seiner Pflegebedürftigkeit zu verschaffen. Bereits um halb acht klingelt es an der Tür. Wir sitzen alle um den Frühstückstisch, Julius hängt mit wackelndem Kopf in seinem Therapiestuhl, und ich bin gerade dabei, ihm roten Erdbeerquark löffelchenweise in den Mund zu schieben. Dabei rinnt ihm die mit Speichel verdünnte, dadurch inzwischen hellrosa gefärbte Milchspeise wieder links und rechts aus dem Mund.

Die ältere Frau nimmt gegenüber Julius Platz und starrt ihn mit weiten Augen an. »Ach du meine Güte«, meint sie entsetzt. »Das sehe ich ja gleich, dass das eine drei ist!«

Zum Abschied drückt sie mir die Telefonnummer des zuständigen Hospizdienstes in die Hand, schaut mich besorgt an und meint, dass ich mir unbedingt Hilfe holen solle.

Ich bin erstaunt. So schlimm?, denke ich. So leidvoll wirkt Julius? In diesem Moment erkenne ich einmal wieder die Schwere der Behinderung unseres Sohnes. Manchmal kann ich diese nur durch die Augen der anderen sehen. In unserem Alltag ist Julius mittlerweile einfach Julius. Unser Sohn, der getragen wird, der gefüttert wird, der in seiner autoirdischen Sprache lautiert, der liegt, der sabbert und bei dem das alles ganz normal ist. Ich muss daran denken, wie gewöhnlich es für uns schon geworden ist, dass wir mit ihm die Abende auf dem Sofa verbringen. Entweder liegt er auf meiner oder auf Michaels Brust. Tom ist meist schon einige Zeit im Bett, und wir schauen uns zu dritt noch einen Film an, oft einen Krimi.

»Julius ist wahrscheinlich der einzige Zweijährige, der regelmäßig Tatort gucken darf«, habe ich neulich zu Michael gesagt, als die Stuttgarter Kommissare auf dem Bildschirm in unserem Wohnzimmer gerade eine weibliche Leiche auf dem Seziertisch inspizierten und sich Julius wach, aber völlig zufrieden in meine Arme kuschelte. Das ist Julius. Er ist unser Schmusebär, unser Riesenbaby, der sich nicht entwickelt, nur an Größe und an Gewicht zulegt, aber trotzdem oder gerade deshalb eine unglaublich wichtige Rolle in unserem Leben spielt.

»Was machen wir denn, wenn du mal achtzehn bist, Julius? Dann kannst du aber nicht mehr so auf uns herumliegen«, meinte ich gestern Abend erst lachend zu ihm.

»Ach, warum denn nicht?«, erwiderte Michael und schmunzelte. Dann wurde sein Blick nachdenklich und traurig. »Es ist nicht die Behinderung, die es schwer macht. Nein, die Behinderung wäre mir inzwischen so etwas von egal. Es sind diese Krämpfe, diese verdammten Anfälle, die kaum zu ertragen sind«, sagte er. Ich nickte.

Ja, dachte ich. Das ist wahrscheinlich das Einzige. Das Einzige an Julius, an das ich mich niemals wirklich gewöhnen werde.

Fernsteuerung

Circa drei Monate später

Meine Augen waren konzentriert auf die Straße gerichtet, aber meine Ohren lauschten den mitreißenden Gesprächsthemen der kleinen Passagiere. Mein neuer Hochdachkombi war voll besetzt. Obwohl ich ihn noch gar nicht so lange besitze, ist das Leben mit ihm doch ein klein wenig leichter geworden. Ich bin glücklich, dass ich ihn habe.

Wie kann man sich über ein unschickes und uncooles Auto freuen, von dem man früher niemals träumte?

Früher blickte ich mitleidig auf die Menschen, die sich glücklich nannten, weil ihr Sohn einen Platz in einem bestimmten Sonderkindergarten erhalten hatte. Oder weil ihre Tochter sich mit dem neuen Rollstuhl selbstständig fortbewegen konnte. Oder weil sie, dank der behindertengerechten Umgestaltung ihres Arbeitsplatzes, wieder ihre berufliche Tätigkeit aufnehmen konnten.

Man freut sich über sonnige Urlaubstage am Strand. Über einen kurzen Städtetrip. Über neue schicke Schuhe und das dazu passende Sommerkleid. Man ist glücklich, wenn die Tochter die ersten Schritte alleine wagt. Der Sohn das erste Mal ein Auto richtig benennt.

Das sind Gründe zur Freude und zum Glücklichsein.

Dachte ich.

Wie falsch ich lag.

Glück hat tausend Gesichter. Und noch viele mehr.

Julius saß im Kindersitz auf der Rückbank zwischen zwei

Freundinnen von Tom. Paul, ein Freund von ihm, hatte sich den Beifahrersitz neben mir gekrallt. Es war Toms Kindergeburtstag, und wir waren auf dem Weg zum Spielplatz, wo wir feiern wollten. Michael beförderte in seinem Auto die restliche Mannschaft.

Als ich in den Rückspiegel schaute, sah ich, wie Sarah zärtlich die linke Hand von Julius hielt. Emma knetete sachte seine rechte.

»Was hat Julius eigentlich?«, fragte Sarah.

Julius' Erkrankung beschäftigte die Kinder. Wie so oft.

»Wir wissen es nicht. Sein Kopf funktioniert einfach nicht richtig«, antwortete ich.

Schweigen.

»Warst du schon mal verliebt?«, fragte die kleine Emma ihre Freundin.

»Ich weiß nicht«, erwiderte Sarah gelangweilt.

»Ich weiß noch gar nicht, wen ich mal heiraten soll«, mischte sich Paul in das Gespräch ein.

»Warst du denn überhaupt schon mal verliebt?«, fragten die Mädchen kichernd.

»Klar! Schon oft!«

»In wen?«

»In ein Mädchen aus meiner Klasse ... die sieht manchmal ganz hübsch aus ... wenn sie Geburtstag hat.«

»Willst du die heiraten?«

»Vielleicht.«

»Ich heirate mal Hannes. Der hat so starke Muskeln«, meinte Emma.

Ich musste grinsen.

»Dann heirate ich Julius. Mit dem kann man so gut Händchen halten«, sagte Sarah liebevoll.

»Kann der überhaupt heiraten?« Emma schien da so ihre Zweifel zu haben.

»Wahrscheinlich nicht«, erwiderte ich.

»Was hat der denn?«, fragte Emma erneut. Sie war mit meiner »Keiner weiß es«-Antwort nicht zufrieden.

»Das wissen nicht mal die Ärzte. Aber Julius kann zum Beispiel seinem Arm nicht sagen, dass er sich nach oben bewegen soll. Oder nach links oder nach rechts. Und den Beinen nicht, dass sie laufen sollen. Seine Arme und Beine machen einfach, was sie wollen. Und dann hat er ja noch diese Blitzgewitter im Kopf«, erklärte ich.

»Und da kann man nichts machen?«, fragte Sarah.

»Nein. Da gibt es keine Medikamente«, sagte ich.

»Ich werde mal Forscher!«, rief Paul aufgeregt. »Ich erfinde etwas, womit Julius gesund wird. Ganz sicher.«

»Oh, das wäre toll«, meinte ich.

»Ich weiß was. Ich weiß auch was!« Sarah schien ebenfalls nach Lösungen zu suchen. »Der braucht eine Fernbedienung! Wenn er das alles nicht alleine kann, Gabi, dann musst du das von außen machen«, meinte sie.

Der kleine Apparat vor mir piepst in einem unangenehm hohen Ton und holt meine Gedanken zurück ins Krankenhauszimmer.

»Was ist jetzt?«, flüstere ich im Selbstgespräch, während ich auf das grüne Display mit einem hektisch blinkenden schwarzen Kreuz starre. Ich drücke energisch auf einige der Tasten, die sich neben der Anzeige befinden. Nichts verändert sich. Dann fahre ich mit der Hand sorgsam den aus der Maschine herausführenden unteren Teil des Schlauches entlang, bis ich am Bauch von Julius angekommen bin.

»Ah, kein Wunder, Julius, du liegst drauf.« Ich versuche vorsichtig, meinen schlafenden Sohn in seinem Gitterbettchen ein klein wenig zu drehen und die abgeknickte Stelle zu beheben, sodass die bräunliche Sondennahrung ungehindert in seinen Magen fließen kann. Dann widme ich mich wieder dem Pumpenapparat, der dafür sorgen soll, dass die Flüssigkeit genau dosiert und langsam in Julius' Körper transportiert wird.

Noch einmal betätige ich die kleine »Start«-Taste. Sofort ist ein monotones, dumpfes Strömungsgeräusch zu hören. Julius' Mittagessen beginnt.

Wie recht die kleine Sarah hatte.

Sie hat es gewusst!

Ich hätte nicht gedacht, dass ich nur eine Woche später bereits an der Fernbedienung von Julius stehen würde.

Sarah hatte mit ihrer kindlichen Logik auf der Fahrt zu Toms Geburtstagsfeier den Nagel präzise auf den Kopf getroffen. Es ist traurig, dass über diese Steuerung lediglich die Nahrungsaufnahme geregelt werden kann, denke ich. Das hatte sich Sarah sicherlich anders vorgestellt.

Ich lege mich auf die aufgeklappte Liege, die mir seit zwei Nächten als Bett dient. Schaue durch die riesige Fensterfront nach draußen auf ein großes Stück blauen Himmels.

Die Stille hilft meinen Gedanken, sich auszubreiten.

Wie fröhlich Julius einmal war. Und jetzt? Wenn ich ihm die Oberschenkel streichle, kommt kein Lachen zurück, und wenn ich ihn zärtlich anpuste, verzieht er nicht einmal die Mundwinkel. Er ist so schwach. Die Narkose hat ihn wohl doch mehr geschlaucht, als ich erwartet hatte. Oder liegt es an dem Beruhigungsmittel, das er nun für die Nacht bekommt?

Haschischtropfen. Wie schön für ihn. Hoffentlich verschaffen sie ihm einen schönen Trip. Von ganzem Herzen wünschen wir es ihm. Wenn er sie verträgt, wären wir damit einverstanden, dass wir alles andere absetzen.

»Mama, tut sterben weh?«, fragte Tom gestern, als er Julius und mich hier besuchte.

Sind es Tage, Wochen? Nein, es sind schon Monate, seit sich Julius' Zustand stetig verschlechtert. Unser Neurologe ist mittlerweile ratlos.

Jetzt haben Michael und ich eingewilligt. Aus Julius' Bauch baumelt ab jetzt ein kleiner Schlauch. Eine Ernährungssonde.

Lange brauchten wir für diese Entscheidung. Wir waren hin

und her gerissen und hatten zuvor zwei Mal bereits geplante Operationstermine abgesagt. Hoffentlich war es die richtige Entscheidung, grübele ich. Aber er hatte doch so abgenommen. Und sich beim Essen ständig verschluckt. Und kaum noch getrunken.

»Wir können ihm doch nicht das Essen nehmen. Ist das noch ein Leben, wenn man nicht mehr selbst essen kann? Nein, das ist kein Leben«, war Michaels Meinung. Also haben wir den vorgeschlagenen ersten Termin abgelehnt. Haben versucht, Julius mit Grießbrei und Banane weiterhin zu ernähren.

Dann kam ein Infekt. Aus dem wieder eine Lungenentzündung wurde. Julius war zu schwach, um ausreichend zu essen und zu trinken.

»Das geht so nicht. Ich mache jetzt einen neuen Termin für die Sonden-OP. Ich ertrag diesen Dauerstress mit dem Essen nicht mehr!«, schrie ich eines Abends. Ich hatte die Nerven verloren, als ich Julius' Kalorienzufuhr des betreffenden Tages grob in meinem Kopf überschlug. Daraufhin hatte ich seinen Latz durch das Wohnzimmer gepfeffert und war dann in Tränen ausgebrochen.

Ein paar Tage später zeigte das Antibiotikum seine Wirkung. Julius ging es besser, und er begann wieder ein wenig zu essen.

Ich sagte den Operationstermin ab.

Trotzdem verschlechterte sich sein Allgemeinzustand kontinuierlich. Hilflos und ohnmächtig stehen wir Eltern und die Ärzte dieser unfassbaren Wucht der Erkrankung gegenüber.

Die Neurologen um uns herum zücken inzwischen mehr experimentell als überlegt eine Waffe nach der anderen. Medikamente. Die aber nur Julius angreifen, nicht die Epilepsie.

Dabei haben Michael und ich es mittlerweile verstanden. Wir werden die Gewitter in Julius' Kopf nicht besiegen, nicht einmal mildern. Sie ändern laufend ihre Erscheinungsformen, wüten wie Tornados in den Gehirnzellen und hinterlassen dabei nichts als Verwüstung.

»Vielleicht hilft es ihm, wenn er ausreichend Essen und Trinken erhält. Ich wäre dafür, die PEG jetzt zu legen, und zwar so schnell wie möglich.« Das war die Meinung unseres behandelnden Arztes, als ich vorgestern zum zweiten Mal kurz hintereinander notfallmäßig in seiner Ambulanz auftauchte und er bei Julius erneut einen Zustand des Dauerkrampfes diagnostizierte.

Julius und ich sind gleich dageblieben. Schon am nächsten Morgen gab es eine direkte Verbindung in seinen Magen.

Draußen ziehen dunkle Wolken auf. Es soll heute noch Regen geben. Ich lausche dem kontinuierlichen Rauschen der Pumpe. Dazwischen höre ich, wie Julius ruhig und entspannt atmet. Er schläft und bekommt von seiner Mahlzeit nichts mit.

Kein lästiges »Weihnachtsgansstopfen« mehr, denke ich. Und fühle mich von einer zentnerschweren Last befreit.

Karrentour

Weitere fünf Monate später

Grün, braun und beige. Derselbe Wagen, aber in drei unterschiedlichen Farben. Wir geben wahrscheinlich ein außergewöhnliches Bild ab, denke ich und muss schmunzeln. Aufgereiht wie die drei Engel für Charlie, schieben Katharina, Sabina und ich energisch unsere seltsamen Rehakarren mit unseren autoirdischen Kindern darin den breiten Fußweg entlang. Aber die Blicke der anderen Passanten fallen uns nicht wirklich auf. Wir haben uns mittlerweile an sie gewöhnt, und zu dritt machen sie uns sowieso nichts aus. Außerdem müssen wir uns mit wichtigeren Dingen beschäftigen. Wir haben wie immer viel zu bereden. Die Sommerferien des Jahres 2015 sind vorbei. Das allgemeine Stöhnen über die extreme Hitze ist einem Klagen über bereits zu kühle Abende gewichen. Mia, Julian und Tom, unsere gesunden Kinder, sind vorausgesprungen, sie kennen den Weg zum Spielplatz.

»Die Fahrer vom DRK-Bus sind echt so nett. Sie tragen Anna jetzt immer bis in unser Wohnzimmer, weil ich doch nicht mehr so schwer heben soll«, meint Sabina und blickt kurz auf ihren dicken Bauch. In ein paar Wochen wird ihr zweites Kind auf die Welt kommen.

»Ja, das finde ich auch«, sage ich. »Unsere Fahrerin hat Julius sogar ein kleines Päckchen ins Krankenhaus geschickt, als ich mit ihm das letzte Mal in der Klinik war. Dazu hat sie eine Karte geschrieben: Wir vom DRK-Kinderbus vermissen dich, stand drauf.«

Katharina entfährt ein entzücktes »Oh, wie süß«. Ich muss daran denken, wie sehr ich mich gefreut habe, als mir eine Krankenschwester in dem Epilepsiezentrum die Post überreichte. Ein Kuscheltier lag darin, das ich Julius jeden Abend zum Schlafen in den Arm gelegt habe. Ohnehin hatten wir beide ziemlich Heimweh, weil wir so weit von zu Hause weg waren. Aber nach der Magensondenoperation vor fünf Monaten hatten wir ganz kurzfristig einen Aufnahmetermin in diesem Fachkrankenhaus erhalten und dort einige Wochen zu zweit verbracht. Ohne neue Erkenntnisse sind wir allerdings wieder nach Hause gefahren. Es ist, wie es ist. Seit Beginn der Behandlung haben wir nun fast alle gängigen Antiepileptika ausprobiert und außerdem Julius monatelang mit einer speziellen Kost ernährt, die sich positiv auf die Krampfsituation auswirken soll. Nichts scheint verlässlich und vor allem dauerhaft zu wirken.

»Wisst ihr noch, wie ich Angst vor diesem Fahrdienst hatte, als du mir in der Frühförderrunde davon erzählt hast, Sabina?«, frage ich, um an unser vorheriges Thema wieder anzuknüpfen. »Und jetzt, jetzt freue ich mich so, wenn ich den weißen Bus mit dem roten Kreuz darauf bei uns um die Ecke biegen sehe. Mittags. Weil dann Julius heimkommt!« Ich schmunzle, weil ich daran denken muss, wie ich dem Auto immer aufgeregt entgegenspringe. »Ich vermisse ihn ganz schön, jetzt wo er wieder jeden Tag in den Kindergarten geht.«

Sabina und Katharina lachen mich an. »Das kenne ich«, meint Sabina und nickt zustimmend.

»Aber der Kindergarten ist ein echter Glücksgriff«, beginne ich mal wieder zu schwärmen. »Die Betreuer sind so liebevoll. Und ich finde es beeindruckend, wie souverän sie mit Julius' Anfällen umgehen. Sie kennen ihn mittlerweile so gut, dass sie mich ermutigen, ihn auch zu schicken, wenn er schlecht drauf ist und viel krampft. Aber er geht nun ja auch fast schon ein ganzes Jahr in diese Einrichtung. Zwar mit vielen Unterbrechungen wegen der Krankenhausaufenthalte, aber wenn wir zu Hause sind, dann hat Julius dort einen wunderschönen und sicheren Platz«, sage ich. Und beim Aussprechen wird mir bewusst: Julius hat seinen Platz! Nein, er hat sogar viele Plätze. Nicht nur einen im Kindergarten. Er hat ihn bei uns, bei seinen Krankenschwestern, bei Freunden und bei vielen Therapeuten und Betreuern. Viel zu lange hatte ich ein ganz anderes Gefühl in mir. Platzlos. Orientierungslos.

Sabina schaut uns an, bleibt plötzlich stehen, woraufhin auch wir anhalten und unsere Blicke auf sie richten. »Diese Bindung zu unseren Kindern ist echt *besonders*, oder?« Sabina schluckt kräftig und redet weiter. »Diese wahnsinnigen Gefühle. Ich glaube, das kann man alles nur verstehen, wenn man es durchlebt hat. Ich muss euch was zeigen!« Sie kramt in ihrer Hosentasche, redet währenddessen weiter: »Gestern habe ich Anna gebadet. Da hat sie gelächelt und dabei gegluckst. Gegluckst! Hey, wisst ihr, ich dachte irgendwie, die Welt bleibt stehen. Wartet, ich habe es aufgenommen!« Sabina hält ihr iPhone in den Händen, tippt wild darauf herum und streckt uns das kleine Display hin. Dann schauen wir zu dritt den kurzen Film an. Eine nackt auf dem Handtuch liegende Anna ist zu sehen, die für wenige Augenblicke ihre Mundwinkel zu einem Lächeln nach oben zieht. Drei Sekunden lang. Vielleicht sind es auch nur zwei. Und wir hören einen leisen, kichernden Laut. »Gestern hatte ihr Lachen eine Stimme! Zum ersten Mal.« Sabina strahlt uns an, ihre weißen Zähne blitzen. Wir strahlen mit.

»Wie schön«, meinen Katharina und ich im Chor. Sabina packt zufrieden ihr Handy wieder in die Tasche, und wir laufen weiter.

»Weißt du, Gabi, ich bin so froh, dass es Julius zur Zeit wieder etwas besser geht. Das beruhigt mich total.« Katharina blickt mich fröhlich an.

»Ja, gerade hat er eine ganz gute Phase. Wer hätte das gedacht?« Ich senke meinen Blick, und meine Stimme wird leiser.

Die Gedanken an das letzte schreckliche halbe Jahr holen mich wieder ein.

»Vielleicht ist es morgen vorbei. Es kann aber auch noch Jahre gehen.« Das meinte unser Neurologe zu Hause, als er nach unserem Aufenthalt im Epilepsiezentrum Julius untersuchte und sein unverändert katastrophales EEG betrachtete. Daraufhin haben Michael, Tom, Julius und ich noch eine Woche im Hospiz verbracht. Damit wir gemeinsam beginnen konnten, die Angst vor dem Tod zu verlieren. Und wir mussten dringend mal wieder ungestört schlafen.

Als wir dann vor den großen Ferien vom Hospiz heimkamen, haben Michael und ich beschlossen, bei Julius fast alle Medikamente abzusetzen. Es war einen Versuch wert. Seither bekommt Julius nur noch zwei Arzneimittel von uns, und es geht ihm tatsächlich etwas besser.

In Gedanken atme ich tief aus. Es ist ein enormer Seegang, dem wir nun seit fast drei Jahren ausgesetzt sind.

»Was für ein Auf und Ab«, sage ich laut zu den beiden. »Selbst das EEG sah letzte Woche besser aus. Das erste Mal seit vielen, vielen Monaten!«

Es piepst.

»Wartet noch mal kurz«, sage ich und öffne den Rucksack, der an Julius' Buggy befestigt ist. »Die Flasche ist durchgelaufen, ich muss kurz das Nintendo ausschalten.« Wir kichern. Ich drücke so lange auf die »Off«-Taste des kleinen Geräts, bis der Bildschirm erlischt. Dabei muss ich, wie seither jedes Mal bei diesem Vorgang, an die lustige Szene mit Paul, Toms Freund, denken. Die beiden hatten in Toms Zimmer gespielt und sind dann zu uns nach unten ins Wohnzimmer gerannt gekommen. Julius und ich lagen auf dem Sofa, ich hatte ihm gerade einen »Bananen-Pfirsich-Ernährungscocktail« angehängt und mir ein Buch geschnappt. Die Sondenpumpe hing an dem kleinen Tischständer neben uns und summte leise vor sich hin. Die Jungs tobten, schrien und wollten mir irgendwas zeigen. Da entdeckte Paul plötzlich das Teil mit dem blinkenden Display und blieb schlagartig stehen. Seine Augen weiteten sich, und ein lautes »Wow« entfuhr seinem Mund. »Ist das das neue Nintendo 3DS?«, rief er völlig begeistert.

»Nein, das ist die Applix smart«, antwortete ich nur und musste loslachen.

»Ach so«, antwortete Paul, sichtlich enttäuscht.

Ich nehme die 20-Milliliter-Spritze aus der Rucksacktasche, die mit Wasser befüllt ist, setze sie auf den entsprechenden Aufsatz des kleinen Schlauches und presse die Flüssigkeit hindurch, um die Sonde zu reinigen. Dann drücke ich den Stopfen in den Verschluss und ziehe den Reißverschluss des Rucksacks wieder zu. »So, jetzt kann es weitergehen«, sage ich, und wir traben wieder los.

»Was ich euch noch erzählen wollte«, beginne ich wieder. »Julius isst sogar wieder ein bisschen! Im Kindergarten hat er wohl gestern pürierte Linsen mit Spätzle verdrückt.« Ich muss schmunzeln. »Ob es Julius tatsächlich besser geht, weil wir die Medis abgesetzt haben, oder ob es eine spontane Entwicklung der Epilepsie ist, kann niemand sagen. Alles bleibt rätselhaft«, meine ich kopfschüttelnd.

»Ihr müsst lernen, mit dieser Instabilität zu leben, irgendwie.« Katharina zieht ihre Augenbrauen kritisch hoch. »Aber das müssen wir wohl alle drei. Mit unseren Kindern können wir nie wissen, was uns noch alles erwartet.«

»Ach, das weiß doch im Grunde niemand, oder? Das weiß man auch nicht, wenn man ein gesundes Kind hat. Das Leben ist nicht planbar. Niemals. Das habe ich aber so was von verstanden«, sage ich mit Nachdruck.

»Ja, das stimmt«, meint Sabina. »Mein Frauenarzt versucht mich jetzt bei jeder Ultraschalluntersuchung zu beruhigen. Alles sieht gut aus, meint er immer ganz eifrig. Ha! Ich kann ihm jedes Mal nur müde entgegenlächeln und erwidere: ›Das Gleiche haben Sie mir beim letzten Mal auch gesagt.‹ Ganz beschämt ist er dann. Aber mal ehrlich, wieso soll ich ihm denn jetzt glauben?«

»Wir Menschen bilden uns wirklich ein, dass wir durch den Fortschritt Krankheiten verhindern könnten. Was für ein Quatsch«, sage ich. »Das Leben ist und bleibt tödlich, daran wird sich nichts ändern. Natürlich können wir heutzutage Seuchen bekämpfen oder Infektionen vermeiden. Und jetzt? Jetzt sterben wir eben an Herz-Kreislauf-Versagen oder an Tumoren. Verändert haben sich nur die Todesursachen, oder nicht? Diese vorgegaukelte Sicherheit, die führt doch nur dazu, dass wir denken, es dürfe keine Krankheit mehr geben, oder jedes Kind müsse gesund zur Welt kommen!« Ich werde lauter. »Manchmal frage ich mich, ob wir durch diese ganze Absicherung nicht auch verlernen, mit Leid umzugehen. Wisst ihr, was ich meine?«

»O ja, ich muss nur daran denken, wie mich eine alte Schulfreundin neulich anschaute, als sie Anna zu Gesicht bekam. ›Ist die immer so?‹, fragte sie mich völlig bestürzt. Und dann: ›Wie kann man denn damit klarkommen?‹«, berichtet Sabina.

Inzwischen sind wir auf dem Spielplatz angekommen und nehmen eine Bank in Beschlag. Mia, Julian und Tom hängen am Klettergerüst. Lisa fängt an zu weinen, und Katharina schiebt ihr das Trinkfläschchen in den Mund. Zufriedenes Nuckeln.

»Ja, es scheint so, als ob allgemein die Meinung herrsche, man könne mit einem behinderten Kind nicht leben und erst recht nicht glücklich sein«, meint Katharina.

»Na ja«, sage ich und werde nachdenklich. »Ich denke, es kommt immer darauf an, auf welchen Boden ein Schicksalsschlag trifft. Mit Boden meine ich, welche Geschichte ein Mensch bisher durchlebt hat, welche Erwartungen er hatte oder hat oder wie er mit schwierigen Situationen umgeht. Da sind wir alle doch total verschieden. Man muss nur uns anschauen. Vieles haben wir ähnlich erlebt und manches ganz unterschiedlich, oder? Weil unsere Kinder in jedem von uns etwas anderes auslösen. Gesund oder krank.« Ich muss an meine Flaschengeister denken, die mich seit Julius' Geburt umkreisen.

»Ja, das könnte stimmen«, meint Sabina. »Außerdem gibt es so viele Eltern, die sind auch mit gesunden Kindern nicht glücklich.«

Ich nicke. »Zum Unglücklichsein braucht man kein behindertes Kind«, behaupte ich. »Oder andersherum: Was nützt einem das Glück, wenn man es nicht fühlen kann?« Die anderen nicken eifrig.

»Aber mal ehrlich, wir dachten das doch auch! Wir glaubten doch auch, nicht mehr glücklich sein zu können, oder?«, meint Katharina.

Wir murmeln einstimmig: »Ja klar.«

»Nur haben wir andere Erfahrungen gemacht«, redet Katharina weiter. »Und die wollen wir nicht missen, oder?«

»Nein, niemals. Obwohl wir so viele Sorgen haben und das Leben oft so schwer ist, möchte ich mit niemandem auf der Welt tauschen. Verrückt«, sage ich und muss an die vielen neuen Menschen denken, die seit Julius' Geburt in unser Leben getreten sind und es bereichern. »Wisst ihr, welche Erfahrung mich sehr berührt?« Ich nehme Julius hoch, der gerade aufgewacht ist, und setze ihn auf meinen Schoß. »Wir haben so viel Hilfe. Julius wird von einigen Menschen getragen. Und das sehr liebevoll. Die Mitarbeiterin vom familienentlastenden Dienst lag neulich mit Julius im Arm in seinem Bettchen, als wir abends von einem Konzert heimkamen! Bei diesem Anblick habe ich echt feuchte Augen bekommen. Und jetzt betreuen ihn noch zwei Damen vom Hospizdienst. Ehrenamtlich und sogar am Wochenende! Dann können wir was mit Tom unternehmen. Außerdem haben wir von der Krankenkasse für einige Stunden in der Woche eine Krankenschwester genehmigt bekommen. Mit ihr haben wir vereinbart, dass sie zweimal auch nachts bei uns bleibt, weil Julius doch so schlecht schläft. Ich weiß mittlerweile, dass wir nicht allein sind. Dieses Gefühl ist einfach schön«, erzähle ich.

»Da ist bei euch aber auch immer was los«, meint Katharina.

»Ja, irgendjemand ist immer da. Aber mir hilft es. Unser Haus ist so lebendig geworden. Wenn es mir zu viel wird, muss ich mich eben zurückziehen«, sage ich.

»Sag mal, beim Stichwort Rückzug, da fällt mir ein: Nimmst du eigentlich noch die Tabletten zur Stimmungsaufhellung?«, fragt mich Katharina.

Ich schüttle den Kopf. »Nein, die hatte ich eigentlich schon nach wenigen Wochen abgesetzt. Ich hatte recht schnell das Gefühl, dass ich durch diesen Schmerz ohne, wie soll ich sagen, ohne *Betäubung* hindurchmuss.« Ich lächle. »Sonst hätte ich zum Schluss geglaubt, dass es mir nur auf Grund der Medikamente besser geht. Aber ich weiß inzwischen: Ich kann die Trauer ertragen. Wir Menschen sind dafür gemacht, auch schrecklichen Kummer auszuhalten. Es ist furchtbar, wenn man drinsteckt, aber man wächst darüber hinaus.«

»Mama, wir haben Hunger.« Tom steht mit einem leidvollen Gesichtsausdruck vor mir, und ich stöbere mit meiner freien rechten Hand im Kinderwagen nach einer Packung Kekse. Die schnappt er sich sofort und rennt davon. Mein Blick folgt ihm, und ich muss an seine Kaulquappen denken. Etwa zur selben Zeit im letzten Jahr haben wir sie freigelassen. Wer bin ich geworden? Ich weiß es immer noch nicht. Aber wenn ich mich mit diesen Tieren vergleiche, dann habe ich sicherlich in der Zwischenzeit auch *Füße* bekommen. Wohin ich mit denen wohl hüpfen werde? Wahrscheinlich werde ich in der Nähe des Eimers bleiben. Da gefällt es mir eigentlich gut.

Und was den Mount Everest betrifft: Manchmal spüre ich, dass ich ihn vielleicht gar nicht erklimmen muss. Vielleicht genügt es, ihn in seiner Mächtigkeit schlichtweg anzuerkennen und ihn ab und an ehrfürchtig zu betrachten. Ohne zu frieren.

»Katharina, hast du jetzt eigentlich deine Elternzeit auf drei Jahre verlängert?«, frage ich sie in Gedanken an meine eigene Zukunft.

»Ja, letzte Woche! Hat geklappt. Also bleibe ich euch erst mal in Vollzeit erhalten«, lacht sie.

»Oh, das ist super! Ich hoffe mal, dass ich bei meinem Arbeitgeber an meine Elternzeit noch ein Jahr Pflegepause dranhängen kann. Und bei meiner Ausbildung lege ich ein weiteres Pausensemester ein. Dann habe ich noch mehr Zeit zu überlegen, wie es weitergeht«, sage ich.

»Mein Job fehlt mir gar nicht«, meint Katharina. »Dabei war er mir immer so wichtig, und sowohl bei Mia als auch bei Julian habe ich sofort wieder gearbeitet. Aber jetzt mit Lisa ... mit Lisa ist irgendwie alles anders«, sagt sie nachdenklich. »Ich bin viel ruhiger geworden ... oder langsamer? Ich nehme mir viel weniger vor und habe auch an meine anderen zwei Kinder keinen so großen Anspruch mehr. Also, nicht diesen Leistungsanspruch, wisst ihr? Dadurch, dass wir von Lisa keinerlei Leistung fordern können, sondern im Grunde nur ihre Bedürfnisse befriedigen, haben wir uns alle verändert. Dadurch sind wir irgendwie, wie soll ich sagen, vielleicht achtsamer geworden? Wir passen mehr aufeinander auf.« Katharina nimmt nun auch Lisa auf den Arm.

»Oh, Mensch! Ich wollte euch doch noch etwas zeigen!« Ich fasse mit der Hand an meine Stirn. »Jetzt hätte ich es fast vergessen. Aber wenn du von Leistung und Anspruch redest ... da habe ich noch was für euch ...« Ich beginne in meiner Tasche zu suchen und halte kurz darauf einen bereits leicht zerknitterten Brief ohne Umschlag in der Hand. »Den habe ich extra vorhin für euch eingepackt.« Das Papier ist mit dem Logo unserer Krankenkasse versehen. »Ich habe ihn schon vor einiger Zeit erhalten. Das müsst ihr euch anhören.« Einhändig falte ich das Schreiben auseinander und beginne zu lesen:

Hallo Julius, bald wirst du drei Jahre alt, und somit bist du im Kindergartenalter. Es kommen neue Herausforderungen auf dich zu. Im Kindergarten kannst du zeigen, was du schon alles kannst (malen, basteln, singen).
Da sich in dieser Zeit in deiner Entwicklung enorm viel tut, wurde die Frühuntersuchung U7a eingeführt. Bei dieser Untersuchung legt der Arzt besonders auf folgende Punkte wert: altersgemäße Sprache, Motorik, Nervensystem … bla, bla, bla … Deine Eltern können den Arzt unterstützen, indem sie darauf achten, ob du irgendwelche Schwierigkeiten hast … bla, bla, bla … Wir wünschen dir eine gesunde Zukunft … Deine Krankenkasse

Ich lege den Zettel zusammen und packe ihn wieder in die Tasche. Dann schaue ich erwartungsvoll meine zwei Freundinnen an. Sie glotzen regelrecht. »Das ist nicht ihr Ernst, oder?«, fragt mich Sabina.

»Na ja, das Traurige ist, dass sie uns kurz zuvor ebenfalls schriftlich mitgeteilt haben, dass sie die Kosten für den Hospizaufenthalt von Julius übernehmen«, erwidere ich. »Und dabei handelt es sich um eine kleine Krankenkasse.«

»Tja, aber man scheint einfach davon auszugehen, dass sich Kinder gemäß einer vorgegebenen Norm entwickeln. Das scheint klar zu sein. So klar, dass man sogar solche Serienbriefe verschickt. Mit drei hat man wohl zu malen und zu basteln …«, meint Sabina.

Wir schweigen und beobachten unsere gesunden Kinder, wie sie im Sandkasten Kekse essen. Ich senke meinen Blick und betrachte Julius. Er hält mit seiner rechten Hand meinen Zeigefinger fest, als hätte er Sorge, sonst von meinen Beinen zu rutschen. Er braucht mich so sehr, denke ich. Und ich will für ihn da sein. Dreimal Ostern, dreimal Fasching und dreimal Weihnachten sind mittlerweile seit seiner Geburt vergangen. Das Ziel »Drehen« haben wir immer noch nicht erreicht und werden es höchstwahrscheinlich nie erreichen. »So wie bei Julius habe ich mich noch nie getäuscht«, gab die Krankengymnastin vor Kurzem zu. Julius kann sich keinen Millimeter fortbewegen, er kann nicht sitzen, er kann nicht mit den Augen fixieren, er kann nicht sprechen, nicht alleine essen, seine Trinkflasche nicht halten, nicht koordiniert greifen.

Aber er macht etwas Einzigartiges. Etwas Unbeschreibliches.

Er lässt mich in meine Seele blicken, so tief, wie es noch nie zuvor jemand getan hat.

Nachwort

Wie, oder besser gesagt, wann beendet man eine Geschichte, die niemals zu Ende sein wird?

Kann man Erfahrungen in einem Buch festhalten, über die man wahrscheinlich schon nach kurzer Zeit ganz anders denkt, als in dem Moment, in dem man sie erlebt und niederschreibt? Darf man so persönliche Erlebnisse überhaupt veröffentlichen?

Das sind alles Fragen, die ich mir stelle, heute, da ich kurz vor der Abgabe des Manuskriptes stehe. Und hier an dieser Stelle möchte ich dazu ein paar für mich wichtige Gedanken formulieren.

Als ich das vorletzte Kapitel dieses Buches schrieb, ging es Julius sehr, sehr schlecht. Er befand sich über Wochen in einer Art »Dauerstatus«. »Die Notfallmedikamente dienen im Grunde nur noch einer kurzzeitigen EEG-Verschönerung«, war ein damaliger Kommentar unseres Facharztes. Oft stellten wir uns die Frage, ob Julius' Leben unter solchen Umständen noch lebenswert war. Wohlwissend, dass wir dies nicht zu beurteilen hatten und wir alle nicht wussten, wie Julius seine Situation erlebte. Aber als Eltern stellt man sich diese Frage nun einmal. Und man hat eine Meinung dazu.

Wir besprachen mit unserem Neurologen vor Ort, dass wir es wagen wollten, einmal fast alle Antiepileptika (Julius bekam teilweise sechs Langzeitmedikamente und täglich mehrere verschiedene Notfallsubstanzen)abzusetzen. Seltsamerweise ging es ihm daraufhin langsam, über einige Wochen hinweg, immer besser. Natürlich ist es unklar, ob dies an der Reduktion der Pharmazeutika lag. In dieser Phase der Besserung und kurz nach Julius' gesundheitlichem Tiefpunkt habe ich das Buch beendet. Denn irgendwann muss schließlich einmal Schluss sein.

Das heißt aber, die Zukunft und die Frage, wie es mit Julius' Erkrankung weitergehen wird, bleiben offen. Es kann sein, dass sich seine Anfälle bald schon wieder häufen werden. Wir wissen es nicht. Niemand weiß es.

Jetzt, während dieser Zeit, in der es Julius besser geht, wird mir bewusst, welche enorme Bedeutung unsere Einschätzung seiner Lebensqualität für mich hat. Als mich unser kleiner Sohn nach seiner langen »Abwesenheit« das erste Mal wieder angrinste, dachte ich, mein Herz zerspringt vor Freude, und in Nullkommanichts waren für diesen Moment all meine Sorgen und mein Kummer vergessen. Auch wenn die Zeichen der Zufriedenheit für Außenstehende noch so klein sind – ein Lachen, den Mund aufsperren, wenn es etwas zu essen gibt, ein Quietschen beim Hören von Toms Stimme –, verändern sie für mich vieles.

Es ist uns mittlerweile egal, ob Julius läuft, spricht, sitzt oder sonst etwas tut, das wir von ihm erwartet haben. In unseren Augen leidet er nicht mehr. Oder zumindest nicht mehr so oft. Er kann weinen, wenn ihm etwas wehtut, lachen, wenn er seinen Spaß hat. Auch wenn es immer noch häufig schlechte Tage gibt, haben wir grundsätzlich das Gefühl: Julius lebt mit uns. Für uns ist das alles nichts Selbstverständliches. Wir wissen diesen Zustand zu schätzen und sind wahrhaftig glücklich darüber. Mittlerweile haben wir unseren zweiten Segelurlaub hinter uns – mit noch mehr Gepäck, weil ja die Ernährungspumpe und die Sondennahrung mitmussten. Aber in so einem Boot ist reichlich Platz.

Wenn ich heute mein Manuskript lese, muss ich über viele Zeilen schmunzeln oder sogar den Kopf schütteln, weil ich inzwischen eine ganz andere Sichtweise habe. Zum Beispiel über meinen Groll, einen Therapiestuhl im Esszimmer stehen zu haben, mit dem Rehabuggy im Dorf spazieren zu fahren, Julius in einem Kindergarten für behinderte Kinder anmelden zu müssen usw. Das sind Dinge, die mittlerweile vollkommen normal für uns geworden sind. Und morgen habe ich womöglich abermals einen anderen Standpunkt.

Das Buch ist aus meinen Tagebuchaufzeichnungen entstanden. Es ist somit sehr eng mit meinen Empfindungen damals verbunden. Ich wollte die Gefühle, die Erlebnisse genau so festhalten und dokumentieren, wie ich sie zu jener Zeit wahrgenommen habe. Weil sie unfassbar und unglaublich waren und sie erst durch Worte und sichtbare Sätze im wahrsten Sinne für mich »begreiflich« wurden. Deshalb mochte ich auch im Nachhinein nichts verschönern oder verharmlosen, damit es sich vielleicht besser liest oder der Leser gegebenenfalls einen »guten« Eindruck von den Charakteren erhält. Für mich war die erste Zeit mit Julius die absolut schlimmste meines Lebens. Ich möchte nie wieder in solch einer Krise stecken müssen. Und gleichzeitig möchte ich diese Erfahrungen niemals missen, ich bin heute dankbar dafür, dass ich sie durchleben durfte.

Ich empfinde es als heilsam, meine Gefühle, auch wenn sie mir manchmal auf den ersten Blick moralisch verwerflich vorkommen, offen aussprechen zu können. Weil sie nichts anderes sind oder waren als zutiefst menschlich. Ganz sicher hat dieser Schritt, raus aus dem Verheimlichen, weg von diesem Beschönigen, aber auch viel mit meiner eigenen Vergangenheit zu tun. Und das Buch schildert eben meine ganz persönliche Geschichte und sonst nichts. In der Zwischenzeit habe ich sehr viele Familien mit schwer kranken oder behinderten Kindern kennengelernt und festgestellt, dass jede ihren eigenen Weg geht und alle in unterschiedlichen Situationen stecken. Aber ich merke, dass bei allen Betroffenen durch so einen »Schicksalsschlag« ganz tiefe und ganz persönliche Dinge berührt werden.

Heute in genau zwei Wochen ist Weihnachten. Soeben habe

ich einen Stapel Postkarten mit Fotos unserer zwei Kinder beklebt. Nur haben sie keine Nikolausmützen auf.

Es gibt wohl eine Tatsache im Leben:
Nichts bleibt, wie es ist.

10.12.2015 Dezember, Gabriele Noack

Danksagung

Danke, Michael H., mein treuer und lange Zeit einziger Leser. Du hast von Anfang an an dieses Manuskript geglaubt und mir in mancher Schaffenskrise mit deiner ehrlichen und wertvollen Kritik Mut gemacht. Ohne dich wäre dieses Buch so nie entstanden. Mittlerweile ist aus einer netten Kollegialität eine inspirierende, tiefe Freundschaft geworden.

Danke, Frau Renk, für Ihre lehrreichen Rückmeldungen und für die konstruktive gemeinsame Arbeit.

Danke, Herr Drews, für Ihren Einsatz.

Danke, Frau Neukam, für Ihre aufmerksamen und interessierten Durchsichten.

Und vor allem: Danke, Andreas, dafür, dass du tatsächlich niemals gewackelt hast. I. l. d.